高等学校二级学院创收行为制度化研究

基于S大学A学院的案例探析

王政忠 ◎ 著

广东高等教育出版社
Guangdong Higher Education Press
·广州·

图书在版编目（CIP）数据

高等学校二级学院创收行为制度化研究：基于S大学A学院的案例探析/王政忠著. —广州：广东高等教育出版社，2021.5

ISBN 978-7-5361-6586-1

Ⅰ. ①高… Ⅱ. ①王… Ⅲ. ①高等学校-创收-研究 Ⅳ. ①G647.5

中国版本图书馆CIP数据核字（2019）第188900号

GAODENG XUEXIAO ERJI XUEYUAN CHUANGSHOU XINGWEI ZHIDUHUA YANJIU JIYU S DAXUE A XUEYUAN DE ANLI TANXI

出版发行	广东高等教育出版社 地址：广州市天河区林和西横路 邮政编码：510500 电话：（020）87551597 87551052 http://www.gdgjs.com.cn
印　　刷	佛山市诚铭印刷有限公司
开　　本	787毫米×1 092毫米 1/16
印　　张	14.75
字　　数	270千
版　　次	2021年5月第1版
印　　次	2021年5月第1次印刷
定　　价	58.00元

内容简介

创收是中国高校普遍存在的组织现象，高校二级学院的创收行为对组织的生存与发展产生了深远的影响，创收行为如何成为学院重要的常态化工作的过程，成为人们关注的问题。本研究以高校二级学院创收现象为切入点，通过对案例大学近30多年有关文件档案资料的收集、相关人士的访谈以及问卷调查，从组织制度理论视角，重点分析地方大学二级学院创收行为及其制度化过程，探讨各种制度要素及其关系活动在学院创收行为及其制度化过程中的建构作用。认为大学和学院创收制度的创造与扩散，是各种制度力量交互作用的过程与结果，制度三要素在学院创收行为制度化过程中分别或共同发生作用，其中大学组织场域制度结构的约束与使能是学院创收行为制度化的主导力量；大学财务二级分配与管理制度，是诱迫学院创收行为惯习化的具体制度根源；学院治理层的理解认知与传承再造，是学院创收压力形成及创收行为制度化的重要建构力量；不同价值观行动者的态度和行为，对学院创收起到激励或阻碍的能动作用；而“合法性”是创收行为得以稳固和维持的制度化基础，创收行为通过采取合法化策略机制而结构化。“大学制度环境—学院治理层理解认知与传承再造—学院创收行动”的交互作用过程构建了学院创收行为的制度化现实。

序　言

“创收”这件事几乎是每个独立财政核算单位需要考虑的头等大事。改革开放以来，特别是社会主义市场经济体制建立以后，组织领导者和管理者都自觉或不自觉地将创收当作自己任内的主要职责之一。全球化的到来，也引发了“新管理主义”“学术资本化”“大学企业化”的思潮。当生活直接模拟理论叙事时，人们会认为组织中的绩效管理就是铁定的事实，学术组织必然要资本化，大学真的如同企业一样，追求利润是天经地义的事情。当我们从高等教育的原本内涵来观察，从古典大学观来审视，甚至从大学在社会体系中的使命来检验，由多个不同学科的二级学院所组成的大学到底在干什么时，应该又会得出很不一样的结论。“创业型大学”的概念的提出，风行了一阵子，也确实让一些不走老路的大学获得了合法性和话语权。从积极的意义来看，这些概念型大学的出现丰富了“大学”的内涵，成为大学概念家族的新成员；从消极的意义来看，让我们更难以弄明白大学的本质究竟是什么。

政忠作为一名在高校管理部门工作过多年的人员，一直观察并参与着大学在过去二十多年里的变化。他自己深深地嵌入在学校二级学院的管理事务中，接受着学校各种制度性的规定和要求，特别是要完成学院的创收目标。同时又身为教师，与学生接触很多，也直接面对从学生身上带来的各种社会要素和风气。他内心对自己的要求甚高，心中有一个理想的大学的样子，也有纯粹的师生关系的样子，所以他也在不断地将内心标准与现实样态做对比：我到底应该怎么做，二级学院到底应该怎么管理，大学到底应该走向何方？现实如何已经很清楚，但演变成今天的样式，内在机制和逻辑究竟是怎么对现实起到支配作用的？这就是他最近十年来一直探索的问题。

也差不多是十年前，我第一次与政忠见面，他来到我的办公室，想探讨这个话题。因为他在我的“教育政策研究基础”的课上，了解到我对于大学的理念，对于教育政策的研究理路，对于当今中国高等教育的批判性态度。

我记得他并不是急于要谈什么，而是对于满架子的书很感兴趣，想问问我对于读书的看法以及会推荐什么书给他看。我也不敢贸然推荐，倒是想首先知道他到底是个什么人，想干什么。于是他开始谈起当时手头的工作和困惑，主要是两点：一是会议太多，二是创收压力太大。对于我这样有着丰富的群众经验的人来说，一直有个不明白的问题，会议明明都是领导决定和安排的，可当领导的人往往抱怨会议太多，他们就不能自己决定吗？可开可不开的会就别开了吧！我跟政忠支招，凡是你能做决定的会议，就都不开了呗。他觉得不可思议，因为很多时候组织有组织的惯性，制度有制度的延续，突然改弦更张没有那么容易。我能理解他的想法和顾虑，这就是社会结构与行动者之间的关系：社会结构决定行动者的行为方式、类型、幅度、频率等，但行动者也会影响和塑造社会结构，二者之间是相互建构的关系。这就是我自己从读研开始以来一直喜欢的吉登斯的“结构二重性”理论。具体到大学内部的会议开不开、开多少、怎么开这件事，很明显，用这个理论来粗略地阐释，一点问题都没有，但还远远不够。

中国的事情很复杂，不是用西方的一个理论框架可以全部解释得了的。比如“创收”这件事，就很中国化、本土化，中国人浸染其中、耳熟能详、司空见惯，但西方的什么理论可以解释呢？到底是去寻找一个匹配的理论，还是深挖高校“创收行为”的内在机理？显然，对于后者，政忠有着得天独厚的条件。他为了研究清楚创收行为，特意跳脱开自己所处的具体情境，尽可能找到多元甚至不同背景的院系来做观察和访谈。他查阅了近十年的某院系党政联席会的会议纪要，发现二级学院的最高权力机构开例会时，用时最多的讨论话题不是教学，不是科研，而是如何创收。政忠也亲手处理过一些由于创收压力所导致的院系遗留问题，更加笃定地认为这个选题是有现实意义的。

跟随他这个研究，我也一直在思考这个问题：做社会科学类的选题，到底根据什么标准来确认选题的价值？文献综述的作用一是在于了解该研究所在领域的研究状况，从而确定自己的研究取法于何种思路；二是从已有的研究所提示的可能性和可行性，确认自己的研究到底有何贡献和意义。政忠在研究二级学院创收行为问题时，也一直苦恼自己到底应该把这个研究“栽种”在哪个研究丛林里。这几乎是社会科学研究的后发国家的年轻学者的“通病”和“心病”。在努力为西方理论资本家免费打工的时候，理论资本的增值越来越强大，而研究者反而忘却了自己脚下深沉的土地中扎根了什么东西。我不是在鼓动某种揭竿而起的盲目行为，而是给政忠解除一些主动套在头上说不清道不明的理论紧箍咒，好好回望、深挖、研磨一下自家的情境和问题，并珍爱内心生发的现实关怀。

接下来，在掌握了丰富资料的情况下，再来考虑理论解释的问题，就顺理成章了。一边阅读，一边观察，读书和读世界，两者并行不悖，相互融通。等到某个时候，所阅读的书，自然会像一束光，照亮了原本看不清的现实；所阅读的现实世界，自然会在读书的时候，进入到理念世界，挤进读者与作者之间的缝隙中自行表达。在政忠的这个研究中，我看到了他在此过程中所经历的挣扎、犹豫和彷徨，最后更是等到了研究的顿悟、欣喜和透彻。

政忠的这个研究过程，也可以用王国维所概括的读书三境界来概览之，所幸，他对于二级学院的创收行为的制度化研究，也算是到了“众里寻他千百度，蓦然回首，那人却在灯火阑珊处”的第三境了。

林小英

2019 年 10 月于北京大学燕北园

前 言

高等教育组织现象是教育研究领域的一个富矿。对于伴随中国改革开放发展步伐而不断深化的中国高等教育改革，所呈现的多姿多彩的发展现实及其诸多组织现象，为高等教育研究者提供了丰富的素材。随着我国进入新时代，中国特色社会主义制度下的高等教育更展现了充满探索性、创新性、创造性的变化，值得深入挖掘。

站在大学甚至整个高等教育的宏观层面思考研究高校问题固然具有积极意义，但是，仅仅站在宏观层面来分析看待高等教育和高校，并就此给出高等教育或高校改革发展的“良方”，是远远不够的。作为支撑高校正常运行的基础力量，每个二级院系的存在、发展、变化，汇聚成了高校的发展变化轨迹。对于高等教育或高校研究发现的诸多问题，追根溯源往往可以且必须深究到高校内部的各个具体组成部分，特别是承担人才培养主业的二级院系内部。在二级院系层面，许多组织现象和矛盾问题直接或间接引发、构建了大学层面甚至高等教育场域的问题，而院系许多具体问题与矛盾的解决，也是大学或高等教育问题与矛盾解决的关键点与落脚点。可以说，二级院系的研究是高校或高等教育研究中不可或缺的组成部分。

身为高校基层学院负责人，不仅在面对学院诸多事务时需要及时有效处理，更要对学院的长远发展进行合理谋划和科学决策。在一定的学术理论指导下，分析研究具体的工作环境、组织现象和实际问题，拓宽了我的视野和思路，使工作实践中的分析判断更加理性、科学和深入，所提供的建议方案或做出的决策更富针对性和实效性，更符合教育的本义。本书的写作，就是基于对学院工作中一些常见现象问题思考的结果。

高校二级院系的现实情况比许多人想象中要复杂。当初我从学校机关部门转任二级学院党委书记，认为教学科研、人才培养理所应当是学院工作的重中之重，学院领导的主要精力应该是研究和实施人才培养和学科建设。而事实上，无论是前任还是现任学院领导班子，特别是党政一把手，在工作中都花费了大量的时间、人力、物力去搞创收，且大家都觉得理所应当。这一现象引发我的关注和警觉：学院的运作为什么会这样？创收成为学院领导的关注重点是从什么时候开始的？为什么会发展成为现在的样子？它对学院造成了怎样的影响？

在理论知识和视野有限的情况下，组织理论中“目标迁移”的概念进入我的脑海。学院把大量资源用于创收，在许多时候，创收成为了学院主业，是领导心里重中之重的大事，而学院本应重点关注的人才培养、教学科研、学科建设、师资队伍建设，在领导的日常工作和学院决策过程中，并未得到应有的重视，至少在领导班子讨论和决策的有关会议形式上体现不突出。这是否可以推断出，学院的组织目标发生了迁移变化？这种变迁是暂时的，表面的，还是实质上的？于是，我便以学院创收行为为素材，围绕高校二级院系组织目标变迁的预设，来准备博士论文开题报告。

在博士论文开题答辩会上，导师们充分肯定了我的研究方向及对高校现实问题关注的态度，但是普遍认为，仅凭学院开展创收的行为就断定学院组织目标发生迁移，似乎有些武断，而且对组织目标是否变迁做判断，也是比较主观的事情，在学术研究中不易把握。

正当我对导师们指出的问题感到沮丧时，答辩组长文东茅教授鼓励说，尽管就组织目标迁移的论题不好把握，但基于高校二级学院实际问题所做的基础研究工作是比较扎实的，对学院创收行为进行研究的角度也很有新意，建议可以学院创收现象为基础，对高校组织行为加以深入分析，看看能否找到有价值的研究方向。我的导师林小英更是支持我对现实问题进行深挖，认为如果对现实领域中习以为常的看似理所应当的现象感觉到疑惑，其中就可能隐含着值得探究的学术问题，如果对高校二级学院习以为常的创收现象感到困惑，那么这一现象和领域就值得深入探究。

循着导师们的建议，我重新审视了自己的研究思路，结合博士阶段学习的有关理论做了一番新的思考，发觉如果从组织制度理论的视角来分析揭示学院创收行为产生和发展的过程，也许能够对学院现实的形成及诸多问题的解答提供帮助。于是，决定以自己所在单位为案例，把大学二级学院的创收行为作为一种客观的组织现象进行剖析。围绕这个方向，一方面，进一步到学校档案馆收集了有关文献资料，在更广范围开展访谈，更加关注与学院创收相关的现象和校院两级领导在涉及创收问题上的各类行为；另一方面，进一步学习阅读有关高等教育、组织行为与组织制度、创收创业等方面的理论文献，帮助自己从理论视角梳理分析有关问题。

在采取质性研究方法还是量化研究方法展开研究的问题上，也曾有过纠结。质性研究和量化研究是教育研究中常用的两种学术研究方法，各有特点。质性研究首先聚焦一个研究问题，然后通过深入的田野调查，在大量收集文献和深入的访谈等数据信息基础上，对相关素材故事性的梳理分析，演绎推理，进行理论抽象，最后得出研究结论；其中如何做好田野工作、如何讲好故事、如何进行理论抽象从而推导出有学术价值的结论等环节，对研究者都提出了巨大挑战。量化研究则是在拟定研究问题后，首先提出一个理论假设，然后围绕假设大量采集相关数据，接着利用某种或多种数据分析技术进行统计分析，验证假设（证真或证伪），得出结论；量化研究考验的是提出有价值的学术假设的能力和数据分析的技术能力。纵观我的学业背景，中文学士、硕士，有一定的文字叙述基础，但没有系统深入学习过数据分析等专门技术，选择质性研究方法更适合实际。当然，质性研究和量化研究不是相互对立的，在实际的写作过程中，我也局部采用了量化方法探讨相关问题。

确定主要采用质性研究方法后，还有一个困惑就是：对二级学院的创收行为到底是做比较研究还是只做个案研究？我希望做个案研究，一是因为觉得由自身所处工作环境的便利可以更加便捷、准确、深入地了解有关情况，确保采集数据的信度效度；二是受时间精力等多种因素影响，对其他对比单位的研究则很难做到准确深入，这样一来，有关研究就可能限于表面化，平庸而没有新意。但是，印象中学术界较主张强调研究的客观性、普适性，有两家以上案例数据对比的比较研究可能更容易获得认可。如果仅以一个学院为个案展开研究，作为博士论文有说服力吗？这样的论文最终能通过专家的评审吗？也有老师建议我做对比研究，认为这样比较“保险”。

犹豫时，导师林小英再次给予坚定的支持。她说，学术研究虽然有一定的范式，但是，范式都是为具体的研究问题服务的，不应根据范式选择研究内容与角度，而应依据研究问题、研究内容和目的选择有关范式。导师说，如果发现现实中一些见怪不怪的现象有疑问，就要去了解一下“为什么会这样”，也许就能发现很好的研究问题；一个现实个案，如果能够通过严谨的学术路径深入剖析，一样能够取得具有普适性意义的结果，一样具有重要的学术意义和价值。

研究的现实问题方向明确后，采用何种理论视角也是一个问题。每一种理论，都是在一定条件下对研究领域具有解释力。本研究最终采用组织制度理论视角，一方面基于该理论视角对学院创收行为制度化过程有较强的解释力，另一方面基于该理论也比较新颖。此外，从本书的研究阐释中，读者也不难发现社会建构和组织行为等理论的痕迹。

聚焦了研究问题，明确了研究方法，接下来就是素材收集、文本撰写、预答辩、答辩等工作环节。开题后经过将近三年，论文完成并顺利通过了匿名评审和答辩。本书就是在博士论文基础上修订的。

现在，距离论文定稿时间过去了三年，高校二级学院的创收环境发生了许多新的变化。主要有三个方面：

（1）政策环境的变化。随着党和政府对教育领域越来越重视，对高校全面深化改革提出新的要求，全面依法治国和全面从严治党在高等教育领域逐渐深入，对高校及其二级学院的诸多组织行为产生影响。其中，对高校及其二级学院财物管理的制度化规范化要求直接影响创收活动的开展；国家加大教师教育培训的有关政策要求、基础教育师资学历达标要求等，又为以教师教育培训见长的师范院校创收提供了机遇。

（2）市场环境的变化。国家对社会力量办学区分营利性和非营利性的细化管理、对社会培训机构的规范化整顿等，为高校及其二级学院社会培训提供了更为公平的平台，减少了竞争对手，拓展了市场空间。

（3）内部管理环境的变化。近年来，为顺应政府有关部门对高校各类经费来源及管理使用的法制化、规范化要求和适应领导班子变动、学校发展定位、领导管理理念的变化，案例大学在校级层面修订和出台了一系列有关财务管理、社会服务管理、非全日制办学管理等文件，大大减少了学院创收留成，并要求二级单位规范资金管理和使用，对各类培训项目经费要专款专用，不得随意纳入学院福利或发展经费，不得超标准发放课酬，不得随意发放加班费或补助等。另外，学校改革激励机制导向，出台相应的绩效管理办法，加大高端科研平台和成果的奖励力度，引导二级学院领导教师将精力重点放在获得高端绩效成果上。同时加大执纪问责氛围营造和处置力度。随着形势的变化，高校二级学院创收行为也在发生变化。

受内外形势变化影响，案例大学二级学院的创收行为也逐渐形成三类变化：一类是学院暂时终止了与政府财政相关的项目拓展，也不再拓展其他社会服务领域的合作，只保留原有的传统创收项目如函授教育等。因为政府财政项目对经费的使用有严格要求，只能专款专用，用于学院集体福利的比例不能超过项目总经费的10%，结余经费不能用在学院福利和发展经费上，不能挪作他用。一类是学院继续维持与政府方面的项目合作，并寻求拓展，这类单位往往没有其他更多的创收渠道，又希望保持或增加一些自主掌控的经费，所以，尽管政府项目受制约大，也是聊胜于无。还有一类是学院调整创收方向，积极拓展新的非政府合作项目，如通过与社会培训机构的合作搞培训、直接开设个人缴费模式的辅导或培训等，只要不是政府财政经费，结余部分可供学院掌控的比例就不变。无论是哪一种创收模式的选择和变化，其背后所反映的，仍可以感受到来自大学外部环境的宏观政策力量、大学内部的制度管理力量和二级学院对外部影响的理解和选择性反应。制度三要素影响作用明显。

笔 者

2019 年 8 月于广州

目录

第一章 导 论

第一节 研究背景与问题

一、现实关注：地方大学及其二级学院的创收行为

2010年元旦刚过，S大学A学院C院长在办公室与新上任的书记商量说："书记的主要职责是政治维稳，学院'菜篮子工程'① ——创收，是涉及学院稳定的重要基础，当前学院创收形势比较严峻，各项经费支出需求却不断增加，希望书记多关心和抓好这项'维稳工程'，如果有什么资源可以挖掘，愿意与书记一起外出跑动，拓展创收渠道。"书记表示："党建和思想政治教育是书记的主业，维护学院稳定是最大的政治任务之一，愿意发挥个人智慧和力量，配合院长搞好学院创收工作。"经过商议和梳理，院长和书记当即联系了2个以前与学院合作过并可能有新的办学合作意向的单位和个人，确定寒假前进行沟通和洽谈。不久，C院长和书记一起走访了两地相关单位和个人，了解合作办学的可能性和初步确定合作意向。半年后，在大学主管部门的支持下，A学院与其中一个地区的教育局签署了为基础教育教师开办研究生课程进修班的合作协议。根据办班规模，剔除成本后，可以为学院创造几万元的计划外收入。受此鼓舞，院长决定继续加大力度拓展合作办学，在接下来的几年，与书记一起或各自分头又跑了一些市县区，并与其中5个地区教育局签订了研究生课程进修班等合作协议，可以为学院创造数十万元的计划外收入。此外，学院通过开办其他类型的培训班、函授班、自学考试辅导班，以及出版学术期刊等渠道，每年自筹数百万元可支配收入用于

① 本研究所说的"菜篮子工程"，主要指案例大学及其二级学院通过自主创收解决或提高教职工收入及福利待遇的工作。

学院运作。有了一定的自主支配收入为基础，学院改革了内部酬金分配方案，调整了分配导向，增加了教师为本科生上课的课酬，提高了与创收有关的教学课酬；为鼓励青年教师的科研积极性，A学院设立了青年教师科研扶持基金，同时给专业教师提供每人每年2 000元的学术交流经费；学院人员开展学科建设的差旅费、专家审稿费等支出有了一定保障……然而，由于许多收入是一次性的，创收收入来源不稳定；最早洽谈的一个地区由于形势发生变化，没有达成新的合作意向；部分传统创收模块规模不断缩减。为了学院的“菜篮子工程”，以院长、书记为首的学院治理层每年需要花费大量的时间、精力和调动各类资源去维持或拓展创收渠道。创收已经成为学院不可或缺的重要工作之一。

据悉，S大学20多个培养全日制大学生的二级学院几乎都有通过各种渠道自主开展创收的行为。为缓解经费压力、补充经费来源、改善教职工福利，拓宽创收渠道已然成为许多学院领导的当务之急。学院领导往往将大量的精力放于如何拓展创收渠道、保证创收收入，包括在学院权威决策环节如党政联系会议上经常讨论创收问题并做出决策，如调整学院组织架构以满足创收工作的需要，动员和安排教职工参与创收工作，领导带头亲自“跑市场”等等；创收常常成为比教学科研和人才培养更重要更紧急的事务，“无论谁成为学院的领导，都会将开拓创收作为任上的重要事项来抓”已经成为一些学院的常态。

事实上，这样的案例在全国地方高校并不少见。中国高校的创收行为在20世纪50年代便已存在。改革开放以后，我国高校管理体制改革随着国家改革的步伐同步展开。20世纪80年代初，政府就允许高校通过自筹经费的方式解决政府经费投入不足的问题。随着成本分担理论和高等教育产业化理论的引入，加上传统创收模式的不断传承发展，高校创收等自筹经费的举措更为丰富和深化。特别是1999年起，全国高校大规模扩招，学生人数持续多年递增，各类办学支出迅速增长，加上社会物价不断上涨，导致高校的办学成本不断加大，经济总量并不宽裕的国家财政愈加无法承担社会发展对高等教育人才培养急剧增长的经费保障需求，许多高校面临办学经费严重不足的问题。特别是依赖省市地方财政拨款为主的众多公办地方大学，问题更为突出。为了缓解经费压力，众多高校把自主筹措经费作为重要工作列入议事日程。市场经济观念的逐渐渗透，使大学的经费筹措呈现出多元化模式，如科技服务、校办产业股份制改革、后勤服务、学费改革、成立各类基金会进行募捐、开展各类办学活动以及推进全员创收等。创收收益赋予了高校一定的经费机动支配权，缓解了办学经费的压力，同时改善了教职工的待遇，高校的创收行为得到激励。许多高校的二级单位都在开展创收活动：大学内部的机关部门凭借自身掌控的资源获取本单位小集体利益；二级院系“更是凭借其教学、科研优势，有的办班，有的搞项目评估，有的帮助外单位项目攻关……都是利用学校房屋、场地、设备甚至权利创收，但收入全部归自己或大部归自己。‘靠山吃山，靠水吃水’是这种状况的真实写照”①。

然而，由于相应的管理与制约机制不配套，高校特别是二级单位过度追求经济效益、教学科研与创收安排欠协调、创收分配兼顾各方面积极性不够或管理不足等②成为比较突出的创收问题。有些院校创收活动面临财务管理上的窘境——“不具有正规的财务账，或会计、出纳不全，或在银行没有立户，甚至有的单位是完全没有账……财务活动随意性较大，透明度不够，‘跑、冒、滴、漏’现象比比皆是……公款私存现象较普遍……不仅出现挪用公款现象，而且因为系领导和财会人员经常变动，存款的归属都成为官司问题”③。创收成本核算不实、劳务酬金的提取比例偏高、分配无据可查、创收收入的使用不当等也是大学创收常见的财务问题。④ 不仅如此，有的高校“挪用教学科研经费搞证券交易；以师生为‘创收’对象，加重师生经济负担；巧立名目乱收费；利用校产，化公为私。校办企业效率不高管理不善。科技含量不高，与高校人才科技结合不紧密。人员素质不高、内部管理制度混乱，权益不清，严重亏损或出现贪污、损公肥私、以权谋私等”⑤。解决创收问题占用了单位领导大量的时间与精力，也常常因此阻碍了高校和院系的学科建设、人才培养及教学科研等主业的发展进程，部分高校或二级院系在协调创收与人才培养等方面问题时本末倒置。学术组织的商业化行为及其副作用引起了政府部门和高校管理层的注意和反思。为了规范创收行为，政府主管部门和高校制定了一系列规章制度、提出诸多要求和约束，这些举措在一定程度上影响了高校或二级院系创收行为的发展。

二、研究问题

基于上述案例现象，本研究旨在通过对案例大学及其二级学院创收行为的深入分析，探索高校及二级学院创收行为的发展变化及其结构化过程，从组织制度理论视角揭示地方大学二级学院创收行为及其制度化过程的建构机

---

①③ 曲秀全. 加强对高校二级创收管理的思考［J］. 山西统计，1995（8）：42.

② 凌希羽. 对高等院校创收问题的思考［J］. 上海高教研究，1990（3）：13－18，99.

④ 张彧渊. 对高校创收中几个问题的思考［J］. 江苏高教，1990（6）：58，77.

⑤ 赵安君，李鸿. 谈高等学校的办学与创收［J］. 辽宁高等教育研究，1994（5）：44－45.

制。其中重点探讨和关注以下几组问题：①二级学院创收行为有哪些主要表现？二级学院所处的组织场域（制度环境）、学院决策者、教职工等在学院创收中的影响与作用是什么？以担负人才培养为主业的二级学院为何像商业机构一样，成为创收营利组织？二级学院创收的压力或动力源于何处？②创收行为对组织及其制度环境产生了什么样的影响？二级学院的创收行为具有什么样的合法性基础？③创收逐渐成为二级学院常态化行为而稳固下来，意味着一种新的组织制度结构的逐渐形成，这个稳固过程是如何演变发展的？规制性、规范性和文化-认知性等制度三要素在其中产生了怎样的影响？哪一些制度化机制在发挥作用？等等。第一组问题主要是对二级学院创收行为及其各类行动者作用的事实梳理与背景分析；第二组问题主要是对创收行为制度化过程中合法性问题的分析；第三组问题主要是对创收行为制度化机制的理论探讨。

值得注意的是，合法性是组织行为制度化的重要基础。只有那些具有合法性基础的组织行为，即得到组织场域或者行动者广泛理解、认同或支持的组织行为，才可能得以持续再生产并稳固下来，结晶为制度化的组织行为。当组织行为的合法性受到威胁时，为了维护组织的稳定和发展，组织可能采取相应的合法化策略，令组织行为回归到被理解、被接受、被认同的情境。本研究所指的合法性，并非单一地指社会法律体系意义上的合规合法，也不是简单地指学院要刻意树立创收行为的权威和地位，而是包含了组织行为得以持续传播的社会规范、价值、信念和身份认同等适当性基础。具体而言，就是对二级学院为化解经费压力而选择创收行为的状态与过程的适当性——知识、价值及意义等——进行说明、解释与证明，即“为什么这样而不是那样”。探讨创收行为的合法性，并非简单比照创收行为是否符合相关法律法规的要求，不是说创收必然是二级学院工作的目标之一，也不是说创收一开始就成为了二级学院自觉主动的选择。事实上，创收并非是学院的自愿选择，而是一种被动的无奈之举。研究创收行为的合法性问题，主要是探讨这种被动的无奈之举为什么能够在学院持续传承和发展，它究竟得到了什么样的普遍化理解或适当性的假定等基础支撑？当这种基础受到威胁时，学院基于自身利益的维护，采取了什么样的合法化策略使创收行为得到更多的理解、认同、接受而继续稳固下来？经历合法性洗礼的创收行为逐渐成为学院组织结构的稳固部分，成为惯习化行为而得到传承并逐渐定型化，就是创收行为的制度化过程。

本研究尝试打开二级学院组织现实建构过程的“黑箱”，通过分析二级学院创收行为产生和发展的制度环境、组织结构、角色作用、文化认知等因素及其关系作用，探寻创收行为制度化过程中各种制度力量的互动框架，揭示二级学院创收行为制度化的理论机制，使人们更加全面、深入地了解二级学院组织生存与发展的真实状况，有效补充我国高等教育研究与组织制度研究中对二级学院微观层面研究与创收行为问题研究的不足，为人们全面、深入认识和研究高校及其二级学院提供实证素材，为政府制定高等教育政策和高校内部决策提供理论和案例依据，为高校二级学院的组织决策与行动提供参考。

第二节 分析单位和核心概念

一、地方大学二级学院

本研究所界定的地方大学仅指公办地方大学，即由省（区、市）级地方政府出资主办和隶属地方政府教育部门主管的普通高等学校。二级学院（以下简称“学院”）是指大学内部招收和培养全日制大学生的基层教学单位，是大学内设的具有相对完整的组织结构和行政权力的基层组织。学院是大学为实现其人才培养目标而依据学科性质设立的，是大学目标承载和功能实现的最重要最直接的承担者。本文的案例大学（S 大学），在经广东省教育厅核准颁布的《S 大学章程》中，学院（A 学院）被界定为“学校的基本教学科研组织”（《S 大学章程》第五十三条）；在依据章程起草的《S 大学学院治理规程（讨论稿）》（以下简称《治理规程》）中，学院被赋予“依照建设‘国内一流、世界知名的综合性师范大学’总目标，履行人才培养、科学研究、社会服务和文化传承创新等职能”（《治理规程》第二条）。

本研究将大学和学院分别作为一个完整的组织和独立的分析单位，学院是大学的基层组织，大学是学院的上级组织；学院组织行为嵌套于大学组织行为当中，同时又具有相对的独立性。本研究所论及的学院组织行为包括学院的组织机构设置、组织决策、领导集体或个人行为、教职工集体或个人行为、学院与大学以及社会等外部环境的交互行为等；关注这些行为对学院现实构建的影响，其中把学院创收作为主要的组织行为线索加以考察。在大学与学院的结构关系和行动中，学校领导和学校职能部门的决策、行为等代表了大学的组织行为，包括大学及其机关职能部门颁布的文件、通知、各类规章制度以及其负责人在公开场合的讲话等。在组织合法化策略的描述中，以院长为核心的学院领导及教职工的行为代表了学院的组织行为，其采取的合法化策略，代表了学院的组织行为；在论述学院内部关系时，起主导作用的领导行为代表了学院的组织行为，得到实施的领导意图和上升为学院意志的员工个人意图也列作组织行为；而其他教职工个体则作为组织内部的能动性力量而存在，学院组织行为与教职工行为一般是总体与局部的关系。

二、创收行为

高校创收是一个本土化的概念。《现代汉语词典（第六版）》对“创收”的解释是：“学校、科研机构等非营利单位利用自身条件投入社会创造收入。”说明创收行为与学校有密切联系。“百度百科”解释“创收”的含义是：“创造常规以外的收入。”《辞海》对“创收”词条的解释是：“本意是指单位为了增加收入，利用自身的条件开展正常业务之外的行为或活动。”

本研究将“创收行为”理解为：高校或其二级单位利用自身的条件，通过提供全日制办学常规业务之外的教学、科研、社会服务或其他途径获取可支配性收入的行为或活动。学费收取是高校自主筹措经费的重要来源，高校根据二级学院计划内全日制教学和科研基本工作量下拨给学院的常规业绩津贴，属于学院可支配收入，但不列入学院的自主创收收入。学院通过文化咨询或科技转化等各类社会服务获得的收入、学院非全日制教育培训收入、学院从学校获取的常规绩效外的教学科研奖励、学院向社会各界募集的办学基金以及通过其他商业活动获得的收入等都可列入学院的自主创收收入。为了获取创收收入，高校及其二级单位采取了许多组织行动，包括围绕创收开展的政策制定、机构设置与调整、人员与资源调配、创收项目管理运作以及其他相关决策与行动等，这些与创收相关的集体或个体行为，都可以看作是创收行为。

三、合法性与合法化策略

前文谈到了创收行为的合法性与合法化策略问题。“合法性是新制度理论的一个重要概念，它的基本含义是社会规范、法律制度、文化期待、观念制度成为人们广为接受的社会事实，具有强大的力量，诱使或迫使组织采用具有某种特点的组织结构和行为。”①

组织社会学的新制度主义学派创立者迈耶和罗恩提出了组织中的“合法性机制”，它主要强调的是在社会认可基础上建立的一种权威关系，即合法性机制可以在无形中迫使组织接受特定制度环境中所要求的具有合法性的行

---

① 赵科．新制度理论视角下大学组织的特点［J］．德宏师范高等专科学校学报，2008，17（3）：52，69－73.

为模式。迈耶认为："当合法性要求所导致的压力和组织所追求的效率相矛盾时，组织往往会采取把内部运作和外在结构分离开来（decoupling）的办法，从而解决合法性地位和效率实现过程中的冲突问题。"① 托尔博特和朱克也认为："当一种制度被社会上大多数组织采用后，往往会被认可为理性的组织形式，从而形成一种观念制度的力量，使得这个制度得到维持和沿用。从这个角度上看，合法性机制是指那些能够迫使组织采纳具有合法性的组织结构和行为的观念力量。"② 哈恩等则认为："合法性机制就是受道德支配并获得普遍文化支持的符号体系和规范秩序。"③ 对于各种制度要求，个人与组织并非无力、消极或被动接受，而是具有能动性力量与反应。组织的个体对于制度要求，会采用默认或遵守的策略，也会采取妥协策略、回避策略、反抗策略和操纵策略；在更广阔的场域中，组织会采用多个组织联合的集体应对策略来回应各种制度要求。④

综合而言，合法性就是组织的结构和行为要符合人们广为接受的社会规范、法律制度、文化期待和制度观念。合法性机制是一系列基于社会认可的制度机制，包括组织结构、观念力量、符号体系、规范秩序等，这种机制可以诱导或迫使组织采取适当的方式处理合法性地位与效率的矛盾。

合法化策略指的是符合社会认可的制度机制的策略过程。在本研究中，合法化策略具体指使创收行为符合社会、大学和学院内部师生的理解、接纳和认同的符合普遍的制度机制的策略过程，包括规制性合法化策略过程、规范性合法化策略过程和文化-认知性合法化策略过程等。

关于合法性与合法化策略概念内涵，本书将在"理论基础"中进一步介绍。

第三节 理论基础和文献综述

一、理论基础

"制度分析的目的是要告诉我们为什么——在如此多可行的形式之中——实际上单单'挑选'了这一种或那一种，并且这种经过选择的安排对

①②③ 涂洪波. 制度分析：对新制度主义的一种解读［J］. 广东社会科学，2006（6）：95-100.

④ SCOTT W R. 制度与组织：思想观念与物质利益［M］. 姚伟，王黎芳，译. 北京：中国人民大学出版社，2010：178-186.

谁的利益最有好处。制度主义者想要了解选用一种制度形式而排斥其他可能的利弊得失。”①

制度理论并非一开始就与组织研究结合在一起。早期经济学研究者用制度理论解释在经济活动中制约人们行动的相对固化的行为机制和规则；政治学研究者则关注社会的正式结构和立法系统等制度的形成根源并对政治系统进行解说，并“试图重新强调规范框架与规则系统对于社会与政治行为具有重要的导向、制约、使能作用”②。社会学的早期制度理论流派众多，从关注制度的演化和功能、人与社会结构和人与制度之间的相互依赖关系，到关注物质与思想的关系对社会建构的作用、符号系统对社会信念的影响、主观意义的理解对行动者行为的影响、社会结构和社会知识的制度作用等。尽管早期的制度理论取得丰硕的成果，但是“早期的研究者很少把组织作为制度形式来处理，很少研究制度塑造组织的方式”③。直到 20 世纪 40—50 年代，理论家们开始关注单个组织的制度话题，到 20 世纪 70—80 年代，有关“组织形式和组织场域的重要性”方面的制度理论与研究不断得到丰富。④

“在社会学里，制度被理解为包含规制、规范与文化认知三个方面的要素、能不断再生产出来、围绕着对人或资源的权利（或权力）而形成的人群或组织之间的互动框架。”⑤ 这个观点，表达了组织的制度研究理论新的认识。斯科特（W. R. Scott）是这一观点的集大成者，也是将制度理论融入组织研究的重要人物之一。在《制度与组织——思想观念与物质利益》一书中，斯科特给制度下了如下定义：

“制度包括为社会生活提供稳定性和意义的规制性、规范性和文化—认知性要素，以及相关的活动与资源……在这个定义中，制度具有多重的面相，是由符号性要素、社会活动和物质资源构成的持久社会结构。”制度具有相对抵制变迁、通过代际传播而得以维持和再生产等特征，斯科特引用安东尼·吉登斯的观点：“根据定义，制度是社会生活中相对持久的特征……

---

① MEYER H-D，ROWAN B. 教育中的新制度主义［J］. 郑砚秋，译. 北京大学教育评论，2007（1）：15－24，188.

② SCOTT W R. 制度与组织：思想观念与物质利益［M］. 姚伟，王黎芳，译. 北京：中国人民大学出版社，2010：12.

③④ SCOTT W R. 制度与组织：思想观念与物质利益［M］. 姚伟，王黎芳，译. 北京：中国人民大学出版社，2010：23.

⑤ 郭建如. 社会学组织分析中的新老制度主义与教育研究［J］. 北京大学教育评论，2008（3）：143.

并赋予时空中的（社会系统）‘牢固性与稳定性’。”①

斯科特在前人研究的基础上，尝试将多种相对割裂或混杂的制度视角进行整合，提炼出一个综合性的分析框架，用以分析制度与组织的各种层次关系。他提出规制性、规范性、文化－认知性等要素是构成或支撑制度的三大基础要素，每一项要素在遵守基础、秩序基础、扩散机制、逻辑类型、系列指标、情感反应、合法性基础等各种假定之间存在差异。“制度的规制性要素的核心成分，包括强制性暴力、奖惩和权宜性策略”②，强调制度的规制性要素，就是强调明确的、外在的规则设定、监督和奖惩活动等各种规制过程，强调制度对行为的制约、规制和调节作用。制度的规范性要素主要指说明性、评价性和义务性的制度维度，规范系统包括了价值观和规范。这一视角关注制度的道德根源，“强调社会信念和规范通过他人的内化和运用，而具有稳定的作用”③。遵守规范使人感到骄傲和产生荣誉感，违反规范会使人产生羞耻感。强调制度的文化－认知性要素即“认为制度的文化－认知性要素构成了关于社会实在的性质的共同理解，以及建构意义的认知框架”④。这一视角重视符号与意义的重要性，认为人们之所以遵守惯例，“是因为我们理所当然地认为那些惯例是‘我们做这些事情’的恰当方式”⑤，“强调行为模板对于特定种类的行动者所具有的力量，以及脚本对于行动的力量”⑥。拥有共同的信念、共同的行动逻辑和同形的选择等是文化－认知性制度要素的特征指标，可理解、可认可的文化支持是其合法性基础，文化－认知性要素的情感表达比较广泛，比如确信、信心、困惑、混乱和迷失等，“关注制度的文化－认知性维度，是社会学与组织研究的新制度主义最显著的特

---

① SCOTT W R. 制度与组织：思想观念与物质利益［M］. 姚伟，王黎芳，译. 北京：中国人民大学出版社，2010：56－57.

② SCOTT W R. 制度与组织：思想观念与物质利益［M］. 姚伟，王黎芳，译. 北京：中国人民大学出版社，2010：59－61.

③ SCOTT W R. 制度与组织：思想观念与物质利益［M］. 姚伟，王黎芳，译. 北京：中国人民大学出版社，2010：63.

④ SCOTT W R. 制度与组织：思想观念与物质利益［M］. 姚伟，王黎芳，译. 北京：中国人民大学出版社，2010：65.

⑤ SCOTT W R. 制度与组织：思想观念与物质利益［M］. 姚伟，王黎芳，译. 北京：中国人民大学出版社，2010：66.

⑥ SCOTT W R. 制度与组织：思想观念与物质利益［M］. 姚伟，王黎芳，译. 北京：中国人民大学出版社，2010：67.

征"[①]。在规范性与文化-认知性要素作用中，角色发挥了重要影响。强调规范性要素，即强调角色通过对规范和价值观的传递、对职责的履行而发挥作用；强调文化-认知性要素，则强调角色通过自我认知、共享的意义、共同的理解发挥作用。一种观点认为，角色代表了制度秩序，每个角色都携带着社会确定的知识，角色是使意义客观化的世界成为主观真实的传导者，"一方面，制度秩序只有在其通过展现出来的角色得到实现时才是真实的；另一方面，角色是制度秩序的代表，制度秩序确定了角色的特质（包括其承袭的知识），从那里它们获得其客观意义"[②]。

制度的基础要素不仅各自对组织及其发展产生作用，而且常常是共同地影响组织。规制性、规范性和文化-认知性制度要素结合在一起，会产生十分强大的力量。"在稳定的社会系统中，很多实践非常持久和稳固，因为这些实践被人们视若当然而接受，得到了规范的许可和权威化权力的支持。"[③]有时这些要素之间"可能出现错误的结合，并因此支持和引发不同的选择和行为……在这种情况下，就会出现混乱与冲突，并极有可能导致制度的变迁。"[④]

一种结构或行为关系的惯习化或者具有能动性的行动者有意图的建构，都可能形成制度。为解决重复发生的问题或者为建立一套具有普世价值的原则或程序等目的，是制度创造的需求与供给两种解释。无论基于何种解释，制度理论家们都越来越重视人际互动关系对社会结构的建构作用和制度过程中各类行动者的能动作用。许多研究者都同意伯格与卢克曼的社会建构观点，认为人与社会持续的关系互动造就了社会现实，日常生活中人际关系类型的总和以及通过这些类型建立的互动模式的总和就是社会结构。[⑤] 人创造了社会结构，社会结构反过来影响人们的知识和思想、制约着人们的行动。制度理论家们认为，制度是由有能动作用的各类行动者建立的，可能是行动者基于对某种利益的理性追求而有目的和有意图地建立，也可能是在互动或

---

① SCOTT W R. 制度与组织：思想观念与物质利益［M］. 姚伟，王黎芳，译. 北京：中国人民大学出版社，2010：65.

② BERGER P，LUCKMANN T. 现实的社会构建［M］. 汪涌，译. 北京：北京大学出版社，2009：66.

③ SCOTT W R. 制度与组织：思想观念与物质利益［M］. 姚伟，王黎芳，译. 北京：中国人民大学出版社，2010：70-71.

④ SCOTT W R. 制度与组织：思想观念与物质利益［M］. 姚伟，王黎芳，译. 北京：中国人民大学出版社，2010：71.

⑤ BERGER P，LUCKMANN T. 现实的社会构建［M］. 汪涌，译. 北京：北京大学出版社，2009：29.

谈判中建构的利益促成了较少目的色彩而更多演化色彩的制度建立过程。斯科特等划分了七类制度性的能动者：民众－国家、专业人员、协会、其他精英、边缘博弈者、社会运动以及普通参与者等。“所有的行动者，包括个体与集体行动者，都具有某种程度的能动性，但各种行动者之间以及各种社会结构之间，能动性的程度存在极大的差异。能动性本身是社会地和制度地建构的。”①

组织制度理论重视各类制度要素对组织及其行动者的影响作用，特别是纠正了长期以来以经济学理性主义主导的将组织与文化关系割裂来理解的倾向，认为“理性化的组织实践本质上是文化性的，并且就处于现代文化的核心位置，因为现代文化正是围绕着工具理性而构建的”②。“制度不仅通过准则与规则发挥约束功能，还有一种生成作用，会引导‘行动者的组合与组合方式，以及行动的机会’。”③“强调了以社会为中介的共同意义框架，对于组织与行动者的建构具有十分重要的作用。”④

组织制度理论不仅考察制度的社会结构功能，而且以制度的三大要素及其活动和资源配置为核心，包括了物质与思想之间的关系，涵盖了制度的静态元素及其动态发展过程。基于此，我们可以把制度环境理解为相关制度因素及其作用关系与过程，是一种促使某种组织行为产生或变化发展的更为宏观的特定社会背景。

制度是人们惯习化的社会行动的定型化结果。⑤社会行动的定型化就是制度化。有学者认为，制度化是指组织发展出的一种特质结构，“从一种不稳定、松散和狭窄技术活动中脱胎而出，形成一种有序、稳定和社会整合形式……当一个行为或一连串行为在没有明显干扰的情况下反复发生，或者说当一个行为模式根据一些有序规则在生产它自身的时候，我们就说这种行为是制度化的”⑥。更多学者认为，制度化既是“某种确定状态或属性的一套社会安排”，也是一个过程，“当社会模式逐渐实现再生产时，会把它们自己

---

① SCOTT W R. 制度与组织：思想观念与物质利益［M］. 姚伟，王黎芳，译. 北京：中国人民大学出版社，2010：88.

②③ SCOTT W R，DAVIS G F. 组织理论：理性、自然与开放系统的视角［M］. 高俊山，译. 北京：中国人民大学出版社，2011：299.

④ SCOTT W R，DAVIS G F. 组织理论：理性、自然与开放系统的视角［M］. 高俊山，译. 北京：中国人民大学出版社，2011：67.

⑤ BERGER P，LUCKMANN T. 现实的社会构建［M］. 汪涌，译. 北京：北京大学出版社，2009：47.

⑥ 赵科. 新制度理论视角下大学组织的特点［J］. 德宏师范高等专科学校学报，2008，17（3）：69－73.

的存在归因于相对自我激发的社会过程”①。

斯科特归纳和比较了三种竞争性的制度化机制：①基于回报递增的制度化。它“强调作为社会生活驱动力量之一的激励的作用”。组织技术发展的路径依赖可以降低成本，使组织获得更高的回报，基于物质激励的回报，加上不完全市场的影响，组织更有可能采用模式化的行为。②基于承诺递增的制度化。它强调不同的身份（承诺或忠诚机制）对制度过程的作用，结构与程序、个体与集体行动者、规范和价值观等是影响承诺的核心要素。塞尔兹尼克主张，组织通过两个步骤实现这种制度化：首先是组织目标、规则、协作机制和交流渠道等正式结构提供了组织治理模式，然后是“浓”的制度化的发生，包括“尊崇或硬化某些规则和程序；确立高度分化的组织单元，然后这些单元又形成既得利益并成为权力中心；创造行动仪式、符号和意识形态；强化‘目的性’，即形成统一的目标；把组织嵌入社会背景中等等”。③随着日益客观化而出现的制度化。它强调信念、图式和各种预设等思想观念对制度过程的作用。客观化主要基于“组织决策者对某种结构的价值达成一定程度的共识，并在这种共识的基础上日益采纳这种结构”。这种结构通过数代人的传递沉淀下来或者大量扩散到相关组织种群，制度化得以实现。斯科特认为，规制性、规范性和文化－认知性制度要素在不同的制度化机制中发挥作用，但作用大小不同，或者说，不同的机制中所强调的制度要素是不同的。三种制度化尽管强调不同的作用机制，但彼此之间“并非必然是冲突性的。富有生命力的制度化，常常是这些相互作用并相互强化机制的共同产物”②。

“只要存在与各种类型行动者惯习化的行动相应的典型化（定型化）行动，就可以说制度化已经出现……说人类活动的一部分已被制度化，就等于说人类活动的这一部分已经处于社会控制之下。”③ 惯习化行为要为大众所接收，需要合法性的支撑。伯格（P. Berger）与卢克曼（T. Luckmann）认为，合法化是一个“次级秩序”的意义客观化的过程，其功能在于使已经制度化的“初级秩序”客观化，在客观上可以得到，在主观上听起来可信。合法化的目的在于通过整合，向一代代新人说明、解释和证明制度秩序为什么

---

① SCOTT W R. 制度与组织：思想观念与物质利益［M］. 姚伟，王黎芳，译. 北京：中国人民大学出版社，2010：129.

② SCOTT W R. 制度与组织：思想观念与物质利益［M］. 姚伟，王黎芳，译. 北京：中国人民大学出版社，2010：131－135.

③ BERGER P，LUCKMANN T. 现实的社会构建［M］. 汪涌，译. 北京：北京大学出版社，2009：47.

是这样而不是那样，使制度秩序的代际断裂得到弥合。“合法化通过客观意义的认知有效性和正确性来‘解释’制度秩序。合法化通过赋予制度秩序实际的强制性一种规范的尊严，来为制度秩序的合理性进行辩护。”① 在这一过程中，它既传递“知识”，也传递“价值”。合法化可以区分为四个层次：①通过词汇进行简单传递的确证方式；②以基本形式出现的理论命题；③直接的理论；④符号/象征性意义共同体。人类的日常生活现实，正是惯习化、知识的沉积、符号/象征体系、角色扮演、合法化等一系列纷繁复杂的人类活动客观化的结果。“制度世界的客观性，不管它看上去对个体来说有多大，都是一个由人创造、构建的客体。”② 正是通过这一系列的客观化活动，外在于人类的客观社会现实得以构建。

制度由不同的要素构成。制度的客观实在性、社会的共同规范、人们有意识的控制等对制度的维持产生影响。制度借助符号系统、关系系统、惯例和人工器物等传递者，通过规制过程、规范过程和文化－认知过程得以扩散。制度的内涵传递会因传递者与传递机制不同而变化。组织行为的制度化过程是组织制度的产生、传递与变化的过程，也是组织现实的构建过程。

关于制度与组织的关系有三种说法：①制度提供了博弈规则，组织就是类似于博弈者的行动者；②组织及其结构、程序本身就是制度，作为制度的组织就是一种设计用来治理生产活动并使交易成本最小化的系统；③现代组织在很大程度上也是一种制度形式。③ 这三种表述实际提供了三种不同的组织制度视角，说明制度与组织关系的复杂性是多层面的，有的相互交织，有的具有冲突性。

组织的规制性、规范性和文化－认知性的合法化过程特别是强制性、规范性与模仿性同形机制等因素造就了现代组织的两个重要特征：①运行于同一组织场域的各种组织，其结构特征具有明显的相似性；②在组织中既存在正式结构，也存在非正式结构。④ 通过考察铭记、制度环境的复杂性、互动过程等可以进一步理解制度环境与组织结构的关系。组织会受到各种制度条件的约束；但组织面对制度要求时，也会发挥能动性，如采取默认或遵守、

---

① BERGER P，LUCKMANN T. 现实的社会构建［M］. 汪涌，译. 北京：北京大学出版社，2009：77.

② BERGER P，LUCKMANN T. 现实的社会构建［M］. 汪涌，译. 北京：北京大学出版社，2009：52.

③ SCOTT W R. 制度与组织：思想观念与物质利益［M］. 姚伟，王黎芳，译. 北京：中国人民大学出版社，2010：158.

④ SCOTT W R. 制度与组织：思想观念与物质利益［M］. 姚伟，王黎芳，译. 北京：中国人民大学出版社，2010：159－161.

妥协、回避、反抗以及操纵等个体策略或者采取多个组织的集体应对策略，以保障组织的合法性地位和利益。

在组织场域中，各种制度性框架为组织的建立“提供了明确的模式，并进而制止行动者选择（甚至是考虑）其他替代性的模式，同时又为组织实施其所选择的活动及其活动者提供了支持，并使这种活动更可能得到理解、接受和更具有合法性”①。各种跨社会和社会中的制度形式为组织场域提供了广泛的制度环境；组织场域中更多的制度场域与制度形式为具体的组织和集体行动者提供了环境；这些组织和集体行动者又为更小的群体和个体行动者提供了环境。“从上到下的各种过程——从各种制度的建立，到制度的扩散、转述、社会化、强迫接受、权威化、诱导与铭记等——使得更高层次（更具涵盖性）的结构可以塑造较低层次的行动者的结构与行动，当然这种塑造包括了制约和使能两个方面。同时，从下到上的过程也在运行，通过这类相反的运行过程，较低层次的行动者与结构又塑造——再生产与改变——它们所运行的背景。这种从下到上的过程包括选择性关注、理解与意义建构、身份建构、失误、创新、对模式的遵守与再生产、谈判、妥协、回避、抵制以及操纵等。”② 已经形成的组织场域结构，在功能的、政治的和社会的要求或压力下，可能出现去结构化和再结构化的过程，即制度的变迁与再造，或者说是旧有组织结构与形式的消亡和新的组织结构与形式的诞生。

二、文献综述

（一）组织行为研究

罗宾斯和贾奇认为个体、群体特征与行为以及组织内部结构会对组织绩效产生影响。个体的能力、特点和后天的学习是个体行为的基础，恰当地匹配和使用这些基础有助于发挥个人对组织的积极作用。员工的态度、人格和价值观、知觉、动机情绪和心境等都是影响个体行为的重要内在因素，组织管理者通过引导和调整这些因素，可以提高员工的满意度和激发工作的积极性。

在群体中，角色知觉、群体规范、地位差异、群体规模和群体内聚力等结构因素影响群体的绩效。在工作场所中引入团队模式，可以改变工作方式

① SCOTT W R. 制度与组织：思想观念与物质利益［M］. 姚伟，王黎芳，译. 北京：中国人民大学出版社，2010：198.

② SCOTT W R. 制度与组织：思想观念与物质利益［M］. 姚伟，王黎芳，译. 北京：中国人民大学出版社，2010：199－200.

和绩效，通过提供充分的资源、实施有效的领导、培育信任的氛围和制定绩效评估与奖励体系等可以培育高效团队。组织管理中有效的沟通可以减少信息的不确定性，强化员工的工作动机，提高员工的工作满意度，降低流失率。领导是群体行为的核心，外倾性、责任心和经验的开放性等领导特质与领导力正相关，发挥领导作用需要用权变观点处理情境因素，这些因素“包括工作方面的任务结构、情境中压力的水平、群体支持水平、领导者的智力与经验以及下属的特点（如人格、经验、能力和动机）”①。与下属建立信任关系可以取代行政规则而发挥效力。文化背景的局限可能影响领导力的实施。在组织中，权力有相对性，得到认可的管理者拥有更多的实际权力。有政治敏感性的人，往往被认为能产生更好的业绩，因而可以得到更高的薪酬和更快的晋升。组织中一定程度的冲突水平有利于“避免迟滞、减少紧张、激发创造力、有益于变革的萌芽”，没有冲突或冲突水平过高都会阻碍工作绩效。②

在组织内部系统中，组织的结构关系会影响员工的行为和态度，制约员工的活动。组织结构的隐性模式是员工对组织结构的主观印象，充分理解员工对组织结构的解释，有助于组织管理和提升绩效。组织文化具有一定的稳定性，员工对组织文化的认知程度影响其工作绩效和工作满意度，“文化力度越强，影响也就越大”③。组织文化对组织甄选员工的决策有影响，员工价值与组织价值一致的组织文化有助于提高员工的满意度，减少流动性；员工恰当的社会化将影响其工作绩效和他人评价这种绩效的方式。组织的人力资源政策和实践对员工的态度和行为有重要影响，科学合理的选拔设计可以提高人岗匹配度；组织对员工的培训可以直接提高员工完成工作的必备技能，也可以通过提高员工的自我效能感，使员工更自信更期待成功；正确的绩效评估主要基于行为指标和结果取向、员工的职业发展问题和绩效问题得到充分讨论、员工有机会参与评估过程等，对员工有正向激励作用，不恰当的绩效评估可能带来不公平，导致努力程度降低、缺勤率增加等一系列消极后果。

“压力（stress）是一种动态条件，在这种条件中，个体要面对与自己所渴望的目标相关的机遇、限制及要求，而且个体感觉到的是其结果非常重要

---

① ROBBINS S P，JUDGE T A. 组织行为学［M］. 李原，孙健敏，译. 12 版. 北京：中国人民大学出版社，2008：353.

② ROBBINS S P，JUDGE T A. 组织行为学［M］. 李原，孙健敏，译. 12 版. 北京：中国人民大学出版社，2008：387 – 419.

③ ROBBINS S P，JUDGE T A. 组织行为学［M］. 李原，孙健敏，译. 12 版. 北京：中国人民大学出版社，2008：480 – 508.

却又不确定。”① 工作压力与个体在工作场所面对的责任、压力、义务或者是不确定性等工作要求有关，也与可控的、满足要求的资源是否充裕有关，主要有环境因素、组织因素和个体因素这三类压力源。个体的认知差异会影响对压力的感受和行动，“压力对员工绩效的影响可以是积极的，也可以是消极的”②。组织通过改变内部结构、关系，或调整任务和角色要求，可以实现对员工的压力管理；个体通过时间管理技术、增强体育锻炼、放松训练和扩大社会支持网络等方式可以降低压力水平。恰当的压力水平可以促进员工对任务的完成。

詹姆斯·马奇和赫伯特·西蒙最早将组织作为开放系统加以确认和考察，认为“组织是互动的人的集合，并且是社会中与中央协调系统存在相似性的最大集合”③。

汤普森则提出了组织层次模型：“(1) 所有组织在本质上是开放的系统；(2) 所有组织必须通过精心设计合适的结构来适应环境；但是，(3) 组织是一个分化的系统，即对于环境的影响，一些组织成分或者子单位被设计得更为开放，而一些则更为封闭。”④ 汤普森认为追求理性的复杂组织为了生存和发展而采用封闭系统战略和开放系统战略。斯科特认为：“汤普森强调了所使用技术的类型、所执行任务间的相互依赖、组织与竞争者和交易伙伴之间的权力关系和依赖程度、环境的稳定性和/或同质性，以及用来评估组织业绩的标准的模糊程度。这些变动的条件引来组织在许多方面的不同反应，包括在环境和组织成分间的缓冲、在组织和其他行动者之间的沟通、协作策略的类型、评估的模式和统治联盟的规模。”⑤

组织行为的研究提示我们，考察大学及其二级学院的组织行为，既要关注组织内部的结构和行动者等关系，也要关注组织与所处环境的关系，特别要考察组织所采用的封闭系统战略和开放系统战略。组织结构、组织文化、工作压力及其管理、缓冲技术、沟通和协作策略等命题对学院创收行为制度

---

① ROBBINS S P，JUDGE T A. 组织行为学［M］. 李原，孙健敏，译. 12版. 北京：中国人民大学出版社，2008：569.

② ROBBINS S P，JUDGE T A. 组织行为学［M］. 李原，孙健敏，译. 12版. 北京：中国人民大学出版社，2008：577.

③ THOMPSON J. 行动中的组织：行政理论的社会科学基础［M］. 敬乂嘉，译. 上海：上海人民出版社，2007：序言8.

④ THOMPSON J. 行动中的组织：行政理论的社会科学基础［M］. 敬乂嘉，译. 上海：上海人民出版社，2007：序言10.

⑤ THOMPSON J. 行动中的组织：行政理论的社会科学基础［M］. 敬乂嘉，译. 上海：上海人民出版社，2007：序言11.

化的分析具有重要的启迪。

（二）创业型大学研究

在世界各国普遍遇到高等教育发展与政府投入不足的矛盾后，许多学者分析和探讨了高等教育经费问题的解决途径。最早提出“创业型大学”概念的伯顿·克拉克（Burton R. Clark）指出：“传统大学在财政的道路上走到一个分叉口。它们可能消极地听从政府发出的刺激信号来决定大学的反应并忍受财政上的增加和减少——政府怎么走，它们也就怎么走；或者它们可能决定开发从所追逐的赞助人那里得到的额外收入来积极地予以干预。”这种“积极干预”就是自主创收创业，它的好处是资源的整体增加。“它允许大学‘充满活力地滚动’，一处有所失，由另一处有所得来取代。它允许一所大学建立储备金（和借钱），然后采取创新步骤……”①

约翰斯通曾总结西方国家增加高等教育非政府收入的七大趋势和方法：①降低纳税人承担的学生生活成本补贴；②收取适量学费，并随基础成本的提高而逐年增加；③鼓励依赖于学费的私立高等教育的发展；④保持入学率，建立贷款计划；⑤从工商界获取更多资金；⑥从校友和慈善家处增加收入；⑦大学自身从事企业性、营利性的活动。②

1995 年联合国教科文组织（UNESCO）在《关于高等教育的变革与发展的政策性文件》中提到：“现在几乎没有一个国家能单靠国库来支持整个高等教育系统……要求寻找新的资金来源是当前高等教育‘全盘政策’中的一部分。因此，迫切需要通过收缴和（或）增加学费及其他学习费用，通过鼓励开展各种创收活动，如签订研究合同、开展广泛的学术与文化服务和开办短期学习班等措施来修改费用分摊的办法。”③

国内许多学者对我国学校教育经费来源问题也给予积极的关注。文东茅指出：“早在 1978 年，我国就出现了‘走读生’，开始了公办学校收费体制的改革……在此后的近 30 年中，伴随着办学体制改革，提高对学生的收费（甚至以办学体制改革的名义收费）一直是公办学校办学体制改革的基本内容之一，包括高校招收‘自费生’、高校招生并轨、研究生培养体制改革、学前教育收费‘准市场化’、公办学校‘转制’、公办学校对择校生收费、

① CLARK B R. 建立创业型大学：组织上转型的途径［M］. 王承绪，译. 北京：人民教育出版社，2003：172.

② 龚刚敏. 我国高等教育供求矛盾与公共政策：基于财政学视角的解释［M］. 北京：中国财政经济出版社，2009：128.

③ 龚刚敏. 我国高等教育供求矛盾与公共政策：基于财政学视角的解释［M］. 北京：中国财政经济出版社，2009：211.

中小学名校办民校、公办学校举办国际班、公办高校举办‘独立学院’等，无一不是以‘自主办学，自负盈亏’为基本特征的……我国的办学体制已经属于典型的‘大的公共部门、低的公共资助’类型，以非政府财政性经费支持公办教育已经成为我国教育体系的一个重要特点。”① 郭建如也认为：“对于学校的发展来讲，最重要的是财源。但在（20世纪）80年代末和90年代初中期，政府的财政拨款并没有显著增加，也没有看到在短期内有显著增加的可能性，这就迫使大学必须从另外的渠道‘多元化’地筹措资金。”② 闵维方、李文利、龚刚敏、康宁、韩习祥与唐兴华等诸多学者对我国高等教育经费投入或资源配置问题都有专题论述。

关于高校的经费筹措和创收行为研究，较有影响的是西方创业型大学和学术资本主义的研究。学者们谈论了两种不同的创业型大学形态：“一种类型为伯顿·克拉克关注的旨在应对环境变化而实施变革的‘革新式’大学，以英国的沃里克大学为典型；第二种类型为亨利·埃兹科维茨关注的以知识转移和学术创业为特征的‘引领式’大学，以美国的麻省理工学院为典型。”③ 伯顿·克拉克通过对欧洲五所大学的案例研究，深入分析了20世纪后半期世界大学面临更多的社会诉求和更大的经济压力的矛盾现实，一些大学主动寻求困境突破，“它们搜寻特殊的组织上的个性，它们冒险进行标新立异，它们到‘市场’中去冒险，它们服膺这样的信念：应该选择在大学的特性上进行实验变革的风险，而不要选择单纯维持传统的形式和实践的风险”④。这类创业型大学依靠至少以下五个要素的创业行动实现了自身的转型：一个强有力的驾驭核心、一个拓宽的发展外围、一个多样化的资助基地、一个激活的学术心脏地带、一个一体化的创业文化。

而以亨利·埃兹科维茨为代表的学者指称的创业型大学“以提高国家的竞争力、生产率以及国家和民族的创业创新精神为己任，以提高国家和地区的经济实力和水平为目标。创业型大学在为国家利益服务、具体承担经济发展任务的同时，给大学的传统职能赋予新的内容和形式，在社会经济活动中更大地发挥大学参与和大学引导的先锋作用”。这些大学具有以下特征：“开

---

① 文东茅．公办学校办学体制改革不能“以钱为本”［N］．中国社会科学报，2010-04-27（9）．

② 郭建如．20世纪90年代大学与校办科技企业的关系及其变动：以北大校办科技企业为案例的社会学分析［J］．高等教育研究，2006（10）：26-35．

③ 邹晓东，陈汉聪．创业型大学：概念内涵、组织特征与实践路径［J］．高等工程教育研究，2011（3）：54-59．

④ CLARK B R．建立创业型大学：组织上转型的途径［M］．王承绪，译．北京：人民教育出版社，2003：导言2．

展高水平的研究，能对国家利益和国家目标作出最敏锐的反应，在大学、工业和政府的三螺旋结构中发挥独特的作用；参与创业活动，以创办高新技术企业为典型，直接推动区域经济发展；将创新创业文化融入人才培养过程中，致力于培养有创造性的学术英才和技术创新高手。"①

邹晓东等将创业型大学的组织特征归纳为：①创业型大学的组织目标分析：知识应用与服务经济发展；②创业型大学的组织构成元素：多元组织与模糊边界；③创业型大学的组织运作方式：创业活动与商务运营；④创业型大学的组织文化：注重实效与倡导创业。②

美国学者斯劳特（S. Slallghter）和莱斯利（L. L. Leslie）把大学组织或教师个人为获取外部资金所表现出的市场行为或类似市场的行为定义为"学术资本主义"③。"具有市场特点的行为指的是院校和教学科研人员为获得资金而进行的竞争，这些资金来自于外部资金和合同、捐赠基金、产学合作企业、教授的衍生公司中的学校投资，以及学生的学杂费……市场行为就院校而言是营利性的活动，像获得专利及随后的专利权使用费和许可协议，以及衍生公司、独立公司、产学伙伴关系等具有利润成分的活动。市场行为还包括更加世俗的活动，如来自教育活动的产品销售和服务（如标志和体育设施），与食品服务公司和书店的利润分成，等等。"④ 他们认为，20 世纪末的政治经济全球化"正在打破过去一百年发展起来的大学专业工作模式，全球化正在为学术职业的某些方面创造新的结构、激励和奖励，同时对这一职业的其他方面造成限制和抑制"⑤。政府资助的减少，使"教学科研人员和研究型大学愿意考虑与企业和政府进行基于商业革新的合作……资金不确定的情况鼓励了教学科研人员和院校将力量转向与市场相接的项目和研究"⑥。"为保持或扩大资源，教学科研人员不得不日益展开对外部资金的竞争，这些资金用来进行与市场有关的研究，包括应用的、商业的、策略性的和有目标的研究等，不管这些钱是以研究经费和合同的形式、服务合同的形式、与

---

①② 邹晓东，陈汉聪．创业型大学：概念内涵、组织特征与实践路径［J］．高等工程教育研究，2011（3）：54－59.

③ SLALLGHTER S，LESLIE L L．学术资本主义：政治、政策和创业型大学［M］．梁骁，黎丽，译．北京：北京大学出版社，2008：21.

④ SLALLGHTER S，LESLIE L L．学术资本主义：政治、政策和创业型大学［M］．梁骁，黎丽，译．北京：北京大学出版社，2008：1.

⑤ SLALLGHTER S，LESLIE L L．学术资本主义：政治、政策和创业型大学［M］．梁骁，黎丽，译．北京：北京大学出版社，2008：8.

⑥ SLALLGHTER S，LESLIE L L．学术资本主义：政治、政策和创业型大学［M］．梁骁，黎丽，译．北京：北京大学出版社，2008：8－10.

产业和政府合作的形式、技术转让的形式，还是以招收更多的、更高学费的学生的形式。”①

“学术资本主义”是在对学术组织与社会经济利益之间关系的实证研究基础上提出的概念，它看到了知识与经济结合对高等教育产生的巨大影响，“大部分西方国家的公立大学都在走向学术资本主义，并由在英语国家发生作用的相同的全球力量推动和拉动”②。在学术资本主义背景下，大学的资金投向、组织目标、价值取向和学术行为都在发生变化，“一场静悄悄的革命已经发生”③。学术资本主义是高校面对内部（资源依赖压力）和外部（经济全球化）形势变化的反应，它影响着高校组织的政治、政策及未来发展方向，“意味着知识成为‘资本’，拥有知识的大学教师成为‘资本家’时代的来临，它的兴起预示着高等教育变革的新图景”④。学术资本主义研究十分敏锐地捕捉到高等院校面对压力和变化而采取的主动突围行动，从资源依赖和全球化趋势角度解释了西方高校基层组织及学者个体的目标向经济利益目标变迁的表现和原因。然而，学术资本主义理论未能充分解释高校基层组织创收行为关系的多样化表现，未能涵盖造成这种多样化表现的复杂机制，如高校基层的组织目标转向经济利益，不只是受资源压力和全球化趋势的影响，更多的制度背景和行动者的能动行为都可能参与促成这种变迁；又如“资本主义”讲求的是效率、效益，但是本研究中的案例S大学及其二级A学院在面向经济利益的创收追求中，效率与效益低下的现象比比皆是，因涉及经济利益而引发的政治斗争和人际关系等问题更复杂多样。政党组织对学院创收行为的影响和对整个学院组织系统的影响关系深远，经济利益已不仅仅是达成学术目标的途径手段，还正在成为高校基层组织的核心目标之一，引起了高校基层组织结构、功能甚至组织属性的变化和分化等。

对创业型大学的转型研究已经关注到大学的经费压力与大学组织行为、组织内部结构功能和属性等关系问题，为中国高校二级学院创收行为制度化的研究提供了很好的实证基础和理论启迪。从现实情况看，本文案例S大学A学院的创收行为主要基于应对组织外部（政府、大学、社会等）制度环境造成的经费压力，在性质上更接近于邹晓东等命名的“革新式”创业，但本

---

① SLALLGHTER S，LESLIE L L. 学术资本主义：政治、政策和创业型大学［M］. 梁骁，黎丽，译. 北京：北京大学出版社，2008：11.

② SLALLGHTER S，LESLIE L L. 学术资本主义：政治、政策和创业型大学［M］. 梁骁，黎丽，译. 北京：北京大学出版社，2008：7－8.

③ SLALLGHTER S，LESLIE L L. 学术资本主义：政治、政策和创业型大学［M］. 梁骁，黎丽，译. 北京：北京大学出版社，2008：1－2.

④ 张丽英. “全球化”所引发的“新管理主义”、“学术资本化”和“大学企业化”思潮［J］. 高等师范教育研究，2003（2）：76－80.

质上与创业型大学和学术资本主义又有所不同。中国大学二级学院创收活动具有学术资本主义的基本特征，但也有自身的特点，如被动性、受大学财务分配制度的直接影响、极少或没有捐赠基金、受大学治理体系的影响、受中国传统文化与认知的影响等。

国内学者关于高校创收现象的研究主要集中在20世纪90年代以后。张彧渊、凌希羽、曲秀全、赵安君与李鸿、程景琨和杨希学①等对改革开放后中国高校出现的创收现象及其存在问题进行了探讨，有的给创收下定义，有的描述创收方式，有的阐述创收对高校发展的作用，更多的是指出创收过程中存在的财务管理乱象等问题。这些探讨重点放在学校创收行为层面，以表面问题的展示和简单的是非判断为主，缺少对高校创收行为进行学术理论视角的深入分析和探究。刘金程从政策评估的角度对高校创收政策展开案例研究，其中对我国高校创收的背景、历史、成就与问题进行了分析与总结，②但由于重点关注的是政策过程，因此对创收行为的内涵及其制度化过程则没能深入探讨。

（三）院系研究

西方众多的学者关注院系组织的结构功能，研究重点结合了对学术任务之间关系的探讨，主要包括以下4个方面：①科系民主化模式与完成学术任务的关系；②科系间的竞争与冲突；③学术水平和学科声望与科系的权利地位的关系；④成员专业化对科系团队及其活动形式的影响等。美国学者哈恩对此有较集中的评介。

西方学术界的已有研究充分剖析了科系对完成学术任务的作用意义，认为科系是学院和大学组织的前线，代表着学科和学院一种有趣的组织集合，“行政长官轮换担任，每一个成员都有机会自主地教学和研究并能够获得任何可能的教学协助、研究协助、研究资金和休假”③。科系提供的民主化模式有利于激励组织成员完成学术任务，因为每一个科系“在各自的前沿任务中都有着不言而喻的卓越性，在各自的领域中都有着自己的权威，都从国内各地或世界的科系或个人同行那里依样行事”④。

科系架构也会带来其他问题，影响学术工作的开展。例如，教授们通过

---

① 程景琨，杨希学. 高校创收收入反映了学校适应市场经济的能力［J］. 航海教育研究，1994（1）：71－72.

② 刘金程. 地方院校创收政策的评估——以N大学为例［D］. 武汉：华中科技大学，2010.

③ GUMPORT P J. Sociology of higher education：contributions and their contexts［M］. Baltimore，MD：Johns Hopkins University Press，2007：230

④ GUMPORT P J. Sociology of higher education：contributions and their contexts［M］. Baltimore，MD：Johns Hopkins University Press，2007：224.

科系为工具来实现自身的需求和渴望；科系是上级组织衡量它们权威的工具；科系既为个人创造性能力发挥提供了平台，也不可避免地造成个人和组织间关系的紧张。因此，科系会针对个人权力设计出多重的反复核对机制，如多人论文委员会、学生评课等。科系学术权力平等的情况下，团队凝聚力较弱，人员交流较少，责任意识减弱，科系结构有人才外流的危机。①

科系的社会色彩和架构特点对学院的影响甚至超过了科系管理不善造成的影响。科系的薪水作用、财政条件与科系对课程修订之间的关系等都会影响科系的竞争关系。科系课程变更的工作经常忽略了学术科目和单位的社会背景。大学组织充满诸多资源利益与权利的交错关系。科系充满竞争和冲突，权力关系影响到资源的分配。学术部门有越多的政治权利，它所分配到的资源就越少在学生对课程需求和科系的工作量上发挥直接作用；获得更多外部援助的部门反而得到更多的内部资源分配，使内部资源分配的不合理情况加剧恶化。在资源匮乏的情形下，院系的政治力量显得不那么重要，届时，普遍的非政治性的标准就会变得重要起来，更加强调强有力的外部组织作为提供工作和研究方向的意义。②

学术水平和学科声望与科系的权利地位密切相关。学科的名望代表了各自领域内科系的名望地位，“学科繁荣的高评级科系享有双重的自主决定权”，而“学科声誉不好的低评级科系则处在信任和权利的边缘，只有在桌子的末端保留屈指可数的座位”③。不同学科获取声望和自主权的渠道各不相同，如当物理学科系在管理中心下享有更多的自主权和更高的声望时，社会学科系则通过个人大量的工作量和行政管理事宜获得自主权。科系中的学院对项目的合作形式和问题的解决有各自独立的鼓励方式。范式的发展水平与科系的声望有着显而易见的联系，相比于低一致性的科系，有着高一致性的科系在有声望的学术期刊中的表现更能影响出版率。学术单位中更高水平和更广泛共享的学科范式，得益于科系主任长时间的任期，规模较小的科系同样也有任期长的主任，两个结果都表明一致性增强了行政管理的稳定性。许多社会学家提出构造因素（如学院里的性别、年龄、资历和种族/民族分布）会对学院的功能产生影响。例如，这些因素会影响薪酬分配或决策风

---

① GUMPORT P J. Sociology of higher education: Contributions and their contexts [M]. Baltimore, MD: Johns Hopkins University Press, 2007: 225 - 230.

② GUMPORT P J. Sociology of higher education: Contributions and their contexts [M]. Baltimore, MD: Johns Hopkins University Press, 2007: 231 - 237.

③ GUMPORT P J. Sociology of higher education: Contributions and their contexts [M]. Baltimore, MD: Johns Hopkins University Press, 2007: 238.

格，其背后的理论逻辑是“组织成员间的地位特征决定了社会关系的环境，而社会关系环境往往影响个人和组织成果的特性”。同时期进入一个组织的人对组织的看法也倾向于一致，因此组织人口分布的不连续性或凸起就为人口流通提供了成熟的条件，所以在同事间存在间隙的大学学术部门里，志愿退休、辞职、非志愿免职和失效任命普遍存在着。一个学院内积累的经验会影响到集体在应对内部预算削减时的能力和获取外部支持的能力。随着科系变得越来越高级，他们在有限的支撑资源里面变得相对独立。不少性别研究涉及男性/女性比例对科系内部运作和行为的影响，如认为组织内的性别理论是理解和预测许多行为现象的重要因素，从男性与女性工作的感觉程度，到他们处理职业和个人的压力。更重要的是，在组织背景下，性别单位的构成达到了特定的“临界点”后，工作关系会大大改变。教员的人口分布也会对院系产生影响。①

研究认为，科系在组成上是高度专业化的，在组织和领导活动方面展示出了灵活的参与性，经常要依靠变动的、有适应性的团队组织形式。渐渐成形的国家经济或许会使这些特征变成现在（而不是20世纪）大部分组织的典型特点，如果学术部门早一点被认为是有限的大众利益的组织分离物，或许将来他们会与现在描述的大为不同。②

高校内部结构功能的已有研究从组织学角度对结构与高校学术目标任务之间的关系进行了探索。高校组织的结构功能会对高校的学术产生增强或削弱的影响，其中科系的架构和功能对学术的影响尤为直接和明显。许多实证研究深入到基层院系内部的结构功能对学术的影响，它提醒我们注意：组织属性受到院系不同的结构功能的制约，研究组织制度现象必须关注到组织的结构功能及其对组织属性的影响。

第四节　分析框架

一、研究的切入点和分析框架

面对政府提供的办学经费不足的压力，类似S大学及其A学院等高校及

① GUMPORT P J. Sociology of higher education: contributions and their contexts [M]. Baltimore, MD: Johns Hopkins University Press, 2007: 238 - 245.

② GUMPORT P J. Sociology of higher education: contributions and their contexts [M]. Baltimore, MD: Johns Hopkins University Press, 2007: 258.

其二级学院通过开展创收来应对组织困境。创收缓解了组织的经费压力，却给组织管理带来许多新的问题。创收成为高校及其二级学院一种常态化的组织现实，它塑造了新的组织结构和组织行为。在诸多可能解决经费压力的方案中，学院为何选择了创收之路？为何创收已然成为学院维持和再生产的惯常化行为？什么样的制度力量和机制在学院创收行为惯常化过程中发生作用，从而使创收行为走向制度化？

根据组织制度理论：①制度三要素及其活动和资源关系构建了制度；②制度化过程是组织环境和组织行动者相互作用的结果；③一项制度的创造与扩散，是自上而下的约束及使能力量与自下而上的能动力量共同作用的结果，也是由外向内与由内向外各种关系共同作用的结果；④当组织遇到制度压力时，会采取合法化策略来获得资源或支持，以保障组织的利益。组织的制度分析旨在揭示现有制度场域对组织行为的影响和组织的能动反应模式及其结果。本研究正是基于这一理论的逻辑思路，以经费压力对组织行为的影响特别是组织的创收现象为切入点，对地方大学二级学院创收行为产生的环境影响、行动者的作用、制度化过程及其理论机制展开研究。本研究对学院创收行为的制度分析包括两个维度：一是现有组织场域的制度体系对学院创收行为的制约与使能作用；二是学院行动者对制度环境的能动作用。学院创收行为的制度化过程，即一种新的制度形式的创造过程，是组织对原有制度环境的能动性反应的结果（如图 1 – 1 所示）。

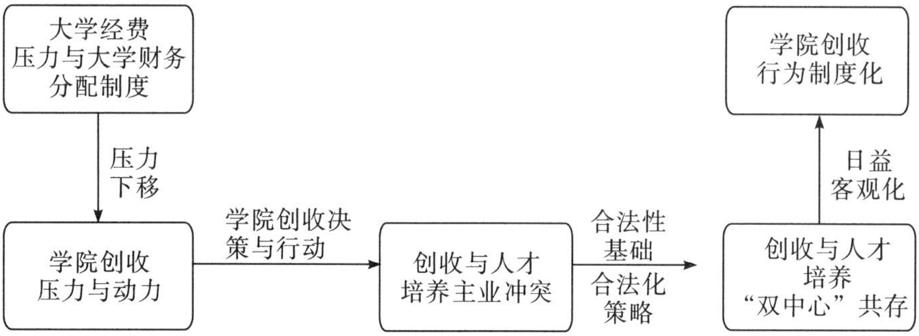

图 1 – 1　学院创收行为制度化现实的构建

首先，分析学院所处的制度环境对学院经费压力形成和创收行为选择的制约与激励作用。具体分析制度环境下大学的办学经费压力与经费筹措、大学财务二级分配制度及其对学院的影响、大学其他管理制度对学院的影响等。重点分析以财务二级分配制度为核心的大学经费与资源管理体系对学院的经费来源与资源获得的制约与使能作用。在制度要素层面，主要分析规制性制度要素对学院创收行为形成的影响；在关系层次上，主要分析自上而下的制度环境对组织行为制度化建构过程的影响。

其次，分析学院决策层对创收压力的知觉与创收行为决策。具体分析学院组织边界的模糊性特点与创收传统；学院主要领导对各层面制度要求的感知与反馈、对岗位责任的履行和角色理解；学院创收的决策过程和创收行为的推进等。重点分析以院长为核心的学院领导层对学院所在组织场域制度的转译与再传递、院长角色规范与角色认知等，这是学院创收行为产生和不断传递的关键性因素。在制度要素层面，主要分析规范性和文化-认知性要素对学院创收行为形成与传承的作用；在关系层次上，主要分析中间层次的制度环境和行动者（学院决策者即学院组织结构和行为的主要缔造者）对组织行为制度化建构的承上启下作用。

第三，分析行动者在创收行为制度化过程的能动作用。具体分析学院创收的行动者类型、制度背景下学院教职工的价值观、教职工对学院创收的认知和应对方式等。重点分析受不同价值观和规范影响的教职工行动者对学院创收的不同作用表现，这是创收行为制度化的重要能动力量。在制度要素层面，主要分析规范性和文化-认知性要素对学院创收行为形成与常态化的作用；在关系层次上，主要分析自下而上的能动者和结构对组织行为制度化建构的影响。

第四，对学院创收行为合法性的专题分析。具体分析学院创收行为合法性的背景和基本过程。重点分析学院采取的与制度三要素相对应的三类合法化策略：规制性合法化策略、规范性合法化策略和文化-认知性合法化策略，以及不同策略的综合运用等，突出文化-认知性合法化策略的表现形式。

最后，从组织制度理论视角，对学院创收行为的分析进行理论抽象，得出结论。

二、本书结构

根据研究思路和基本逻辑体系，本书结构大致可分为综述、主体框架、结论与讨论三大部分（具体分析框架及本书架构参见图1-2）。

（一）综述

综述共含二章。“第一章　导论”主要介绍研究背景与问题、分析单位和核心概念、理论基础和文献综述、分析框架与研究方法等。“第二章　案例大学发展概况与案例学院创收轨迹”主要介绍S大学与A学院发展概况及A学院创收轨迹。

（二）主体框架

主体框架包括第三章至第八章。主要通过学院创收行为形成及其常态化过程的制度场域背景分析、学院决策层对创收行为的承上启下作用分析、学院结构背景下教职工能动者的作用分析等案例描述与制度理论视角分析等，探讨制度环境与组织行为的相互作用，揭示学院创收行为制度化的建构过程及其机制。

“第三章　大学经费压力与创收制度化背景”主要分析制度环境对案例大学经费压力形成的作用和大学通过创收筹措经费的行为等。着重探讨大学创收行为的成因和举措。该章是从广阔的组织场域的制度角度对大学及院系创收行为背景进行分析。

“第四章　大学财务二级分配与学院创收的制度根源”主要分析案例大学的财务二级分配制度及相应的管理体系对二级院系创收的制约与激励作用。着重探讨大学处理压力的方式及其对院系的影响。该章是从具体的组织制度环境层面对学院创收行为的制度根源展开论述。

“第五章　治理层理解认知与学院创收压力”主要分析案例学院主要领导对大学制度体系的解读、对领导角色的理解、对学院创收压力的感知等。着重探讨制度条件下学院领导的“转译”过程——对政府和大学财务制度和其他管理制度的理解、选择性执行以及对学院办学经费压力的解读等能动过程——对确立学院创收压力和创收行为的影响。

“第六章　治理层对学院创收的传承与再造”主要以案例学院为主体，分析学院决策层关于创收的意义建构、创收决策、学院推进创收的具体措施以及创收对学院组织特征的影响。具体结合个案分析来展示学院创收行为的推进和传递过程。

“第七章　行动者价值观与对创收的能动作用”主要分析不同层次的创收行动者、案例学院教职工群体的价值观和创收认知、行动者与学院创收风险、教职工对学院创收的承担方式等。着重探讨学院创收行为推进过程中不同价值观的教职工行动者的能动性作用。

“第八章　创收行为制度化过程的合法性探析”是专题分析，主要分析学院创收行为制度化过程中的合法性基础，特别是对案例学院为创收行为合法化而主动采取的规制性合法化策略、规范性合法化策略、文化 - 认知性合法化策略及多种策略综合运用等表现形式展开分析。着重探讨采取文化 - 认知性合法化策略的表现形式及其作用，从合法化分析进一步梳理学院创收行为的制度化过程。

（三）结论与讨论

作为总结的“第九章　结论与讨论”，主要从组织制度理论视角，对案例学院创收行为的制度化过程进行总结分析和理论抽象，并提出需要进一步探讨的问题。

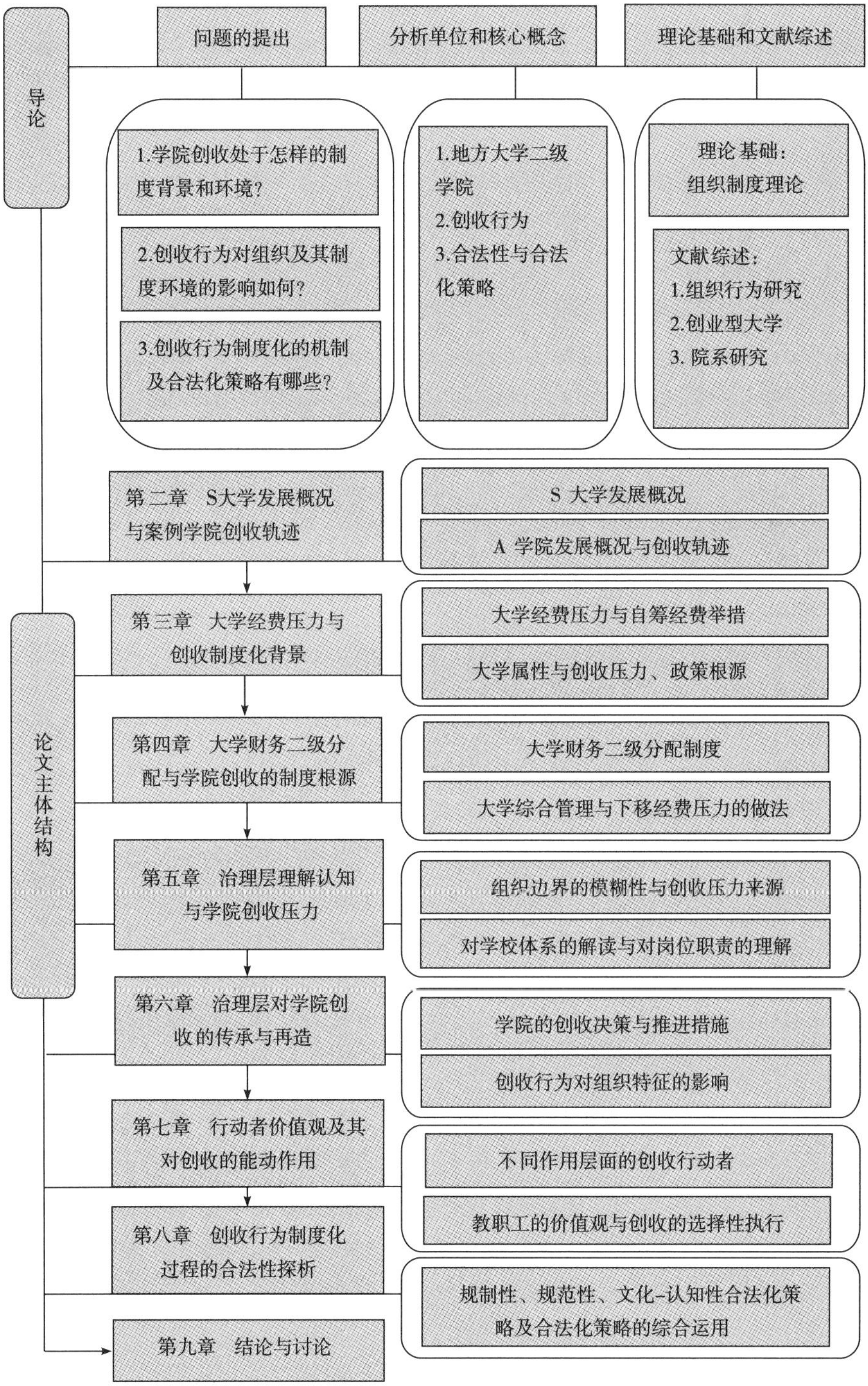
导论
问题的提出
分析单位和核心概念
理论基础和文献综述
1.学院创收处于怎样的制度背景和环境?
2.创收行为对组织及其制度环境的影响如何?
3.创收行为制度化的机制及合法化策略有哪些?
1.地方大学二级学院
2.创收行为
3.合法性与合法化策略
理论基础：组织制度理论
文献综述：
1.组织行为研究
2.创业型大学
3. 院系研究
论文主体结构
第二章　S大学发展概况与案例学院创收轨迹
S 大学发展概况
A 学院发展概况与创收轨迹
第三章　大学经费压力与创收制度化背景
大学经费压力与自筹经费举措
大学属性与创收压力、政策根源
第四章　大学财务二级分配与学院创收的制度根源
大学财务二级分配制度
大学综合管理与下移经费压力的做法
第五章　治理层理解认知与学院创收压力
组织边界的模糊性与创收压力来源
对学校体系的解读与对岗位职责的理解
第六章　治理层对学院创收的传承与再造
学院的创收决策与推进措施
创收行为对组织特征的影响
第七章　行动者价值观及其对创收的能动作用
不同作用层面的创收行动者
教职工的价值观与创收的选择性执行
第八章　创收行为制度化过程的合法性探析
规制性、规范性、文化-认知性合法化策略及合法化策略的综合运用
第九章　结论与讨论

图1－2　本书框架结构图

第五节 研究方法

一、案例描述与分析

本研究主要采用质性研究方法，以S大学为案例大学，S大学A学院为主要案例学院，以A学院的创收行为为核心，以制度环境特别是大学财务二级分配制度等对学院创收行为的影响为切入点，主要描述大学与学院的创收行为及其产生背景、传递和常态化过程，从组织制度理论视角，分析学院创收行为产生的政策体系等制度背景、学院主要领导（治理层）对大学制度体系与环境的理解认知和对创收行为的传承再造、学院教职工的价值观及其对创收行为的能动反应等，梳理学院创收行为现实的建构过程。在案例所提供的经验事实基础上，尝试提炼一个学院创收行为制度化的解析框架。

本研究的分析素材主要包括政府部门和大学的有关文件、大学和学院的主要财务报告、校领导讲话、教职工代表大会（以下简称“教代会”）材料、案例学院的会议文件和记录等档案、对部分学校领导机关负责人和多个二级学院主要领导及案例学院部分教职工的访谈、案例学院教职工问卷调查数据、教职工日常发表的感受言论，以及院长的关系活动等。

二、收集资料的方法

（一）档案分析

除了借鉴相关理论研究资料和已有关于高校创收问题的研究成果资料之外，本文重点收集1980—2015年期间S大学及其上级相关文件和管理规定、2005—2015年期间A学院领导班子会议和其他相关会议记录、学院和学校部分报告材料等文本资料，以2010—2015年期间本人参加学校有关会议和参与学院领导工作的部分文献、记录等作为补充，从中提取有关信息进行编码整理。

（二）访谈与观察

本文通过专题访谈S大学校级领导、机关部处长，A学院在职或退休教工，S大学其他二级学院的院长、书记，其他高校处级以上领导干部等对象，了解被访者对二级学院创收工作的认识与感受（访谈提纲详见附录A）；随机观察记录学校领导、机关部处和学院不同层面的多位在职人员在不同场合的有关言行等，进行编码整理。

（三）问卷调查

本文向 A 学院专业教师和教辅管理人员代表共 50 人发放调查问卷（共回收问卷 32 份，其中有效问卷 29 份），以了解学院教职工的职业价值观及其对学院创收等问题的认识和理解（调查问卷详见附录 B）。

三、分析资料的过程

本文主要采用质性研究方法对材料信息加以整理分析，主要步骤如下。

（一）梳理资料，编码整理

对会议记录和文件、报告材料等文本资料进行顺序编码，对访谈内容记录整理，并剔除不符合要求的数据信息，形成资料矩阵表；对调查问卷进行数据统计整理。将所有数据根据会议记录、文件报告、访谈调查、问卷调查、案例等类别输入计算机。在文件报告中主要整理出政府和大学关于经费下拨的政策依据，关于大学和院系的经费压力证据、自主筹措经费措施、创收决策与管理过程等政策和文本依据等；访谈和会议记录主要梳理了大学和院系领导及教职工对高校和院系开展创收的描述、理解认知与评判等；问卷调查主要归纳了教职工的价值观特别是与创收问题相关的价值取向与评判、行为取向等；具体案例则是对大学和院系创收现象或行动者行为的故事性描述。

（二）整合信息，提炼概念

根据研究内容模块分别进行资料信息整合，提炼出相关概念，并探索概念间的关联。数据整理发现，政府制度环境、S 大学财务制度体系、A 学院治理层以及教职工行动者等不同层级的组织与制度元素对学院创收行为的产生与发展有密切关联。作为一种规制性力量，政府的经费拨付与财务管理等宏观制度环境引发了 S 大学的经费压力与创收行为；S 大学制定和采用财务二级分配等制度与二级学院的创收行为选择直接关联；院系领导的创收压力感、角色责任承担与认知等规范性和文化－认知性制度要素力量与学院创收决策之间密切关联；学院治理层通过机构设置、人员和物质资源调配、制定激励措施等推进创收业务；得到政策支持和领导推动的创收行为获得了合法性基础；当创收与学院人才培养主业发生冲突，创收行为的合法性基础出现危机时，学院在不得不维系创收发展的情势下，采取多种合法化策略，促使创收行为得到更广泛的理解、接受、认同；学院教职工行动者的不同价值观和行动选择对学院创收行为的制度化有重要的能动影响。

（三）综合分析，阐述结论

结合论题，对数据信息进行综合分析，得出研究结论。分析发现，创收行为是 A 学院一种长期延续的常态化组织行为，其产生和发展过程与学院所处的高校组织场域的制度环境紧密关联，特别是与大学财务管理制度直接相关；学院治理层是介于大学和教职工行动者之间的“桥梁”，以学院主要领导为核心的治理层的思想认识、角色认知、创收压力感知和行为方式等对创收行为传承发展起到承上启下、承前启后的重要作用；教职工的价值观与其参与学院创收的程度和方式密切相关；在学院创收行为制度化的过程中，制度的规制性、规范性和文化-认知性要素及其关系活动在不同组织结构层次中所起的作用大小不同；学院创收行为发展经历了合法性机制过程；基于回报递增、基于承诺递增和日益客观化的制度化机制在学院创收行为制度化过程中均有体现。综合以上分析，本研究最后归纳了学院创收行为制度化的建构过程，从组织制度理论视角总结提炼了学院创收行为及其制度化的理论机制。

第二章
S 大学发展概况与案例学院创收轨迹

根据教育部官网公布的信息，截至 2014 年，全国共有 2 442 所高等教育学校（以下简称“高校”，同指本书所述之“大学”），其中中央部门直属高校（以下简称“部属高校”）113 所、地方高校（即本文所指的“地方大学”）1 623 所、民办高校 706 所。①

地方高校与部属高校最大的差别之一，是部属高校办学经费主要来源于中央政府财政，保障性强；地方高校的办学经费主要来源于地方政府财政，受地方政府财政收入及其政策的影响明显。地方高校之间的办学经费差异巨大，地方高校也不同于民办高校，民办高校有较大的办学自主权和灵活性，地方高校则要受到政府对公办事业单位管理的更多约束，以及承担来自社会的更多期待和要求。

地方高校之间也有层次类别等的差异，其中有普通本科院校，也有高职高专；有省政府直属高校，也有地市政府所属高校；有教学研究型高校，也有纯教学型高校；有的列入省部共建高校，也有的成为“211 工程”大学；有的以传统的基础学科知识传承传授为主，也有的突出应用学科知识与技能的研发与培训……地方高校是中国高等教育的主力军，在我国高等教育人才培养中发挥了重要的作用，特别是 1999 年起国家推行的高校扩招，地方高校成为最主要的承担者。近年来，随着《国家中长期教育改革和发展规划纲要（2010—2020 年）》的不断深入推进实施，国家高等教育改革重点兼顾了职业院校和民办院校，这两种类型的高校也为经济社会发展承担了越来越多的人才培养职能。

---

① 根据教育部官网信息，截至 2017 年 5 月，全国高等学校共计 2 914 所，其中普通高等学校 2 631 所（含独立学院 265 所），成人高等学校 283 所。2018 年全国共有普通高校 2 663 所，比上年增加 32 所，其中本科 1 245 所、高职（专科）院校 1 418 所。截至 2019 年 6 月 15 日，全国高等学校共计 2 956 所，其中普通高等学校 2 688 所（含独立学院 257 所），成人高等学校 268 所。

第一节　S大学发展概况

一、基本情况

S大学是一所具有80多年办学历史、学科门类齐全的省属国家“211工程”重点建设大学。2014年S大学官网的数据显示：在校全日制本科生25 950人、硕士研究生6 435人、博士研究生600人、博士后在站人员79人，形成了“学士—硕士—博士—博士后”完整的人才培养体系。学校有专任教师1 778人，其中教授400多人，副教授500多人，博士、硕士研究生导师800多人。学校有多功能信息化图书馆3座，建筑面积8.8万平方米，藏书351万册。校园网已实现与中国教育和科研计算机网的万兆互联。

S大学国际化办学程度不断提高。每年有来自世界各地的留学生1 000多人。利用改革开放前沿和毗邻港澳的优势，S大学在20世纪80年代初就开展了与港澳地区的合作办学，2013年澳门中联办时任文教部部长徐婷总结S大学为澳门基础教育做出的贡献时说：“据不完全统计，30年来，S大学为澳门培养了近4 000名从专科到博士的各类人才，其中有1 200多名是中小幼教师，目前有70%的澳门基础教育教师接受过S大学的各类培训。”（S大学校园网新闻）截至2014年，学校与我国港澳台及五大洲26个国家（地区）共145所高校及教育机构建立了合作关系，开办了3所海外孔子学院。

2015年经广东省教育厅核准，S大学向社会公布了《S大学章程》，正式成立了校、院两级学术委员会，并抓紧制订《S大学学院治理规程》等制度，“依法治校”“教授治学”迈出了重要步伐。

二、学校发展定位的困惑

20世纪80年代至90年代初，S大学主要任务是“培养中等学校教师，同时培养部分高校师资、科学研究人员和社会主义建设需要的其他专业人才”①。S大学师范性和应用型特色鲜明，自1996年进入国家“211工程”重点建设大学行列后，S大学的发展定位改为以“培养高素质师资和各类高层次教育人才为主，整体办学水平和效益居全国师范大学前列，具有沿海改

① 详见S大学1990年招生简章。

革开放前沿地区特色，在国外有较大影响的社会主义新型一流师范大学”①。进入 21 世纪，学校的奋斗目标调整为“创办成为整体办学水平和综合实力位居全国高校先进行列，在国际上有一定影响，具有鲜明特色、开放式、综合性的教学科研型大学”②。2006 年，在总体发展定位不变的基础上，学校将自身的类型定位为“以教师教育为优势的综合性教学研究型大学”③。2010 年中共 S 大学第十四次党代会明确提出学校的建设目标是“为建成特色鲜明的高水平教学研究型大学而努力”。师范性、教师教育特色并未作为核心内容而得到体现。后来在 2014 年草拟的《S 大学章程（讨论稿）》中，学校定位表述为“学校坚持依法治校，坚持社会主义办学方向，全面贯彻党和国家的教育方针，自主开展人才培养、科学研究、社会服务、文化传承与创新活动，突出教师教育特色，致力于建设国内一流、世界知名的研究型师范大学”。经过多方讨论和征集意见，最后在经政府审定公布的《S 大学章程》中，学校定位调整为“学校坚持党的领导，坚持社会主义办学方向，立足广东、辐射港澳、面向世界，致力于培养卓越教师、推动区域教育发展、引领中国南方教师教育，为国家和区域经济社会发展提供人才支撑、智力支持和文化服务，建设国内一流、世界知名的综合性师范大学”④。

值得关注的是，2015 年 S 大学被列入省部共建高校名单时，教育部和广东省人民政府对 S 大学的建设支持任务各自进行了分工，同时明确指出：“将 S 大学列为广东省高水平大学重点建设高校，进一步优化资源配置，支持学校提高人才培养层次，优化生源结构，优化生师比，改善办学条件，努力建设在全国师范院校中处于领先地位，国内一流、世界知名的综合性师范大学。”在大学不断追求向研究型和综合性方向发展的过程中，各级政府对师范大学使命的定位和期待，始终不曾有本质的改变。

S 大学的发展逐步从突出师范特色，到强调综合性；从教学型到向教学研究型发展；从“有鲜明特色”的大学，到“高水平”大学；从“国内领先”“有国际影响”，到“国内一流”“世界知名”……目标定位的变化反映了时代的发展需要，也看到了 S 大学的发展轨迹。但是，过于频繁的定位变化也会带来实际发展过程中的困惑，让基层难以适从。基层院系要不断跟随变化，忙于应付各种新形势新要求，成为学校发展专项工作的“运动员”，因此自身按学科规律制订的发展计划，则难以顺利推进。

---

① 详见 S 大学 1997 年招生简章。

② 详见 S 大学 2002 年招生简章。

③ 详见 S 大学 2006 年招生简章。

④ 详见《S 大学章程》第七条。

此外，学校领导看重学校排名，每一年主要领导都要在全校中层干部扩大会议上以某个有利于学校的排行榜公布学校的排名情况。在学校战略发展规划中，最主要的可显示性指标就是学校在国内大学排名的位置要从原来60～70名提升到50强，也要求各学科在国内排名争取靠前。

三、学校发展过程的矛盾

在学校具体的发展实践中，一些问题、矛盾和压力也逐渐凸显。包括：向高水平综合性研究型方向的发展与保持师范性特色之间的矛盾；大学追求更高更大的发展平台与政府要求学校立足服务地方基础教育和区域经济发展之间的矛盾；以科研为核心的业绩评价体系导向，削弱了教学的地位和对人才培养质量水平的科学合理评价；大力发展自然科学高端应用型学科和扶持与繁荣传统人文社科学科之间的矛盾；学生规模剧增与空间、资源有限的矛盾；多校区办学管理压力和成本压力、高端人才引进难、人才外流、教师住房压力、学校政治维稳压力；等等。种种矛盾的堆积，必然导致学校将管理压力下移，让学院来一同承担。

第二节　A学院发展概况与创收轨迹

一、A学院概况

A学院成立于2005年，是S大学校内招收全日制学生的24个基层教学单位之一，其前身是A系和AL学院。A学院的发展历程体现了中国大学发展潮流的变化过程。2000年，在全国大学二级教学单位学院制风潮下，S大学将A系和L系两个文科系合并为AL学院；2005年学院拆分，A系独立发展为A学院。A学院设有3个学系和1个创新班，拥有1个公开出版的全国百种重点期刊之一的专业学术期刊和1个面向成人函授教育的内部辅导刊物。2012年人事制度改革，S大学给A学院核定国家事业编制110个，截至2015年学院有在编和非编教职工共111人，其中专任教师86人、教授29人、副教授35人。学院拥有一级学科博士授权点和省一级学科重点学科，设有博士后流动站；本科专业4个，其中H专业（师范类）是广东省“名牌专业”。学院全日制学生人数约2 800人，全日制学生人数规模在全校排第二位。

S大学是第一批进驻广州大学城的高校之一。2005年，经校方“自愿加劝说”的工作努力后，A学院领导同意与其他8个学院共同进驻大学城新校区（后来学校又在大学城校区成立1个新的学院，使S大学大学城校区的学院数量增加到10个）。由于S大学采用二级财务管理机制，各学院都有通过自主创收改善办学条件的传统任务，主要创收来源是举办相应学科的成人函授教育（以下简称“函授”）、自学考试辅导（以下简称“自考”）以及其他与专业相关的培训等。为了保障创收渠道顺畅运行，方便学院开展各类培训活动，以安抚进驻新校区的各学院的教职工情绪，在各学院强烈要求下，校方给调整到大学城新校区的学院在老校区各保留了一个函授、自考的办公场所，以兑现“办事不出城，进城不吃亏”的承诺，A学院因此在老校区分得3间各约12平方米的房子用作函授、自考管理办公室，还有一个约50平方米的学术期刊发行部。

（一）人才培养与教学

A学院有在校全日制本科学生2 200多人、研究生600多人。在长期的教学实践中，A学院已为国家和社会培养了各类学生、学员数万名，其中涌现出一批国家级和省级优秀教师和骨干教师、有影响的专家学者、著名企业家和党政军领导等优秀人才。

由于学院专任教师不到90人，但学生规模巨大，学生层次类别多、班级众多，加上承担学校公共课、辅修和双专业课程、学院的函授、自考“相沟通”班、各类专项培训的教学等，教学任务十分繁重。原本校历建议周四下午不排课，作为学院大会和政治学习时间，但是A学院许多课程难以安排在其他时间段进行，只好把周四下午和周一至周五晚上都用来上课，以至于学院召开教工大会，没有一次能够全员参会。加上广州大学城新校区没有一个能容纳学院全体师生召开大会的场所，管理难度大、成本高，集体凝聚力建设和思想教育等工作成效受到影响。

（二）社会服务

作为传统的师范专业学科院系，A学院积极发挥专业学科优势，为服务广东省、华南地区、港澳地区等基础教育和社会文化事业建设做出了重要贡献。

A学院的H专业是广东省招生规模最大的师范专业，近年来每年招生约420人，为广东省基础教育输送了大批合格师资。学院承担了国家和省内部分职后教师教育培训任务，包括承担教育部基础教育教师培训计划项目（以下简称“‘国培’项目”）、广东省基础教育教师培训计划项目（以下简称“‘省培’项目”）、广东省农村教师置换培训和地方教育部门提出的中小学学科教师业务培训等。从20世纪80年代初开始，A学院就开展了与港澳地区基础教育教师培训的合作；A学院教师编写的书法培训教程现在仍被香港地区基础教育界举办的书法培训班采用；A学院是国内为澳门地区培训基础教育教师人数最多的学院之一，超过80%的澳门基础教育相关学科教师接受过A学院的培训。学院与广东省各地教育部门联合开设的研究生课程班，为各地基础教育教师的成长发挥了积极作用。学院教师领衔主编的学科全国高中通用教材（沿海版）是教育部审定的高中通用教材之一。当年由学院教师领衔开展的广东省高考标准化命题改革试验取得成功。学院独立承担组织广东省高考相关科目阅卷任务，至2017年已29年，没有出现过重大失误。《学科月刊》（化名）有超过30年的办刊历史，是学院主办的面向基础教育、以中学某学科教育教学研究为重点的专业期刊，是全国核心期刊、全国首批期刊认证期刊。

A学院通过招收函授学员和举办自考辅导班，为社会上有需要的人士提供继续教育等服务。同时，学院教师发挥专业优势，为地方文化建设和教育发展提供其他智力服务。学院学生积极参与各类社会志愿服务：每年暑假，学院组织十多支学生队伍，参与“三下乡”社会实践服务；有的研究生则参加为期一年的“研究生支教团”，到西部省份开展义务支教活动；有的本科生积极响应政府援藏任务，以学期为单位远赴西藏开展支教工作；由学院学生青年志愿者协会组织的“维纳斯天使培养计划”助残项目获首届全国青少年项目服务大赛银奖。A学院的部分社会服务工作与校友工作相结合，为学院创收工作的开展带来便利。

（三）困难和问题

A学院进驻大学城后，规模急剧扩张，本科由院系合并前的1个（师范）专业增至独立发展时的3个专业和2个特色班；研究生也从20世纪90年代初的3～4个硕士专业、几十人的规模，增至8个二级学科学术型硕士专业、2个专业型硕士专业以及4个博士授权方向，超过600人的规模，且规模还有继续扩张趋势，学院还有博士后流动站。S大学发展战略的调整加上A学院规模的急剧扩张，导致A学院自主发展的压力比A系时期大为增加，学院内部教学和管理压力也陡增。

近年来，A学院的发展遇到一些困难和问题，主要包括：①教学战线长，教师人数相对不足，许多教师忙于应付教学任务；②骨干教师退休高潮到来，许多二级学科面临人才断层；③专业教师中大部分为45岁以下的青年教师，职业发展和生活压力普遍较大；④学院主要学科属传统人文基础学科，发展见效慢，很难被列入S大学重点扶持的学科名单，资源获取艰难；

⑤来自学校的“规定动作”与学院“自选动作”之间的冲突；⑥学生规模大，素质参差不齐，日常管理、就业和维稳等工作压力大；⑦对学院党政主要领导而言，办学成本高、政府和学校拨款少，为解决教职工的“菜篮子工程”，学院创收压力大；⑧学校绩效任务要求高，但学院人财物不充裕、责权利不统一，可调配的资源少、需承担的责任大，导致学院决策者工作压力、心理压力过重。

二、A 学院的创收发展历史

20 世纪 80 年代，在政府和大学的经费制约和政策影响下，包括 A 系在内的 S 大学许多二级单位通过函授、刊授、夜大等非全日制办学获得学校的收费收入分成，成为系里早期的可供自主掌握的创收收入。在高校自筹基金的创收分配机制引导下，A 系的创收渠道不断拓展，包括招收内地本专科代培生、代培研究生、自费生、旁听生、港澳代培生、港澳办学等。

20 世纪 80 年代末 90 年代初，在市场经济高速发展与高等教育产业化思潮的影响下，“下海经商”热潮席卷全国，加上政府对高等教育拨款紧缩，促使许多高校及其院系通过各种渠道进一步扩展创收活动，包括创办企业等。A 系也在这种大气候下，创办了“三奇”公司，由系领导牵头，为搞活创收经济而四处奔走。当年的系办公司创收，对于相关系所而言，是新鲜事物，全系上下对于创收抱有很大期望。由于是“公司”，便觉得业务范围可以非常宽泛，除了传统的各类收费性非全日制办学外，只要是能来钱的买卖都想做，包括粮油和其他生活用品购销等物资倒腾、参与银行融资入股等。当时，许多地方银行等金融机构为了吸存客户资金，不惜采取高息吸存的做法。A 系也曾经动员教职工以股份的形式参与此类投资活动。不久，高息吸存的经济泡沫破裂，许多机构无法兑现高息承诺，有的甚至本金也无法取回。幸而 A 系主要通过在银行工作的校友来操作，在投资情势恶化前，负责集资的校友及时给教师们退回了本金和发放了部分利息。而学校有的机关部门和系所教职工通过其他渠道进行的投资却血本无归。经此一事，A 系领导明白，并不是什么“生意”都适合做，有的风险巨大。后来，政府和学校也意识到，没有任何限制的高校创收风险大、问题多，于是，政府要求校办企业与高校脱钩，从而规范企业管理及高校办学行为；A 系领导也感到公司经营人手不足、经验缺乏、成本和风险高、效益不佳、管理压力大、与大学教书育人功能背离等，于是撤销了“三奇”公司。

20 世纪 90 年代初，政府将组织开展自考和函授教育工作的权利进一步下放到高校，通过开设自考专业收取相应学费和培训费，成为 S 大学新增的主要创收渠道之一。A系是传统的基础专业系，有当时学校的品牌优势学科，加上恢复高考以来愈发尊重知识、注重学历和文凭，良好的社会口碑和巨大的社会需求使A系通过开办函授教育和自考辅导班等方式创收迎来了辉煌时期。一位经历过这一阶段的老员工回忆说："到处都争着想让我们去办班。"加上高考标准化试验带动了学院《学科月刊》的销售量以及其他办学创收收入，A系在高峰期的年可支配收入突破千万元，一度成为校内教职工福利最好的单位之一，以函授与自考为主渠道的A系创收传统已经形成。

随着高等教育形势的变化，1999年高考扩招后社会对函授教育、自考办班需求急剧下降，规模不断萎缩。A系与L系合并成立学院后，创收收入基本处于维持并逐渐萎缩下降的态势。由于学科整合的设计初衷难以实现，最主要的是A系和L系各自的创收收入差距大，但分配时需要两系总体平均，所以A系员工意见怨言较多，学校最终决定A系和L系重新分开，各自发展。2005年A系独立发展为A学院，搬迁至大学城新校区。经过一轮合并与拆分，加上大环境的变化，A学院创收实力受到影响。加上后来教育部要求重点本科院校要往高端培训发展、逐渐取消专科及以下层次的办学办班，所以A学院等传统上以大专和本科自学考试辅导、成人函授教育为主要创收来源的学院，随着生源的缩减，收入日渐缩减。研究生课程班热闹一轮以后，教育部也宣布从2015年起不得再开办。学院在2007年起开办面向中小学生的学科能力提升兴趣班，由于规模受限和学校管理等问题，效益和发展均不理想。

目前，在努力稳定传统创收模块规模的基础上，A学院正在考虑发挥学科优势，针对政府提出的基础教育教师继续教育的需求，竞争承担"国培"项目、"省培"项目；加强与地方教育主管部门合作，为广东各地基础教育教师专业素质提升和学科教育质量提升提供帮助与服务，同时为学院创造一定的经济收入；依托学院专家资源优势，为地方文化建设服务，也被列入学院创收的考虑范畴。

三、创收对学院主业的影响

A学院的主业是国家计划内全日制人才培养，主要包括本科和研究生教学、科研、学科建设、师资队伍建设、学生工作等方面。创收对学院主业的影响主要有积极影响和消极影响两个方面。

学院通过创收收入的自主调配，提高教职工待遇、改善工作基础条件、支持重点发展项目、扶持薄弱环节等，积极作用于人才培养主业。积极影响具体包括：①创收收入用于补贴教学和行政酬金，提高学时工分值，从而提高教职工工作积极性；②用于提高本科生教学课酬标准，鼓励教师承担本科教学；③用于支付外聘教师课酬；④用于设置青年教师科研基金，支持青年教师开展科研工作；⑤补贴专业教师外出参与学术会议经费；⑥补贴学院或教师团队承办的学术会议，根据会议层次和规模给予不同标准的经费支持；⑦用于困难学生发放困难补助；⑧用于辅导员出国学习交通费；⑨为学科建设提供专项工作资金；⑩人才引进专项工作投入；⑪用于学生活动、党建、离退休工作、支付合同制人员工资、补充办公经费或其他临时性支出等间接服务于人才培养主业的支出；等等。另外，结合专业领域与学院职能的创收活动，使一部分教师保持与基础教育的密切联系，深入研究学科知识应用，为师范生的培养和全体学生知识应用能力的提升产生积极影响。

创收对学院主业的消极影响主要表现为：①在各种因素的作用下，创收工作给学院主要领导造成了巨大压力，严重分散了领导用于谋划主业的时间、精力；②部分骨干教师精力旁移，未能专注于全日制学生培养；③学院许多本该用于服务全日制人才培养主业的场地、资金、工作人员等资源转而投向创收工作，削弱了主业的投入保障；④是否参与创收活动使教师产生分流，加上收入差距拉大，在不同程度上影响了学院人际关系，影响了教职工投入主业工作的积极性；⑤部分教职工形成功利主义思想，有钱补贴的工作抢着干，没有额外补贴的主业工作能推就推，有的甚至将主要精力用于个人创业创收；⑥创收风险问题发生，给学院和学校带来严重的经济、人员、声誉等损失，严重影响了主业的正常推进；等等。

本研究将在相应部分对创收与学院主业的影响关系做进一步的分析。

第三章 S 大学经费压力与创收制度化背景

在 S 大学，开展创收是一种惯习化组织行为。S 大学及其院系的创收行为由来已久。以人才培养为主业的大学及其院系缘何将大量的精力和资源投向以增加收入为目的（其中有的是商业性目的、营利性目的）的创收活动，其原因是多样的。其中最主要的原因是面临组织生存所需办学经费的压力，同时也有制度约束与使能作用下的利益激励。改革开放以来，社会在高速发展的过程中不断对大学提出更多更高的要求，再加上大学自身发展的内在诉求等，需要投入大量经费以确保大学的正常运行，而政府对地方大学经费划拨的持续不足和相关制度的诱导和迫使等，促使大学努力想办法解决经费困难，解决途径之一是全方位开展创收活动。政策的激励和创收带来可灵活支配收入的诱导，一定程度上激活了大学及其二级学院开展创收的积极性。

本章从 S 大学办学经费压力产生的现实问题出发，主要分析影响大学及其二级学院创收行为选择的广阔制度背景，尝试探讨：①经费压力下 S 大学通过创收增加可支配收入的举措；②S 大学创收行为形成与传承传播的制度背景等。主要是从广阔的组织场域制度环境对组织行为影响的角度展开论述，重点考察自上而下的场域制度力量对大学创收行为的形塑过程。

第一节 大学经费压力与自筹经费举措

一、S 大学的办学经费困境

作为省属重点师范大学，S 大学承担了省委省政府的诸多教育教学、科研与社会服务任务，也从政府获得相应办学经费。1985 年以前，政府采取“基数加发展”的拨款模式给大学拨付办学经费，即以此前一年的经费基数，加上新一年的发展数，定出本年度的经费预算。但是政府财政拨款常常无法满足大学运作的实际需要。例如，1984 年，学校经费超支 76 万元。1985 年政府改用“综合定额加专项”模式，打包下拨经费，但S大学“在经费安排会议过程中普遍认为目前定额还是偏低，如果按照近年来实际执行情况，本科生每年（培养）经费都超过了二千元。加上物价上涨及开支标准调整提高等因素，按照现在定额计算经费分配安排、包干使用，各主管业务部门都感到困难不少，未能适应教学、科研计划实际需要……不少项目全年所安排的经费，上半年已经用光，情况比较严重”①。仅函授教育一项，S大学承担了全省约50%的函授、夜大学招生任务，但省教育主管部门的“定额”和“专项”中都未列入函授教育经费，1985年学校此项实际开支将近42万元，政府主管部门最后通过成人教育补助款拨付了13.5万元，S大学自筹经费垫支28万多元。1986年，广东省高等教育局（简称“高教局”）的“定额”和“专项”中仍未列入S大学的函授教育经费，“如再这样举债度日，将无钱可借，无法办学”，“在这万分困难之际”，学校只得专函报请省政府请求拨给有关经费。②

S大学长期以来以师范本科人才培养为主，当时政府的计划经济分配政策要求师范毕业生原则上必须到教育系统就业，且按生源比例，大部分师范毕业生要被分配回地级市各级各类学校任教（此政策的执行在广东省一直延续到2003年）。“由于教师的实际待遇仍较低，我校指令性计划招生困难很多，由于生源不理想，影响了教育质量的提高。”“由于住房严重缺乏，或多或少地影响了一部分教工工作积极性的发挥，一部分中青年教工存在着‘人心思走’的倾向。”“由于办学经费紧缺，妨碍了教学科研工作的正常开展，其他许多工作也难以按计划进行。”③ 经费压力窘况可见一斑。

到2006年，S大学全年财务总收入102 551万元，其中政府财政拨款39 663万元，占总收入的39%，比2005年下降6%；学校自筹经费62 888万元，占总收入的61%，比上年增长12%。其中教育事业收入46 657万元，占自筹经费的74%。政府财政拨款同比下降6%，学校自筹同比增长12%，说明学校自筹经费对大学整体运行经费发挥的作用占比越来越重要。尽管学校总收入比上一年略有增长，但支出增长更大。2006年学校总支出为113 080万元，比上年增长18%。这一年，学校没有重大的学科建设活动和其他专项资金投入项目，因此可以推断，学校办学的常规运行成本在不断增加。在接下来的几年，S大学的收支情况依然显示出这种状况和趋势（见表

① 数据来源：S大学1985年向省主管部门提供的报告。

② 数据来源：S大学1986年5月向广东省政府递交的《请求拨给我校函授教育费（含人员工资）的报告》。

③ 数据来源：S大学1990年报广东省高教局的《关于创收情况的报告》。

3－1和表3－2）。①

表3－1　S大学2007—2009年财务收入对比情况表

金额单位：万元

类别	项目		2007年	2008年	2009年	2008年比2007年增长/%	2009年比2008年增长/%
收入	财政拨款	基建拨款	7 483	5 569	1 582	－25.58	－71.59
		教育经费拨款	25 472	28 938	32 649	13.61	12.82
		离退休经费拨款	5 631	5 481	5 667	－2.66	3.39
		医疗拨款	73	1 446	935	1 880.82	－35.34
		其他专项拨款	43	184	358	327.91	94.57
		科研经费拨款	1 282	1 359	2 025	6.01	49.01
		非本级财政拨款	2 300	1 361	1 662	－40.83	22.12
		合计	42 284	44 338	44 878	4.86	1.22
	自筹经费	事业收入	48 104	58 363	58 796	21.33	0.74
		经营收入	9 993	12 277	13 134	22.86	6.98
		附属单位上缴收入	1 642	2 507	2 807	52.68	11.97
		其他收入	2 759	3 825	3 860	38.64	0.92
		合计	62 498	76 972	78 597	27.51	3.25
	收入总计		104 782	121 310	123 475	16	2

表3－2　S大学2007—2009年财务支出对比情况表

金额单位：万元

类别	项目		2007年	2008年	2009年	2008年比2007年增长/%	2009年比2008年增长/%
支出	事业支出	工资福利支出	33 007	34 353	35 215	4.08	2.51
		商品和服务支出	30 627	34 071	37 789	11.24	10.91
		对个人和家庭的补助支出	15 530	18 959	27 262	22.08	43.79
		其他资本性支出	22 476	23 646	20 755	5.21	－12.23
		合计	101 640	111 029	121 021	9.24	9.00

① 数据来源：S大学教代会财务报告。

续上表

类别	项 目	2007年	2008年	2009年	2008年比2007年增长/%	2009年比2008年增长/%
支出	经营支出	9 833	12 138	12 498	23.44	2.97
	对附属单位补助支出	655	1 122	1 113	71.30	-0.80
	支出总计	112 128	124 289	134 632	10.85	8.32

到2010年，S大学全年纳入财务预算的总资金为13.833 7亿元，其中政府财政性拨款收入5.248 5亿元，占总收入的41.21%。① 学校自筹收入7.488 4亿元，占总收入的58.79%；学校自筹部分中，事业收入占比保持在74%左右。② 2006—2010年，学校每年收入总量连续低于支出总量。

由于历史遗留问题，S大学每年必须向银行偿还债务和贷款数千万元。仅2014年学校就要“统筹使用生均综合定额拨款提标资金和其他收入共计4 903万元用于清偿贷款本金”③。这种境况还要持续多年直到债务偿清为止。不同时期的学校领导在众多场合（学校战略研讨会、中层干部会议等）均表示：“学校的办学经费极为困难和紧张……”“学校长期处于手头拮据、缺钱少物、勒紧裤带、艰苦创业的局面。”

二、S大学自筹经费的举措

经费压力冲击了正常的办学秩序。为了获取更多的办学资源，近年来，S大学每年承接CET-4、CET-6大学英语四六级考试，政府组织的公务员招聘考试，全省艺术类高考联考，体育特长生招生考试，全省研究生入学统考，全省高考文理科阅卷任务，教育厅、人社厅委托的行业培训，其他上级部门组织的培训或考试，等等。悖论是，这些工作项目占用了大量校内资源和人员时间、精力，越来越影响正常教学秩序。常规教学和政府有关部门临时性、阶段性的任务之间经常抢资源；学校有的双学位课程、周末辅修课程等，经常被要求调课。对此，学校的说法是要“服从大局”，或者说这是学校应该承担的“服务社会”“满足国家和社会需要”的职能和社会责任担当等。在这样的氛围下，政府有关部门理所当然认为高校要听自己的，常常超

① 政府的财政拨款中，由于政府“211工程”第三期建设项目等专项经费陆续到位，所以比例有所上升。

② 数据来源：S大学2011年教代会校领导财务报告。

③ 数据来源：2014年S大学预决算报告。

出指导范围，给大学提出一些比较苛刻，甚至不合理的要求。

对于有教职工批评学校不应该承接那么多与学校人才培养主业无关的社会服务事务和活动，学校领导也有其苦衷。从 S 大学当前的发展状况看，一方面，由于 S 大学能够积极配合和满足政府及相关部门提出的各种任务要求，得到政府部门及其领导的关心支持，从而获得一些发展机遇和资源；S 大学的评价指标逐年见好，科研经费总量逐年增长，各类“专家”“学者”数量皆有增长，博士授权点、省一级重点学科数、核心期刊发表学术论文数等“学术 GDP”指标逐年攀升，并获得“省部共建”的名分；在某项大学排名榜中的排名逐年提升；同时人才培养主业外的各类社会服务为学校带来了部分创收收入。另一方面，学校本土人才不断外流，人才引进政策缺乏吸引力，部分基础学科、人文学科被边缘化，发展乏力、前景堪忧；干部任免、综合改革工程、住房等基础服务领域矛盾增多，人心浮动。学校领导需要更多来自政策和经费资源的支持，以保持优势、扭转劣势、化解矛盾冲突。在其他渠道难有突破的情况下，通过满足政府的要求来保持并增进与政府各部门间的关系，也许是大学获得资源和支持的比较保险的有效选项。

为解决政府经费投入不足问题和推动二级单位积极参与创收，依据教育部、国家劳动总局、财政部 1980 年 6 月联合印发的《高等学校建立学校基金和奖励制度的试行办法》，《国务院批转国家经委、劳动人事部、财政部关于当前推行经营责任制工作中有关工资奖金问题的报告的通知》（国发〔1983〕66 号），教育部、国家计委、财政部联合颁布的《高等学校接受委托培养学生的试行办法》［（84）教计字 110 号］和教育部《部属高等学校科学技术转让试行条例（草案）》等精神，S 大学于 1985 年修订了《S 大学基金会管理办法》（简称《基金会管理办法》），明确开展创收，建立学校基金。全校包括 A 系等 11 个系、教务处等 18 个处（室、所、馆、中心等）和学校无线电厂、农场等共 31 个二级单位被列为“直接创收单位”，剩下 14 个部处单位列为“非直接创收单位”，2 个研究所列为“暂作非直接创收单位”。事实上，绝大部分“非直接创收单位”和所有“暂作非直接创收单位”都有直接的创收行为。当时的创收渠道包括：计划外接受人才培训收费，如校内外代培生学费、校内外为期半年内的短训班收费、代培函授生和夜大生学费、进修生学费、旁听生学费、刊授生学费、代培研究生学费等；各厂、场的生产经营收入；国外专家住宅、实验室、刊物收入；总务、基建、膳食、交通、设计室、服务社等后勤服务收入；等等。具体教学单位根据不同性质和类型的学生学费收入，按不同比例获得创收提成；后勤部门创收上交任务由基金会另行决定；学校各主管部门根据贡献大小从各类创收收入中按不同比例提取管理费归本部门使用。在政府政策引导下制定的《基金会管理办法》成为S大学各二级单位创收及其收入分配的重要政策依据。

S大学某前校长认为，20世纪80年代以来S大学的创收行为主要可以分为三大类：一是既能满足社会对高等教育的需求，又能为大学带来经济效益的各种教育活动；二是大学面向校外的科技研究与咨询服务，包括科技转化、技术服务、科技咨询等形式的创收；三是小部分其他创收形式，例如依托地理位置优势开办的校园围墙经济、房地产出租、合作经营、二级单位资源出租等。上述行为中有的是学校行为，有的是二级学院行为，“（小部分其他创收形式）这部分现在逐渐缩小了”①。此外，校庆前后学校领导牵头并动员各个院系走访校友开展学校基金募捐，也是自主筹措经费的措施之一，但由于S大学校友工作开展滞后，且校友群体中富裕阶层并不多，此类一次性募捐筹集到的数额一般不大，效果并不明显。对S大学内部多数师范类传统基础学科和部分应用型非师范学科所在院系（特别是文科院系）而言，举办各种带有营利性质的文化教育培训活动是重要的创收渠道，即领导和教职工常说的“办班”；部分理工院系通过为社会提供科技研究与咨询服务创收，由于科技转化和高端的咨询服务多从学校层面来开展，院系层面这部分收入总量不大，而且以学者个人和科研小团队获得收入为主，学院集体收入占比不大。

在《S大学章程（讨论稿）》中曾归纳了多年来大学自筹经费的主要途径：“学校积极拓展办学经费来源渠道，筹措事业发展资金；鼓励和支持校内各单位面向社会筹措教学、科研经费及各类奖助基金；学校依法收取学费和其他费用，并通过教育服务、科技成果转化和投资收益等渠道获取办学经费，充分发挥学校教育发展基金会吸纳社会捐赠、募集发展资金，增加办学资源，支持学校教育事业发展。”（《S大学章程》定稿中有关内容简要表述为：“学校经费来源以政府财政拨款为主，受教育者合理分担培养成本，多渠道筹措办学经费。”）

大学为什么一定要开展多渠道的自主创收？S大学某前校长分析说：因为高校运行遇到了经费困难，所以想方设法通过各种渠道自主筹集办学经费。首先，由于政府投入经费不足，仅仅依靠普通（全日制）学历教育不能满足社会对高等教育的需求，高校提供的非全日制学历教育和其他教育辅导与培训形式，顺应了社会对提高学历和知识能力的需求潮流，高校从中收取部分费用，用以填补普通学历教育经费的不足。其次，为了稳定师资队伍，提升教师素质，“教师收入要提高，队伍人数也在不断增加，过去（20世纪80年代初）全校教师大约2 000人，现在超过4 000人了。而且，学校办学

---

① 引自S大学前校长访谈内容。

规模不断扩大，办学成本不断上涨，形成了投入与成本的巨大矛盾。学校和学院如果不想办法，则难以为继，难以发展”①。

为了填补政府拨款不足，S大学通过采取学校和二级单位全方位动员的措施，挖掘学校的创收潜力，并通过各种制度设计，将经费压力部分转移给二级单位，迫使和诱导二级单位开展创收，激励和制约二级单位的创收行为。

根据S大学财务部门提供的资料，政府的生均拨款和学校收取的学费，“这两部分是高校办学经费的主要来源，是维系学校办学日常支出、人员经费的最重要来源”②。“合理的语文、财经、政法院校生均必要成本区间应该在11 000~14 500元之间。”③④ 广东省政府给S大学的生均拨款是从2002年开始的，执行的基数标准是每生6 600元/年，2012年提高至7 600元，2013年提高至8 600元，2014年9月起提高至9 100元。尽管生均拨款标准3年间得到逐步提高，但学费标准则从2000年起就没有改变，再加上物价的持续上涨，人力成本的不断上升，S大学日子过得并不轻松。而且“根据省政府的要求，提高标准后所产生的拨款增量部分是要首先用于偿还学校贷款，这个问题在今年（2014年）教代会上书记也做了说明。当然了，偿还贷款后也为学校节省了一定的贷款利息支出”⑤。S大学主要通过开办各种学历的、非学历的、短期的、中长期的等各种教育形式的培训班，开展创收活动，“主要是弥补教育经费的不足，同时也适应了改革开放对高等教育的需求”⑥。

公办高校各显神通的创收活动冲击了大学传统的组织使命，也出现了许多收费乱象，如“向少数考分偏低的考生家长收取1~5万元不等的赞助费，‘以钱买分’；擅自提高收费标准；违规收取录取费；擅自增加收费项目，如‘培养合同费’‘招生材料费’‘膳食管理费’”⑦；“高等学校违反规定向学生收取赞助费、扩招费、转专业费、定向费、建校费、跨地区建设费、点招费、毕业生就业指导费（场地租赁费）、捐款、补考费、重修费等费用”；“‘转专业费’‘赞助费’‘假期住宿费’‘补考费’‘重修费（按学年制收费

---

①⑥ 引自S大学某前校长访谈内容。

②⑤ 引自S大学时任财务处领导访谈内容。

③ 龚刚敏. 我国高等教育供求矛盾与公共政策：基于财政学视角的解释［M］. 北京：中国财政经济出版社，2009：141.

④ 这是2009年以前的测算。根据广东省发改委公布的成本监审数据，2012—2014年广东省高等教育生均培养成本分别为23 520.39元/年、24 344.67元/年、24 930.46元/年，总体呈上升趋势。

⑦ 引自1995年广东省高等教育局《关于某些院校违章收费的通报》。

的高校)’‘学位申请费’‘答辩费’‘联系安排工作手续费’以及押金、保证金等”；等等。非营利性学术组织的神圣属性正在发生变化，并有进一步发展的趋势。因此政府采取了相应的措施予以干预。如1995年9月广东省高教局发出《关于严格执行有关收费标准的紧急通知》，对规范教育收费做出要求；随后又发布了《关于某些院校违章收费的通报》，对三所高校的违规收费行为进行曝光；2003年广东省教育厅向下属各级学校和教育主管部门发出《关于认真做好治理教育乱收费自查自纠专项工作的紧急通知》；2006年教育部、国家发展改革委、财政部联合下发《关于进一步规范高等教育收费管理若干问题的通知》（教财〔2006〕2号）；等等。

龚刚敏认为：“如果说‘精英阶段’的高等教育基本由政府从资金投入、人力资源与毕业生分配等全过程管理的方式属于政府主导模式的话，‘大众化’阶段的高等教育不论资金来源、人员配置、课程设置与毕业生就业都与市场的关系更加密切，高等教育与社会的互动使大学的目标从追求传统的‘象牙塔’式精神价值向一定程度功利的经济价值的转化，尽管不是全部，但不可否认的是，高等教育出现了明显的市场主导趋势。”① “正如阿尔特巴赫指出的：‘毫无疑问，营利性高等教育已经成为一个重要的全球现象，而且它还会继续扩张。高等教育体系应该加以调整，以适应这一发展趋势。’”② 理查德·鲁克的《高等教育公司：营利性大学的崛起》、埃里克·古尔德的《公司文化中的大学》、玛丽·亨克尔等主编的《国家、高等教育与市场》、黄晓霞等主编的《高等教育市场化》、韩习祥等主编的《我国高等教育的投入机制与绩效管理》、曹光荣的《高校经营》等对高等教育创收、营利化或市场化等问题有相应的论述。

在资源缺乏的情状下，高校并非总是被动地等候政府的关照和扶持。S大学积极发挥能动性，通过专项工作报告、寻求省政府领导的支持等方式向上级领导和主管部门反映困难，呼吁加大重视和争取政策、经费和资源。1986年上报的关于函授教育经费的拨付问题，经省政府领导协调，由省高校主管部门每年拨付22万元补贴S大学函授本科教育经费，函授专科则通过允许学校收费的方式解决。1987年，S大学向省政府递交专题报告申请成立成人教育学院，统管函授、自考等业务，并希望得到政府的经费保障。此事经分管教育省领导专题会议研究决定：①同意设立S大学成人教育学院，由

① 龚刚敏. 我国高等教育供求矛盾与公共政策：基于财政学视角的解释［M］. 北京：中国财政经济出版社，2009：211.

② 龚刚敏. 我国高等教育供求矛盾与公共政策：基于财政学视角的解释［M］. 北京：中国财政经济出版社，2009：216.

省高教局报请省人民政府审批；②“……为确保函授教育经费的来源，会议研究决定，从1987年起，凡招收函授专科生，实行收费制度，招收函授本科生，按3 000人规模安排，每年由省高教局拨给经费24万元，教育厅拨给补助费5万元。今后如省教育厅要求S大学增加函授本科招生数，应由政府主管部门参照上述精神增拨补助经费给S大学”；③省内其他高师院校办函授教育，参照S大学的办法办理。到1990年，S大学上报省主管部门《关于创收情况的报告》中陈述说：“我校创收收入主要是委托代培……从去年起，委托代培呈萎缩之势，收入越来越少……师范院校大部分是文科教师，理科教师则主要是基础课教师，开展科技开发十分困难。所以，师范院校的创收工作将是越来越困难。”为此S大学向政府主管部门提出几点意见：“1. 对高等学校的科技开发、科技服务、委托代培等创收收入，减免税收。高等学校的创收工作是很困难的，如果不放宽政策，创收工作就更难了。2. 师范院校办学经费更少，创收工作更困难，所以，希望对高师院校采取扶持政策，特别是在委托代培方面，发挥高师院校在教育方面的优势，允许师范院校根据社会需要，招收自费生、专科生和非师范生。3. 对从事科技开发等专职人员的工资劳务酬金，教师讲课费（对代培生超工作量讲课）在成本中列支，不计征奖金税。4. 学校创收收入的外汇，留学校用于发展教学科研工作。”意见内容后来基本上获得省政府批准。在《S大学章程》起草的过程中，曾一度提出政府要“保障学校的法定权利”，保障学校享有“办学自主权”，包括“依据国家薪酬管理规定，自主调节绩效工资，自主确定自筹经费的管理与分配”等权力。（《S大学章程》定稿中有关内容调整为：“学校经费来源以政府财政拨款为主，受教育者合理分担培养成本，多渠道筹措办学经费。”）

从导论中学者们对大学经费筹措的论述看，政府对高等教育资助的减少是全球性的问题。由于从政府预算获取的经费资源无法满足需求，努力通过各种市场化渠道自主筹措经费，已经成为各国大学的普遍选择，中国高校也不例外。但是，与西方大学不同的是，像S大学这样的中国公办地方高校，学校基金会制度起步较晚，加之校友工作以及社会公关工作相对滞后，所获得的校友和慈善机构捐赠基金非常少。新中国成立后中国高等教育长期依赖政府计划经济的统领，缺乏西方大学较为灵活和成熟的多渠道筹措经费的经验和方法，所以在改革开放和市场经济条件下，政府政策放宽和调整后，如何在“党委领导下的校长负责制”治理体制下既保持社会主义办学方向，又主动而高效地以市场化方式自主筹措办学经费，成为中国高校需要学习和探索的新课题。

S大学解决经费压力的一个重要举措是在内部实行财务二级分配制度，

将部分经费压力和创收任务转移到二级单位，此举对院系的创收行为产生了重要影响。本书第四章将对此展开具体分析。

第二节　大学属性与创收压力

一、大学的核心价值与使命

但凡关心社会教育、关心中国大学发展的人们，总会关注到大学的经费资源问题，关注到创收压力对大学的影响，并进而希望对大学的现实及其使命有更清晰的把握。如现代大学到底应该是什么样的？中国的大学应该走向何方，正在走向何方？公办地方大学及其二级学院又如何？为什么有的地方大学二级学院将许多资源和力量用于搞创收？创收与学院主业发生矛盾时，学院如何应对？学院创收行为的常态化现实是如何构建的，其体现了怎样的制度化倾向？大学或二级学院的创收是一种潮流、一种可期待的价值方向，还是一种陷阱？大学被“盗名”① 是必然的规律还是偶然的结局？我们还要维护传统的学术领地吗？大学及其二级学院应该随波逐流，亦或是独自前行探索新的发展道路……解答这些问题，需要对大学及其二级学院的核心价值和使命做一番了解。

大学的使命，是指大学要追求的核心价值目标与所承担的责任。纽曼认为中世纪以来大学最核心的使命就是通过教学培养人才。后来，随着德国洪堡的大学改革，科学研究作为大学另一项使命，被赋予了与教学同等重要的地位而得到广泛认同，“将学术性定位为大学的核心使命，使得大学对知识的责任第一次被明确，大学也因此在社会中找到了自身最为独特的价值”②。

时代的发展推进着大学的发展，在人们的认识中，现代大学的价值和使命内涵更为丰富。“大学组织是一个承担着特定社会职能的物理空间场所，人才的培养、研究的开展、成果的开发应用是大学的组织目标。”③ 不少人认同传统的大学是以知识的传承与创造为使命、以教学和科学研究为核心职能、通过人才培养实现其价值目标的组织，是一个师生聚集的学术共同体，

---

① 林小英．揭开大学身份被盗之谜［J］．博览群书，2010（4）：4－9．

② 徐东．大学之道：现代大学内涵研究［M］．成都：四川大学出版社，2011：21．

③ 霍淑红，楚旋．对我国大学组织目标置换的思考［J］．沈阳工程学院学报（社会科学版），2006（4）：550－552．

学术成为大学的核心价值追求。罗伯特·M. 赫钦斯认为："作为教育，这就是真诚地追求知识；作为学术，这就是真诚地献身于知识的进步……一所大学统一的原则是为真理而追求真理。"① 伯顿·克拉克对高等教育学术目标的论述影响广泛，他强调："高深知识材料处于任何高等教育系统的目的和实质的核心。"② 他认为，高等教育组织是各个民族控制高深知识和方法的社会机构……现代大学的三大职能，都是围绕着高深知识而展开的；以高深知识为逻辑起点的高等教育系统职能定位于文化领域之中，学术是它的生命；正是与高深知识这种天然的联系决定了高等教育组织不同于其他的社会机构。托尼·比彻和保罗·特罗勒尔把大学的学术文化和学科知识比喻为"部落"和"学术领地"。③ 无论是承担人才培养的教学任务，还是围绕学科领域的科学研究，高校组织的核心目标都离不开以"高深知识"为载体的学术价值取向，"学术活动、学术事务始终是大学的主体，对学术活动和学术事务的科学、有效管理，依然是学校管理的重点。'大学者，研究高深学问者也'这清晰地揭示了大学使命和本真追求。学术追求的使命决定着大学的组织特性，大学首先是学术组织，是学者自由探索的聚集地，学术创新的发源地，行政管理主要应承担服务学术事务的职责"④。

现代大学组织区别于其他社会组织的最大特征是以教学科研为基础的人才培养，以及在知识传承与创新基础上的社会服务职能的整合，大学的主要责任是在传承和创新知识的过程中完成人才培养和服务社会发展的学术使命。

随着工业社会的发展，大学的职能不断得到拓展。"由于现代高等教育知识操作能力的不断增强，也由于'以知识为基础'的知识经济时代的到来，以追求'高深学问'为其本质属性和基本使命、作为知识的主要发生地和集散地的现代高等教育系统，必然成为满足社会人才和知识需求的'中心'。"⑤ 以知识和技能应用直接服务于社会，成为现代大学组织新的职能。埃里克·古尔德在分析美国大学发展历史时认为，"教育史清楚地指出，20

---

① HUTCHINS R M. 美国高等教育［M］. 王利兵，译. 杭州：浙江教育出版社，2001：19－33.

② 周光礼. 高等教育组织的定位与管理［J］. 高等教育研究，2000（5）：82－83.

③ BECHER T，TROWLER P R. 学术部落及其领地：知识探索与学科文化［M］. 唐跃勤，蒲茂华，陈洪捷，译. 北京：北京大学出版社，2008：第二版前言 11.

④ 查永军. 我国大学学术组织科层化及应对［J］. 中国高教研究，2009（3）：46－48.

⑤ 卢晓中. 现代高等教育发展研究［M］. 青岛：中国海洋大学出版社，2009：5.

世纪初期之前，至少有4个主要的目标驱动了各大学的进程"①，这4个目标是普通的通识教育、研究和学做学问、传授有利于经济发展的实用知识以及为社会服务。而"为社会服务"是指"传授对整个国家有利的知识，传递民主的价值观，协助塑造国家特征，培养社会精英，让学生融入社会，努力成为不断进步的现代美国人"②。尽管大学的职能随着社会变迁而发展，但是，大学之所以是大学，其人才培养主业却是一直作为大学的标志而存在，其核心都离不开教学科研两大基础领域。"服务社会"是一个"含糊的概念"："我们在大学里自我阐释的方法中——例如行政公告和年度报告——使用强调自己公司文化的词汇日益增多，由此造成的含混模糊也显示出高校中的不同劳动力如何深刻地被区分开来。"③ 它在一定程度上也可以说是大学为顺应时代发展而在教学科研基础上的学术延伸物——依托教学科研等成果服务于社会的派生物。许多学者普遍认同"追求'高深学问'仍应是现代大学区别于其他社会机构的一个显著特征和本质属性，是现代大学得以存在（生存与发展）的缘由所在"④。

克拉克·科尔把大学看作多元化"复合型大学（multiversity）"（金耀基译作"综集大学"），认为随着时代发展，大学服务社会的职能愈加突出并发生新的变化而使大学变得更为巨型而复杂，"multiversity不是一个和谐合调的组织，它也不是一个'社会'（如耶士培所说的大学是一'知识性的社会'），而是许多个不同的社会，或者说是一个多种目的之多元性社会"⑤。眭伊凡在研究了国内外许多著名学者对大学使命与责任的论述后认为，"大学是以探索、追求、捍卫、传播真理和知识为目的，负有引导社会价值观，并从道德精神上规范社会行为之使命，对人类素质改造和提升、社会文明发展和进步具有不可替代之重大公共影响力、推动力的教育机构和学术组织，教育新人成长的世界"⑥。人才培养和知识创新是大学组织的特性，"以学术传承和创新为根本目的的组织属性要求大学必须按照自身规律运行和发展"，

---

① GOULD E. 公司文化中的大学［M］. 吕博，张鹿，译. 北京：北京大学出版社，2005：1－2.

② GOULD E. 公司文化中的大学［M］. 吕博，张鹿，译. 北京：北京大学出版社，2005：2.

③ GOULD E. 公司文化中的大学［M］. 吕博，张鹿，译. 北京：北京大学出版社，2005：54.

④ 卢晓中. 现代高等教育发展研究［M］. 青岛：中国海洋大学出版社，2009：55.

⑤ 金耀基. 大学之理念［M］. 北京：生活·读书·新知三联书店，2001.

⑥ 眭伊凡. 理性捍卫大学［M］. 北京：北京大学出版社，2013：5.

人才培养是大学的“第一社会职能”，“纽曼大学理念的核心就是：大学是一个传授普遍知识的教育场所、人才培养的机构”①。

从学者们的论述和大学现实来看，无论大学使命的概念内涵和表述如何变化，一个根本性的核心使命从未改变，那就是大学以其知识传承与创新的学术性在为社会培养人才。尽管人才培养的手段、方式不断变化，但人才培养——而不是创收——始终是大学的主业使命，也理所应当成为大学二级学院的主业使命。

二、办学的经费压力与大学所承担的教育使命

S大学前身是1933年成立的某大学师范学院，创校伊始就确立了“以研究高深学术养成服务社会之专门人才”的使命。历经变迁后，1951年10月组建成为省属本科重点师范学院，1982年更名为S大学，其“主要任务是培养中等学校教师”②。按照计划经济体制模式，学校的办学经费主要由省政府拨付，学生不仅不用交学费，政府每月还发放一定额度的生活补贴。尽管当时S大学规模不大，但是社会对高等教育供给的巨大需求和政府拨款不足之间的矛盾，加之大学自身战略发展诉求和所面临的竞争压力，使大学的财务经费压力逐渐凸显。

市场经济条件下，随着发展方向和规模的变化，S大学办学经费压力愈加突出。本书第二章介绍过，随着政府和社会对大学的期待增加、大学自身发展的诉求，使S大学依据形势变化不断调整目标定位，主动寻求“走向社会的中心”③，努力承担更多的社会责任和使命。有学者认为：“现代大学要真正走向‘社会中心’，也必须坚持对‘高深学问’的追求。很难想象在‘以知识为基础’的知识经济时代，一个不以对知识追求（也即对‘高深学问’的追求）为其本质属性和基本精神的大学，能真正走向‘社会的中心’。”④ 主动走向社会中心的目标，要求大学必须紧紧围绕人才培养主业的质量提升和经济社会发展变化对人才和知识创新的诉求来谋求更大的发展空间，这注定需求更多经费的投入。

---

① 眭伊凡. 理性捍卫大学［M］. 北京：北京大学出版社，2013：16－35.

② 引自S大学1990年招生简章。

③ 引自S大学前领导的大会讲话。

④ 卢晓中. 现代高等教育发展研究［M］. 青岛：中国海洋大学出版社，2009：55.

三、大学的组织特征与对办学经费的高度依赖

李文利在关于高等教育的需求与供给关系的研究中指出："由于投入和产出的多样性以及对教育质量的追求，高等教育不可能像古典经济理论对一般经济产业描述的那样成为追求'成本最小、利润最大'的经济生产部门，相反，为保证高等教育的质量，在控制了物价上涨等因素的情况下，高等教育的生均成本呈递增的趋势。因此，高等教育对质量的重视和追求，超过对效率的关注。大学是一个追求'声誉最大化'（Prestige Maximization）的社会组织。经费充足与教育效果、质量有紧密的关系。高等教育的效果在教学和科研上的两个最基本的体现，一是毕业生的数量和质量对社会经济发展的人力需求的满足情况，二是科研成果对人类知识的进步、科技进步和变革所起的作用。为保证高等教育的质量和效果，特定水平的高等教育经费投入须得到保障。"① 龚刚敏在我国高等教育供求矛盾与公共政策的专题研究中也认为："高等教育是劳动密集型技术非进步行业，人员经费的增长应该与技术进步行业同步；同时，高等教育系统以外存在各种诸如提高教学质量、适应社会进步、加强课程应用性等压力，高等教育普遍陷入严重的财政困境。而新技术的引进主要是为了提高产出的质量和改善工作人员的工作环境，并没有起到降低成本的作用，结果高等教育的成本与价格（学费）的增长超过了经济增长。20世纪末，各国高等教育注册人数都出现了快速增长，而成本也持续增长，由此带来了财政的压力。"②

S大学十分看重毕业生在社会的影响力。每到逢十的周年校庆临近，学校校友工作办公室都要对在社会各界有影响的、做出重要贡献的、取得各类重要荣誉称号的校友进行统计，比如全国"五一劳动奖章"获得者、全国特级教师、著名学者、省部级以上的政界高官、亿万富豪、将军校友等，并邀请其中的代表人物加入学校校友理事会，或出席校庆典礼。学校党政一把手长期关心由教育主管部门统计和公布的毕业生就业率，在每年学校与院系负责人签订的《大学毕业生就业工作责任书》中，一项对院系就业工作基本的目标要求是各专业毕业生就业率"不低于全省平均水平"；为了迎接各类教学评估，学校2~3年就会开展一次较大规模的毕业生跟踪调查；校长或学校党委书记会亲自听取学校就业工作部门对毕业生就业的专题工作汇报；学

---

① 李文利. 从稀缺走向充足：高等教育的需求与供给研究［M］. 北京：教育科学出版社，2008：11.

② 龚刚敏. 我国高等教育供求矛盾与公共政策：基于财政学视角的解释［M］. 北京：中国财政经济出版社，2009：160.

校每年召开一次招生就业工作总结和布置大会，对就业工作成绩突出的学院和个人予以表彰。在一次全校毕业生就业工作总结会上，时任学校党委书记说："现在大学生一般的月工资收入是3千多元，有一位毕业生向招聘单位提出没有5千元不去。如果我们的毕业生都有能力和实力向招聘单位提出'没有5千元不去'，那我们的学生就牛了！说明我们的培养质量高啊！"

S大学的历届领导都重视人才培养等教育产出的质量效果，这种质量效果的重视更多地体现在对成果数据和声誉影响的追求。根据政府教育主管部门的指导和要求，大学通过课题立项、评估验收、常规检查等诸多手段和措施持续不断地推进二级学院开展学科建设和教学"质量工程"；大学及其学院常常以教师的不同经历和来源（是否名牌大学毕业、是否有海外学习经历等）、获得多少不同层次的教学教研项目、领导或教师参与了哪种类型的教学管理或教学评价的组织或者取得什么层次的多少项教学或科研成果奖、学生获得什么层次的立项或奖励、毕业生升学深造比例、毕业生保送或考取何种层次高校继续深造等作为学科建设和教学质量得到保障与提升的标志。

在科研评价机制上，经常变动和修改的教师科研业绩评价与奖励办法体现了大学领导不断强化的科研成果业绩观念，特别是近几年大学逐步取消对低层次刊物论文和研究课题的奖励，引导各学科教师争取高端科研平台、项目和成果，对学院科研业绩经费的获得有重要影响。而大学领导不断强化的各学科"科研成果GDP"数据比较的业绩评价导向，在教师队伍中备受争议。

学校领导特别重视大学的排名，非常关注各类大学排行榜单中本校的排位变化，学校的战略发展目标也常常以在大学排行榜中排名位次的进步为目标。为了提升学校的社会声誉和影响力，学校不惜花费重金引进和打造"领军人才"、"创新团队"、国家"千人计划"学者、青年"千人计划"学者、长江学者、国家级杰出青年基金项目资助者等。学校每年也通过编制《事业发展白皮书》、要求各学院在全校干部会议上汇报过去一年的工作成果等措施，展示学校的"亮点"并对二级学院的工作进行评价与督促，这些"亮点"，基本上是所取得的省部级以上的学科平台、荣誉称号、课题、奖励或是在权威核心期刊发表学术论文的数量等。

无论是追求教学质量效果、科研业绩，还是引进高层次人才、建设一流学科、提升大学排名，背后都离不开大量的经费投入。大学一般不会从经济成本与效益产出的关系角度去考虑降低成本投入。在实际运作中，不计成本、确保"质量"成为大学的普遍性工作常态。

四、我国高等教育发展形势与大学的创收压力

1990年，广东省高教局署名给S大学的《关于下达一九九〇年省属高校经费预算的通知》中说："当前财政形势严峻，财政支出是根据可支配财力和中央关于过几年紧日子的精神安排的。各校都要根据稳定大局的要求，先安排吃饭钱，然后有多少钱办多少事，按有保有压，突出重点，兼顾一般的原则进行安排预算。要在增收、节支、堵漏、善用四个方面下功夫，真正过几年紧日子……严格控制增编、增人是紧缩支出的重点……要认真清理整顿各种补贴、津贴、奖金……对公用经费中的会议费、差旅费、邮电费和行政性的设备购置费要从严掌握，这些消费性开支，比上一年要有实质性的压缩……"

20世纪90年代政府提出教育要"自觉服从和服务于经济建设这个中心"，高等教育的价值取向向着适应市场经济的方向变迁。"高等教育的经济价值广受重视，高等教育产业化、市场化的倾向日渐突出；市场筹资逐渐成为高等教育新的资源配置渠道；市场经济观念日渐成为高等教育观念更新、体制创新的动力源泉……但也存在不少问题：一是对市场的适应有些被动，高等教育改革简单照搬市场机制，主张高等教育产业化、高等学校办学企业化，由此导致一些负面效应……"①

随着国家改革开放和市场经济政策的深入实施，社会经济大发展对高等教育的人才培养提出大发展大提速的要求，生活水平的提高也增加了普通民众接受高等教育的诉求。无论是国家建设需要还是百姓对高等教育提出的诉求，或是高等教育在新的历史时期自身发展的需求，都使高校面临需要大笔经费投入的局面。当高校试图适应和满足社会发展需求而扩展使命、增加规模、追求知识创新和人才培养数量和质量时，办学经费的压力也相伴而生。但是由于国家经济生产刚刚恢复起步，物价不断上涨，办学成本不断加大，而国库财政囊中羞涩，政府对高等教育的限价与财政投入经费的不足形成了高等教育供给的短缺。② 20世纪90年代初期，由于政府财政压力而导致对S大学下拨经费的控制压缩，进一步促使大学打消希望政府加大投入的幻想，从而将更多精力与资源转向虽然具有风险却更加便于获取可控经费与资源的自主创收。

---

① 董泽芳，黄建雄．60年我国高等教育价值取向变迁的回顾与思考［J］．华中师范大学学报（人文社会科学版），2011，50（1）：132－139．

② 龚刚敏．我国高等教育供求矛盾与公共政策：基于财政学视角的解释［M］．北京：中国财政经济出版社，2009：173．

1999年全国高校大规模扩招，是高等教育产业化思维与人民群众对高等教育供给需求共同作用的结果。当时许多经济学家和教育家受到西方高等教育产业化理论的影响，认为高校从精英教育转向大众化教育是一种必然趋势，在当时情况下，更能拉动内需，促进国民经济的增长；而随着国家社会经济的发展，老百姓对获得高等教育机会的诉求不断加大，扩招同时能够解决民众对接受高等教育的需求。政府决策者采纳了专家们的意见建议，以国家行政调控的方式推进高校扩招，中国高校在校生规模急剧增长。“数据显示，1998年，中国高等教育各级各类在校生人数为820万人，2006年达到2 500万人，高等教育毛入学率从1998年的9.8%增长到2006年的22%，并持续保持增长的态势。”① 中国高等教育规模经历了一次大跃进。S大学成为扩招的主力军。20世纪80年代初，S大学在校生约3 000人，教职工总量约1 000人；1990年，S大学全日制在校学生8 000多人（含研究生400多人），全校教师1 250多人；到2006年，S大学全日制本专科学生剧增至约28 000人，硕士研究生达3 229人，博士研究生278人，另有上万名继续教育学生、上万名网络学院学生和500多名留学生。其后几年，S大学的学科专业和学生规模仍继续增长。

高校扩招后，国民经济是否受益于高校扩招、是否拉动了内需不得而知。但是，高校迅速扩招带来的问题却显而易见地一天天暴露出来：教学条件有限和老化、师资队伍紧缺、教学资源从数量到质量远远跟不上学生人数剧增和人才培养目标的发展新要求、因材施教的教育理念犹如水中观月可望而不可及……最突出的还是经费问题，政府高等教育的总投入增速低于扩招速度，低于物价上涨的水平。自扩招以来，普通高等教育经费比重呈明显的下降趋势。根据龚刚敏的研究，尽管政府投入高等教育的名义经费有所提高，但是“1999年来普通高等教育生均预算内教育经费按当年货币计算仍然年均下降了6.91%，按不变价格的年均下降幅度更是超过7.9%。这在高等教育经费来源绝大部分来自公共投入的情况下会制约高等教育的发展”，如要解决这一问题，“总缺口占财政性教育经费比重中则需要将财政性教育经费更加向高等教育倾斜，从原来的平均18.69%再增加6到11个百分点……”②

“许多高等院校面对高等教育大众化的发展态势时出现的仓促应对……

① 李文利. 从稀缺走向充足：高等教育的需求与供给研究［M］. 北京：教育科学出版社，2008：4.

② 龚刚敏. 我国高等教育供求矛盾与公共政策：基于财政学视角的解释［M］. 北京：中国财政经济出版社，2009：216.

使得高等院校发展资源不足与规模发展需要的矛盾成为不可避免的现实，如在课程资源、人力资源及器物资源等方面，许多高等院校捉襟见肘，很难适应和满足当前规模发展的需要……教育教学资源严重不足……”① “由于物价上涨，再加上高校发展失控，国家下达的教育事业费（不包括基建设备费）和工资基金出现明显的缺口，教职工的实际工资收入也明显下降……经费缺口问题不同程度地存在，如不解决，则学校正常的教学秩序将难以很好维持，队伍也难以稳定。”② 在 S 大学，这种矛盾十分突出。

从表面看，学校增加了招生规模，政府的生均拨款和学校可以收取到的学费住宿费等都能增加，人数越多，收取的经费量越大，学校自主创收的压力应该有所下降。但是，高等教育规模与成本之间的相关性研究表明，大学的学生规模总量只有控制在一定的范围，效益成本才最理想。“十年前丁小浩认为在校生数为 8 326 人时，生均成本最低，2000 年许晓东认为重点与非重点工科院校适度规模分别为 8 372 人和 6 007 人。”③ S 大学的办学规模远远超出了学者们论证的适当的生均成本规模，办学成本不降反增。

社会对高等教育供给的巨大需求和政府对高等教育拨款不足的矛盾，加上物价上涨等因素，许多高校运行经费缺口巨大。2006 年至 2010 年 5 年间 S 大学财务预决算情况的变化，足以说明其面临的巨大经费压力。

第三节　大学创收行为的政策根源

当西方学者不断深刻反思现代化浪潮对大学、对教育、对知识和人类社会造成的种种负面冲击时，中国的科技主义开始大行其道，占据了大学各类管理与评价领地和空间，并逐渐成为主导大学发展的重要核心力量。以所谓企业绩效管理经验为基础的量化绩效管理与评价开始取代传统的质与量结合的学术管理与评价，成为大学的主流评价和重要管理机制；制造业精细化管理的概念、模式和做法搬进了大学管理的各个环节；成本、绩效等经济学概念充斥中国大学教育管理的各个环节；学术 GDP 不仅是学校领导和各级管

① 卢晓中. 现代高等教育发展研究［M］. 青岛：中国海洋大学出版社，2009：192.

② 凌希羽. 对高等院校创收问题的思考［J］. 上海高教研究，1990（3）：13－18，99.

③ 龚刚敏. 我国高等教育供求矛盾与公共政策：基于财政学视角的解释［M］. 北京：中国财政经济出版社，2009：215－216.

理者乐于追求的荣誉指标，也成为影响教师职业发展和生存的最重要指标；大数据、国际化、知识经济……新的概念和其他领域的创新成就成为大学运作的时髦追求；后勤社会化、大学产业化等风潮一度席卷中国高校；在“开放”“改革”“创新”的名义下，对国外的理论和做法不分优劣、不结合中国实情进行创新和改造的教育领域的“拿来主义”，在相当广泛的时间和区域里成为大学学术成果产出的主流手法；软性的人才培养与教育教学被诸多短期硬性的政策性评价指标所绑架。经济快速发展、物价飞涨与政府投入不足等，使在乎声誉、追求创新和绩效但又缺乏基金与融资补充的中国地方大学及其二级院系的运行和发展面临十分尴尬的境地。

S大学办学的经费压力和自主创收，与大学所处的组织场域制度背景密切相关。除了刚才提到的时代大背景对高校经费资源的影响外，中央和地方政府对公办高等教育的办学经费政策与拨款状况，对大学办学经费来源的性质和自筹经费、开展创收活动等行为选择有重要的制约和激励影响。就S大学所处的办学制度环境而言，除了《教育法》和《高等教育法》等基本法律，还包括教育部颁布的其他教育法规、省委省政府对大学提出的各种办学要求、国家和地方政府对大学收费的管理与限制政策等。政府对高等教育经费来源的制约和激励政策在制度层面强化了大学自主筹措经费和开展创收的意识和行为。

一、大学经费的政策主宰

“政府为了保证所提供给高等院校的经费达到足以保证其生产力提高、刺激其经济增长的程度，正在对自己所期望得到收益的领域进行投资和购买。在很多时候，教育就是政府所购买的产品，用经济学的术语说，就是增值的人力资本。”①

S大学主要领导认为，“政府对大学办学的干预有三种模式：一是对大学办学的目标性干预，二是对大学办学资源与政策的支持性干预，三是对大学办学过程的微观具体性干预。总体上看，世界各国大学都非常欢迎政府对公办大学的第一、第二种干预，这实质上是对公办大学的支持”②。我国中央和地方政府对大学的干预，三种情形都存在，而第二种干预的力度实际是政策不少、办学资源数量不足。

---

① LANG D W.“世界级”大学是比较出来的吗？［J］. 施晓光，译. 北京大学教育评论，2005（1）：16－27.

② 引自S大学主要领导在全校专项工作会议上的讲话。

（一）教育制度对大学办学经费来源的根本性影响

按照S大学领导的表述，改革开放以来，S大学积极响应政府号召，抓住了两次重要机遇，实现了两次大的飞跃式发展。一是20世纪90年代中期，在广东省政府的支持下，经全校上下共同努力，S大学进入国家“211工程”重点建设大学行列，有了参与“国家队”同台竞争的机会。国家划拨S大学“211工程”第一期建设经费约6千万元，广东省政府配套6千万元，这笔重点项目建设经费主要投入学校教学服务平台等3个公共平台建设和4个国家级科研项目建设；从“211工程”第三期建设开始，为进一步鼓励和推进省内高校的建设水平，在国家级“211工程”项目建设的基础上，广东省政府给相关高校设立了省级“211工程”建设培育项目，由省政府财政配套支持，S大学获得6个省级培育项目及其配套经费。教育部和广东省对“211工程”建设的拨款，为S大学的学科和事业发展提供了重要的支撑。二是S大学响应广东省委省政府号召，与广州地区其他9所高校一起率先进驻广州大学城。2004年广州大学城建成招生，S大学十几个学院的2004级新生入驻；2005年S大学9个学院整体搬迁至大学城新校区，为学校新一轮的发展获得了广阔空间。特别是后来广东省政府免除十所高校大学城新校区基础建设的政府贷款，其中S大学免除了十几亿元，大大减轻了大学偿还债务的压力。因此，当政府倡导新一轮的“2011协同创新计划”“创新强校工程”“高水平大学建设”等高等教育建设工程时，S大学主要领导不断动员说：“这次我们同样不能错过，而且要更加积极。”①

有关教育制度对高校办学经费的影响问题，许多学者从不同角度进行了探讨。“在大学与政府的关系上，科尔认为随着大学功能的转变，两者之间的关系日趋紧密。一方面，政府出于自身利益的考虑，越来越多地卷入大学事务，并从外部对大学施加影响；另一方面，大学出于生存的需要和自己的利益，也越来越主动地对外部集团的愿望和需求作出反应。”② 卢晓中认为：“在我国，由于资源配置主要是政府主导的，政府对高等教育发展的价值取向和对高等院校的评价标准直接影响到资源配置，而这对高等院校的资源发展来说又是极其重要的。”③ 作为公办省属重点高校，S大学的办学经费和资源来源主要依赖广东省政府的投入，列入“211工程”重点建设大学和“省部共建”高校后，也可以部分获得中央政策和财政的支持。《S大学章程（讨论稿）》修订过程中就提到：“学校的经费来源以政府财政拨款和事业收

---

① 引自S大学主要领导在全校专项工作会议上的讲话。

② 卢晓中. 现代高等教育发展研究［M］. 青岛：中国海洋大学出版社，2009：51.

③ 卢晓中. 现代高等教育发展研究［M］. 青岛：中国海洋大学出版社，2009：196.

入为主，多渠道筹措办学经费为辅……举办者应完善学校教育经费投入机制，保障学校办学经费的稳定来源和增长……”政府的教育体制机制、经费资源调配政策和实际拨付情况等都直接影响大学的发展。为了把握发展机遇、获取更多政府资源，S 大学总是注意跟从政府的号令，依据中央和地方政府的要求来调整大学发展目标，推进大学建设。

“政府是高校的管理者和举办者，政府的财政拨款是高校最主要的教育资源获取方式。由于教育经费本身的稀缺性，政府从来无法完全满足各高校对教育资源的需求和索取，而出于梯度发展的需要，政府也从来不会采取平均主义的做法，在所有高校之间均摊教育经费。由此，政府往往是基于一定的价值判断，来决定各高校之间拨款经费的多与寡。在精英教育阶段，这种价值判断当然就是作为‘讲授与研究高深学问’机构的学术水平的高低……地方高校放弃传统的制度体系并不能带来教育资源的相应增加，当然只能寄希望于在传统的身份认同框架内力争上位了。”① 为获得体制内的良好评价，争取更多来自政府的资源，S 大学不断根据形势发展调整办学定位和方向。从教学型到教学科研型、教学研究型、高水平教学研究型、研究型，再到“国内一流、世界知名”的综合性师范大学等，战略目标的每一次调整，都与大学考虑如何获取来自政府和社会的更多政策与物质资源相联系。S 大学校领导曾表示：“根据省里的物价政策，成为‘211 工程’国家重点建设大学，我们的学费就在原有基础上涨 15% ~30%。”② 在争取成为省部共建高校的过程中，S 大学领导向学校中层干部动员说：“如果我们成为‘省部共建’大学，省政府就答应增加我校的（年度生均）教育财政拨款，从现在的 8 600 元/生增加到 12 000 元/生，学校的财政状况会有很好的改善。”③

政府教育主管部门之间的矛盾也会影响高校的拨款。政府机构合并前，广东省高教局是广东省属高校的政府主管部门，由于 S 大学是省属重点师范大学，因此部分业务又受广东省教育厅（当时是广东基础教育系统的政府主管部门）的领导。1985 年高教局将高校经费分配制度从“基数加发展”改为“综合加定额”时，没有列支 S 大学的函授教育经费。在高教局召开的全省高校财务工作会议上，有关领导明确表示：“高教经费不含函授教育经费，就算成人教育经费也不包括 S 大学函授经费，最多只能从全省高校函授经费（共 18 万元）中拨出一些予以补助。”又说：“S 大学招的是中学教师，谁受益谁出钱，如果教育厅或所属市、地教育局不出教育经费，就停止招生；停

① 曹如军. 制度创新与制度逻辑：新制度主义视野中地方高校的制度变革 [J]. 高教探索，2007 (5)：5 -8.

②③ 引自 S 大学主要领导在全校专项工作会议上的讲话。

招一年也好。"[①] 为此，S大学专函报请省政府拨付有关经费。广东省教育厅给省委省政府的复函明确表示"不同意S大学函授本科班招收中小学教师向地、县教育部门收费"，认为高教局的做法"实际上违背了教育部、财政部（85）教计字030号文件的规定"，而S大学为中小学培养教师的经费应"由高教主管部门负责拨给"[②]。在省政府领导干预下，S大学的函授教育经费问题最终才得以解决。

（二）政府政策导向对大学竞争性获取资源的影响

在政府与高校财务的关系问题上，郭建如认为："在我国，学校虽然是一种相对松散的组织，但是经过多年的计划经济体制的'洗礼'，大学受政府的影响很大，并且具有响应政府政策的很强的动员能力。对政府的政策导向，大学必须做出积极回应，并且必须做得很好。只有这样，大学才能够更容易得到来自政府的资源，才能够得到国家的重视与扶持。"[③] 政府希望通过政策和部分经费的支持促使高校承担更多的知识创新与人才培养任务，高校也希望在响应政府号召中获得更多的政策支持、物质资源和发展空间。

进入国家"211工程"重点建设大学行列使S大学获得重要资源。在国家"211工程"推进过程中，广东省为了获得中央财政对本地高等教育的支持，承诺将对本省高校获得国家"211工程"建设立项的学科项目给予1∶1比例的财政专项配套经费支持，并从第三期开始在有关高校设立省级"211工程"培育项目，同时要求相关高校也要按照政府投入经费的一定比例自筹经费支持校内"211工程"项目的建设。S大学为了得到中央和省级政府的经费支持，在"211工程"建设申报报告中也承诺按照政府要求的比例额度对教育部和省政府立项的建设项目给予自筹经费的配套支持。

事后证明，S大学领导的战略思维是有道理的。进入国家"211工程"建设大学行列使S大学获得诸多直接的好处。一是大学获得一笔不小的专项建设经费，而且广东省政府后来追加的专项投入比学校预期的多得多，为改善学校的基础设施和学科服务平台以及推进有关学科的发展发挥了巨大作用。据学校"211工程"建设办公室原负责人回忆，教育部第二期"211工程"建设立项，广东省教育厅原计划给S大学的配套经费是4 500万元，后来经过S大学向省政府和财政厅申请，获得了省财政对全省高校"211工程"建设项目追加2.5亿元的拨款，其中1.2亿指定给S大学。二是广东省

---

① 引自S大学1986年向省政府递交请求拨给函授教育费的报告。

② 引自1986年广东省教育厅向省委省政府报送的请示。

③ 郭建如.20世纪90年代大学与校办科技企业的关系及其变动：以北大校办科技企业为案例的社会学分析［J］. 高等教育研究，2006（10）：26－35.

政府对“985工程”高校和国家“211工程”建设大学向学生收取学费的标准有政策倾斜，相关高校可以在物价局规定的省属高校学费收费标准基础上上浮不超过30%，这对S大学来说是一大笔的自筹收入。三是在相当长一段时间里，许多用人单位优先招录“985工程”高校和“211工程”建设大学的毕业生，有的单位甚至明确表示非“211工程”建设大学以上层次的毕业生不录用（后来国家人事部门明确要求各单位在招聘大学毕业生时不得有是否重点大学毕业等歧视性条款，但实际招聘过程仍不可避免地有“985工程”大学和“211工程”大学毕业生优先录用的做法）。四是在招生和引进人才、与政府关于资源投入的谈判、学校或学院开展学科建设以及对外开展创收、对外交流等各项工作中，“国家‘211工程’重点建设大学”“广东省高水平建设大学”“省部共建高校”等名号为学校带来不少的利益、优势、便利和吸引力。

顺应政府教育政策可以让高校获利。但教育政策的变化也可能减少大学的资源来源，如高校大规模扩招政策，对以举办成人函授教育、自学考试辅导等为主要创收渠道的地方大学的创收收入冲击巨大。随着各层次院校全日制学生高考录取率的大幅增长，函授、自考等社会需求急剧减少，S大学许多学院多年来赖以创收的主渠道逐年变窄，“全校成人教育招生从（20世纪）90年代辉煌时期的每年8千多人到现在只有2千多人的规模”①，并呈继续下滑的的趋势。

（三）高等教育财政政策对高校经费压力和创收意愿的强化

作为省属重点大学，广东省政府和社会都对S大学寄予厚望，学校规模迅速扩大，大学常规性的维持费用持续增长。但政府的财政经费拨款并未随着大学的发展需求而快速提升。根据S大学财务部门提供的资料显示，与国内其他省市相比，广东省政府对高等教育的投入在相当长一段时间内远远落后于其经济增长水平，与广东经济发展水平地位极不相称。比如20世纪90年代以后，广东省政府给各高校的生均拨款6 600元/生的标准一直执行到2011年，十几年不变，学费又不准上涨，但这些年广东省的物价涨幅却非常大。到2013年，S大学财务预算收入及其他资金来源为92 582.77万元。财务收入中，全日制办学收入56 288.50万元，占总资金的60.80%，其中政府生均定额拨款37 016.50万元，占预算收入的大约40%，学费、住宿费19 272万元，约占20%；上级专项拨款中用于校级支出的部分15 435.41万元，占总资金的16.67%；非全日制办学收入、培训及考试考务费、资产经营、

① 引自某学院书记的访谈。

后勤管理校产物业、教育服务品牌费及其他收入合约20 858.86万元，占22.53%。[①] 政府的财政拨款不能支撑S大学的实际需求，学校通过学费和其他创收渠道自筹经费接近一半。

我国政府颁布的《高等学校会计制度（试行）》（财预字〔1998〕105号）规定“高等学校会计核算一般采用收付实现制”，《高等学校财务制度》（财文字〔1997〕280号）要求“高等学校编制预算必须坚持‘量入为出，收支平衡’的总原则”，“在这种‘有多少钱办多少事’的制度与原则下，使学校与几乎所有公共部门一样，成为了一个‘成本最大化’的机构，其任务就是尽可能争取到更多的经费，然后将它们用掉”[②]。

大学高昂的开支也改变着政府的财政拨款关系，使政府拨款常常变得“不可靠”。“甚至在高涨的国家收入和支出的经济繁荣时期，政府也在谋求控制高等教育开支。在普遍紧缩的经济困难时期，政府坚持大幅度削减……政府变成一个不稳定的赞助者，常常装作一个日后大学服务的购买者，很难长远依靠它。”[③] 我国长期以来“教育经费在国民经济分配中的比例不合理，缺乏法律保证”[④]。即使经过漫长的政策争取过程而获得国家政策地位的“财政性教育经费要达到国内生产总值的4%”的目标，从1993年《中国教育改革和发展纲要》颁布至今尚未真正落实的艰难历程，足以说明这一点。[⑤]

二、政府对高校自筹经费的政策激励

广东省高教局《关于下达一九九〇年省属高校经费预算的通知》对各高校安排好当年经费预算提出的“几点要求”明确指出：“各校要充分发挥高等院校的优势，挖掘潜力，开展有偿服务，合理组织收入，以弥补教育经费之不足，改善办学条件和改善教职工的福利待遇。”在政府经费紧缩和明确指示高校挖掘潜力开展有偿服务以解决经费不足困难的精神指引下，S大学掀起了新一轮的创收热潮。原有的办学和社会服务形式不断丰富创新，大学的“围墙经济”、科研开发兴起，许多纯商业性的经营活动在校园中盛行，

---

① 数据来源：S大学教代会报告。

② 龚刚敏．我国高等教育供求矛盾与公共政策：基于财政学视角的解释［M］．北京：中国财政经济出版社，2009：131.

③ CLARK B R．建立创业型大学：组织上转型的途径［M］．王承绪，译．北京：人民教育出版社，2003：172.

④⑤ 闵维方，文东矛．学术的力量：教育研究与政策制定［M］．北京：北京大学出版社，2010：39.

A系的“三奇公司”就是这个阶段成立运行的（参见第二章第二节第三目）。S大学此时全校上下努力创收的现象，可以说是S大学校训第一句“艰苦奋斗”的真实写照。

李文利认为高校财务与高等教育的社会价值目标有关，“对应高等教育的社会价值目标，高等教育财政运行依据以下三个基本原则：公平、效率和资源充足”①。“国家责任说”和“成本收益说”是长期以来影响高等教育的经费供给的两种思想，这两种思想认识导致不同政策和不同行为选择。以国家责任为指导，意味着对高等教育的经费供给重点考虑高等教育满足人才培养的经费投入需要，无须计较成本效益，这在我国计划经济时期的高等教育经费供给中表现明显；以成本收益为指导，意味着国家、社会或家庭对高等教育的投资，应该考量成本与收益的关系，这在市场经济条件下的高等教育各种投入中体现明显。伴随高等教育大发展而不断增长的经费需求，政府对高等教育经费供给压力进一步加大，“成本效益说”将有更大的影响力。而高等教育供不应求的矛盾“将直接导致、实际上已经形成了高等教育整体的财政困境……困境形成的主要原因是‘精英教育’阶段政府对高等教育的精心呵护，而进入‘大众化’阶段后政府的投入显得力不从心。要解决这一问题，就必须寻求公共资金以外的渠道，特别是加大高等教育成本分担的力度，这一思路是20世纪90年代以来席卷世界各国的潮流，成为一种共同的选择”②。仅靠政府财政远远无法满足高等教育发展的经费需求，迫使政府努力寻求高等教育办学经费分担解决的新渠道。

改革开放之初，中国政府就实行了高等教育成本分担的做法，1980年颁布的《高等学校建立学校基金和奖励制度的试行办法》即是成本分担思路的直接政策体现，只是此时的成本分担是由高校而不是学生和家长来分担政府的财政压力。这一政策促使S大学努力开展学校和二级单位的各类创收，作为学校基金的收入来源，A系因此被列入创收单位。

市场经济环境下，高等教育成本分担的理论得到政府决策者以及社会的进一步接纳认同。中国政府为了解决高等教育经费投入问题，借鉴国际上比较成熟的做法，逐步制定了一些高校办学成本分担的改革措施，其中最重要的变化是学费制度的改革，同时以政策方式进一步明确了高校自筹办学经费渠道的合法性。如1985年政府出台的《关于教育体制改革的决定》指出，

---

① 李文利. 从稀缺走向充足：高等教育的需求与供给研究［M］. 北京：教育科学出版社，2008：7-9.

② 龚刚敏. 我国高等教育供求矛盾与公共政策：基于财政学视角的解释［M］. 北京：中国财政经济出版社，2009：177.

高等学校“可以在计划外招收少量的自费生，学生应缴纳一定数量的培养费”。此举意义重大，“由此迈出高等教育财政体制改革的第一步”。[①] 1989年，原国家教委、国家物价局和财政部联合发出《关于普通高等学校收取学杂费和住宿费的规定》（简称《收费规定》），对高等教育成本补偿的政策方向作出规定：“从1989学年开始，对新入学的本、专科学生（包括干部专修科和第二学士学位班学生），实行收取学杂费制度。”1993年，中共中央、国务院印发了《中国教育改革和发展纲要》（简称《发展纲要》），指出“要逐步建立以国家财政拨款为主，辅之以征收用于教育的税费、收取非义务教育阶段学生学杂费、校办产业收入、社会捐资集资和设立教育基金等多种渠道筹措教育经费的体制”。《发展纲要》以国家重大政策的形式，进一步确立了包括创收行为在内的高校自主筹措办学经费的合法地位。“经过一系列改革……形成了‘财（财政拨款）、费（学杂费）、科（科研收入）、产（校办产业）、社（社会捐赠）、基（基金）、贷（银行贷款）’等多渠道的高等教育经费来源结构，促进了高等教育经费总量的显著增长。”“1997年，中国普通高等学校实行了并轨招生，保留了国家计划内招生制度，取消了其他几种类型的招生形式，对所有学生实行普遍的成本补偿，推动了多渠道筹措教育经费的财政体制和基本格局的形成。”[②]

1990年S大学提供给广东省高教局的《关于创收情况的报告》充分反映了政府政策对高校创收的激励作用：“近年来，国家给高等院校放宽政策，我们认为，在教育经费严重不足情况下是十分必要的。几年来，我们根据国家政策，充分利用高校的优势，挖掘潜力，在增加社会服务的同时，增加了学校的收入，在一定程度上改善了办学条件和教职工的生活条件，调动了教职工的积极性，促进了教育事业的发展。我们希望在教育经费不足的情况下，这种放宽政策应该继续。”1988年至1990年5月的两年半时间里，S大学创收收入共计1 856.16万元，而1990年政府核定S大学的年度教育事业费指标为1 773.13万元，可见自主创收可以有效补充大学运行经费。

在高校收费政策执行初期，由于总体上高校规模不大、物价上涨缓慢，成本补偿机制和多渠道筹措教育经费的政策为缓解政府教育财政压力和高校办学经费压力发挥了重要作用，也给予了高校一定的办学经费自主权，在一定程度上刺激了高校自主筹措办学经费的积极性。许多高校的创业创收活

① 李文利．从稀缺走向充足：高等教育的需求与供给研究［M］．北京：教育科学出版社，2008：8.

② 李文利．从稀缺走向充足：高等教育的需求与供给研究［M］．北京：教育科学出版社，2008：5－8.

动，正是在政府相关政策的推动下蓬勃发展起来的。

但在 20 世纪 90 年代后期，伴随着政府意志下的全国高等教育规模跨越式发展，高校持续大规模扩招，加上物价的急剧上涨、创收渠道相对单一和创收市场的变化、政府对高校收费管理规范化提出更高要求和财政拨款没有同步增长的情况下，许多高校的财政困难问题凸显。这时，“多渠道筹措教育经费”看起来更像是政府把高校办学经费不足的主要矛盾压给高校的甩包袱做法，高校及其二级院系的创收更多地成为一种无奈之举。

三、政府对高校自筹经费的政策限制

在制定激励性政策缓解高等教育办学创收压力的同时，为了兼顾社会对教育收费的接受能力和高等教育公平公正的均衡发展，同时规范高校的办学行为，政府也出台相应政策对高校自筹经费的行为进行限制。如中央政府统一规定全国高校的学费标准，并规定在一定时期内不得涨学费；各级政府几乎每一年都颁布文件对高校收费或财务管理情况进行规范要求或专项检查。如中央政府 1989 年的《收费规定》指出：“考虑到当前各地经济发展水平、人民群众的收入水平和经济承受能力，收取学杂费的标准，本着起点从低，逐步调整的原则，一般地区以每学年 100 元为宜。”1994 年广东省政府颁布《广东省教育收费管理规定》，明确规定教育收费实行许可证制度。1996 年 12 月原国家教委、原国家计委和财政部颁布《高等学校收费管理暂行办法》（教财〔1996〕101 号）第五条规定：“学费占年生均教育培养成本的比例和标准由国家教委、国家计委、财政部共同作出原则规定。在现阶段，高等学校学费占年生均教育成本的比例最高不得超过 25%。具体比例必须根据经济发展状况和群众承受能力分步调整到位。”不超过 25% 生均教育成本的学费加上政府的财政拨款，依然远远满足不了大学运行的实际经费成本需求。教育部等七部委在《关于 2006 年治理教育乱收费工作的实施意见》中明确指出，要“坚决制止以改制为名乱收费，进一步规范公办学校办学行为”，“全面停止审批新的改制学校和新的改制学校收费标准”，“严禁搞‘校中校’‘一校两制’和以改制为名乱收费”。[①] 2006 年 2 月广东省教育厅发布《关于坚决纠正学校违规收费行为的紧急通知》，严格规范各级各类学校收费行为。2007 年 7 月《国家发展改革委关于公布中央部属高校学费标准的通知》（发改价格〔2007〕1434 号）中明确说明：“除国家另有规定外，今后

① 文东茅. 公办学校办学体制改革不能“以钱为本” [N]. 中国社会科学报，2010-04-27（9）.

五年各级各类学校的学费、住宿费标准不得高于 2006 年秋季相关标准。”地方高校的收费则参照执行。广东省教育厅、财政厅也于 2007 年颁布《关于进一步规范我省高等学校收费管理的通知》。2009 年国家发改委、教育部、国务院纠正行业不正之风办公室、监察部、财政部、审计署、新闻出版总署联合发布《关于开展全国教育收费专项检查的通知》，对高校收费进行专项治理检查。2012 年广东省治理教育乱收费厅际联席会议办公室依照当年中央政府要求颁布《关于开展 2012 年全国治理教育乱收费规范教育收费秋季检查工作的通知》，对高校收费展开例行治理检查。

另外，政府鼓励高校向社会力量多渠道筹措经费的政策也是带有限制性的，“《规划纲要》提出了以下途径：‘积极鼓励行业、企业等社会力量参与公办学校办学……引导社会资金以多种方式进入教育领域。’……但并不鼓励以营利为目的的‘投资’办学行为。”①

社会物价年年上涨，政府投入不增或增幅小，学费不许涨，加上依旧逐年扩招，地方大学的办学成本继续增大，经费等资源压力继续加大。按照 S 大学 2006 年全年财政收支情况计算，政府生均财政拨款加上全日制学生学费收入共计 50 688 万元，约占学校总收入的 49.43%，约占学校总支出比例的 44.8%，由此可见，大学超过 50% 的预算收入和超过 55% 的经费开支，需要通过自主创收等其他途径去筹措。

为了建设高水平大学，教育部要求“211 工程”以上的本科重点大学要逐渐退出举办低端的非学历的自学考试或函授专科班等，要往高端方向发展，此举对 S 大学及其二级院系传统的创收方式做出了限制；中央八项规定后，各地不能举办针对领导干部的高收费培训，为了避免政治风险，S 大学 A 学院此前与地方政府商定拟合作的一些干部培训意向被迫取消；2014 年教育部通知各地高校不能再举办校外同等学力研究生课程班……以上每一项政策的变化，对 S 大学传统的创收渠道都起到收紧、限制的影响。在没有找到新的经费筹措渠道前，大学和学院领导的压力只增不减。

政府逐步规范国家财政拨付给高校经费的管理使用办法，对高校经费开支提出许多限制性要求，大学越来越感觉到政府的钱“不好用”，也寄希望于自筹经费特别是自主创收收入的增加，以满足校内经费资源灵活调配的需要。此外，基于地方大学需要满足政府创办大学的其他地区性、阶段性的任务和目标，政府在对大学给予财政支持的同时，也提出许多附加性、限制性的条件，比如对大学招生规模的指定，对省内外生源比例的限定，对大学为

---

① 文东茅．公办学校办学体制改革不能“以钱为本”［N］．中国社会科学报，2010－04－27（9）．

地方经济发展服务的人才培养方向的要求与质量要求，等等。

大学为了得到政府的信任，以取得来自政府的稳定的甚至增加的拨款和其他政策支持，会通过各种途径向政府部门表达“忠诚”。有时，为满足政府部门的需要而影响学术自由、教学科研，学术自由与行政干预的冲突在这类高校中比较突出。政府部门亦通过一些管理制度对大学施加压力。“一些实行高等教育中央集权制的政府，经常打着问责制（Accountability）的旗号对高等院校进行比较……通常考虑的问题是如何测量和推进院校之间的差异，每个系统将如何认识各自的鲜明特点、使命和作用。”① 如2007年广东省物价局派出教育收费检查组进驻S大学检查教育收费情况。大学减少此类压力的有效举措是规范各类创收收费、努力提升大学的教育教学质量、提高人才培养质量，以满足政府的期待和需求。大学内部也会以问责制形式对基层院系的行为进行约束。

第四节　本章小结

大学经费压力和创收行为产生的重要根源在于政府的制度政策。S大学及其二级学院的创收行为在一定程度上是组织所处的场域制度环境诱使和被迫选择的结果。这些制度环境因素主要包括：①国家教育体制与政府的教育政策；②政府对大学的办学要求与大学自身发展诉求；③政府对大学的财政政策和拨款情况等。

国家高等教育管理体制与财政政策等宏观上决定了大学的基本财务状况。S大学每一个发展阶段、每一次目标任务调整，都昭示着规模扩张和内部结构的转变，也意味着对资金和物质资源的更多依赖和需求。政府下拨经费不能满足大学实际运作需求的矛盾，使大学必须直面经费的压力。在经费压力和上级政策使能下，大学发挥自身的能动性，一方面积极争取上级组织政策和资源的进一步扶持；另一方面在政策诱导下通过全校上下各显神通的自主创收来补充办学经费，自主筹措经费比重超过了政府拨款。大学的创收行为也带来人员精力旁移、主业资源被占用和创收收费、资金管理与使用不规范等诸多新问题，促使政府不断出台新的政策进行检查、规范和约束。

政府针对大学管理而出台的财务政策及其他相关管理制度体系是大学及

① LANG D W.“世界级”大学是比较出来的吗？［J］. 施晓光，译. 北京大学教育评论，2005（1）：16－27.

其二级院系创收行为产生和发展的最重要制度原因，体现了宏观的组织场域背景下较高层次的教育制度结构对较低层次的大学经费压力处理结构与创收行为的塑造作用，主要体现了规制性制度要素的影响；大学对政府有关高等教育的政策制定和调整也发挥了能动作用，在政府与大学关于经费和创收管理的互动过程中，各种说明报告、申请和解释过程、特别是政府与高校之间关于各自职责的理解、对经费问题和创收问题的认识等，体现了规范性和文化－认知性制度要素对高校及其二级单位创收行为制度化的建构作用。

第四章
大学财务二级分配与学院创收的制度根源

大学二级院系的创收行为有其根本的制度原因。国家社会经济发展不断对大学提出更多更高的要求、大学自身发展的内部诉求、政府对地方大学的经费划拨的持续不足，以及对高校自主筹措经费的政策激励等，迫使大学努力寻求自主筹措经费渠道。在处理经费压力过程中，S大学采取财务二级分配制度，将压力转移和分解到二级院系。大学下拨部分经费由二级院系重新自主调配使用，却不能满足院系运行的基本需求。为了调动二级院系解决经费压力的积极性，大学出台相应的创收政策。院系基于现实压力和学校政策诱导而投入创收工作中，并对大学的政策和管理结构产生能动性影响。

本章从具体的大学制度体系角度对院系创收行为的成因展开论述。主要分析S大学的二级财务分配制度及相应的管理体系对院系创收的激励与制约作用。着重探讨大学财务制度与管理等上层结构与行为对院系创收等下层组织结构与行为的形塑过程。

第一节　大学财务二级分配制度

1985年修订的《S大学基金会管理办法》规定，S大学经济收益分配按照“各尽所能，按劳分配”和兼顾国家、集体、个人三方面利益的原则进行，要体现：“1. 国家得大头、集体得中头、个人得小头的精神；2. 克服平均主义、‘吃大锅饭’的做法，体现多劳多得，少劳少得，不劳不得的原则；3. 实行岗位责任制，试行岗位津贴或职务补贴的办法（各单位可根据具体情况制订实施办法，报学校备案）。”在各项经济收益核算与分配办法中规定，“各系（室、所）在校内的代培生的学费总收入扣除管理费外，校、系（室、所）按六四分成，即学校得六成，系（室、所）得四成。系（室、所）四成收入，包括支付教学所需的各项开支……各系（室、所）在校外的代培生的学费总收入扣除管理费外，学费一年总收入三万元以内的按四六分成，即学校得四成，系（室、所）得六成；学费一年总收入三万元以上的，按五五分成……各系（室、所）在校内外举办为期半年以内的短训班收入，扣除办班的各项费用开支（在校内办的要先扣除水电、房租、膳食管理费用等）外，纯收入百分百归系、所、室作为酬金和交通费等开支，学校免予提成……代培函授生、夜大生的学费扣除管理费外，各系一年收入三万元以内按校系四六分成，三万元以上按五五分成……”此外，进修生、旁听生、刊授生、代培研究生培养收费，科研成果推广、承担委托科研任务、各系所派出人员参加科技协作，以及厂、农场、办刊及其他社会服务等收费分成都有具体的界定。如科研成果收益分二万元以下、二至五万元、五至十万元、十万元以上四个层次划分不同提成比例，其中二万元以下的，学校基金提成30%、科研经费补偿30%、系所室分成30%、个人提成10%；十万元以上的，学校基金提成50%、科研经费补偿30%、系所室分成16%、个人提成4%。

1993年S大学颁布《关于修改委托代培及成人教育收入分配和管理的暂行规定》，对委托培养和成人教育收入的分配及管理进行修改，确定实行“先收后分，实收实分”的分配办法。学校各单位根据开展社会服务收入活动的不同情况划分为创收（或酬金自筹）单位和非创收单位、补贴单位，包括各教学系和其他19个机关处室、研究机构等二级单位被列为创收单位。文件规定，1993年入学的委托代培生、专科生收费分配：校内住宿及上课的委培生、专科生（文科）收费分配标准为3 400元/生，其中分配学校基建费1 200元、工资基金200元、学杂费670元、图书馆酬金30元、教务处45元、总务处15元、财务处15元、学校分成415元，系发展基金50元、系福利基金760元，即系分成占23.8%；市内办学的分配标准，“将学杂费作为教学实习，试验费和其他教学经费，由系掌握，拨入系教育经费一并使用”，其他不变，系实际占43.5%（含教学成本）；市外办学“学杂费”改为“所在单位管理费”660元和“实验实习费”150元，系发展50元，福利760元，系实际占47.7%（含成本）。1993年入学的代培生及进修、函授研究生收费分配为，代培研究生收费扣除基建费1 200元后，按以下比例分配：“设备及业务费25%，研究生活动费1%（由研究生处掌握），水电费4%，图书费2%，体育设备及维护1%，文印费1%，（列学校经费划到有关部门），导师酬金25%，系发展基金4%，系福利基金2%，研究生业务活动费及酬金12%，图书馆酬金1%，总务处1%，财务处1%，学校基金2%。”“函授研究生收费：系70%、研究生处设备费10%、业务活动及酬金10%、财务处1%、上交学校基金9%。”成人教育本专科生校内脱产班文科收费1 700元（免除实验实习和住宿费），其中学杂费300元，工资基金200元，系发展30元，系福利750元，图书馆酬金30元，成人学院酬金及业务活动费73元，财务处17元，学校分成300元，系占45.9%；校外脱产班：系发展3%，系福利40%；港澳班：系得65%（系所得部分包括教师出境费用、工资、酬金及为办学各项杂支费）。行政干部学院开展社会服务的各项收入，按收入总额的10%上交学校基金。并规定“各系所得酬金包括教学所需酬金、外聘教师工资、公共课讲课费以及教师外出讲课的教学差旅费”。

文件专款强调：“非创收单位开展社会服务收入，应纳入学校统一管理、办理结算和分配，按总收入扣除消耗成本（不包括劳务费）后，20%作为劳务费，10%作为单位业务活动费，20%留作非创收单位集体福利，50%上交学校基金。”

与S大学同在广东的部委属大学或其他省属大学，许多都有创收行为。不过，有的大学的创收行为只是集中在少数几个非全日制教育二级培养单位（如大学的继续教育学院、国际学院等），而S大学的二级院系几乎都成为了创收型院系，甚至在相当长一段时间里，包括机关各部处在内的绝大部分“非创收单位”也都直接开展创收活动。同样是公办大学，为什么会有这样的区别？大学开展创收的主要原因是政府投入不足，而院系等二级单位创收，则与大学的内部财务管理与资源分配制度密切相关。

国家《高等学校财务制度》第五条规定：高等学校实行“统一领导、集中管理”的财务管理体制；规模较大的学校可实行“统一领导、分级管理”的财务管理体制。“依据高校现行党委领导下的校长负责制的统一领导，根据集权与分权的组合情况，高校财务管理的实际运作模式主要有三类：一是集中管理的集权模式，二是分级管理的分权模式，三是混合模式即集中管理和分级管理相结合的模式。集中管理模式是最早、最简单的管理模式，优点是财权高度集中，随时可以调集资金，有利于学校对资金的调控；缺点是灵活性差，不利于调动各级财务管理的积极性，这种模式适合规模小、资金（流动）少的高校。”① 有的大学采用分级或混合模式，财务以大学统筹为主，允许院系有创收，院系的创收由大学和院系按一定比例分成，一般是学校象征性收取管理费，收入“大头”归院系自主支配，采用此模式的高校要么校级财力较雄厚，要么集权制传统较深厚。

“S大学采用的是第二类的分级管理模式，具体即财务二级分配。财务二级分配是指在建立健全财务规章制度、明确内部各级单位权责关系和统一领导的基础上，根据财权划分、事权与财权相结合的原则，由学校、学院进行两级分权管理，学院对学校下达的预算经费和分配的资源进行统筹安排和使用；但由于管理和监督成本高，财务收支由学校财务一级机构集中核算，

---

① 引自财务处时任负责人的访谈。

学院可以设立报账员或财务联络员，负责学院财务报账以及与一级财务机构的联络工作。”①

在恢复高考后，S 大学就保留了校系财务二级分配的做法。S 大学为何不实行财务一级分配？按照时任校长的说法，当初政府拨款不足，学校经费缺口大，单靠学校层面无法独立解决经费缺口问题，只好让各二级单位各显神通，自主创收，以弥补运行经费不足。“为了维护大学的稳定和发展，类似 S 大学这样的学校，需要二级院系创收来帮补。这不是学校的政策要求，是经费投入不足与办学成本增长的矛盾通过其他途径来弥补的结果。如教师收入，如果没有课酬增加的补贴，很难维持在一定的水平，以保障教师工作的积极性。创收活动是政府投入不足与学校办学成本不断提高之间的矛盾造成的，其他高校比如部委属院校、‘985 工程’高校等，政府对它们的投入不断提高，办学经费得到保障，不需要学校自己创收来补贴，所以可以搞财务的一级分配。许多省级高校没有这个条件，才要搞二级分配。”②

在 S 大学，学校规模日益扩大和复杂性不断增加的情况下，传统的集权管理模式受到巨大挑战，资源不足、向上发展的压力、基层诉求的增加等，使学校领导不堪负重，学校采取多种措施减轻压力。其中财务二级分配制度的实施，把大学的部分经费、管理和创收压力下移给院系，同时给院系开展创收留出了政策空间。财务二级分配制度已经实施多年，学校创业与院系等二级单位创收密切配合，共同应对和解决经费压力，改善办学条件和教职工生活，S 大学稳步发展。学校领导认为，实践证明这种制度至今依然适合学校的发展实际，没有校领导愿意对传统惯例进行主动改革。如果 S 大学校级经费收入不发生根本性转变提升，则财务二级分配制度根本改变的可能性极小。

第二节　大学下移经费压力的做法

一、有限的常规经费下拨

依据财务二级分配制度，S 大学根据预算，每年将政府财政拨款和学费

---

① 引自财务处时任负责人的访说。

② 引自 S 大学时任校长的访谈。

收入、其他自筹收入的一部分经费等按照学院全日制标准生人数、列入学校教学计划的学院教学工作量和符合学校业绩分配制度的科研业绩情况、学校给教职工的集体福利、计划生育奖励金等，折合成经费津贴下拨给院系作为集体福利和发展经费，院系根据实际情况与惯例对福利和发展经费予以重新调配使用。此外，大学根据各专项工作的具体情况给相关院系拨付专项建设经费，如“211 工程”项目建设经费、重点学科建设经费、教学质量工程经费、实习经费、学生活动经费、党委工作经费等。同时，大学对院系提出各种建设任务和人才培养质量等主业发展要求。

但是，学校下达的经费总量远远满足不了院系完成建设任务或自身发展的支出需求。2014 年 A 学院的标准生规模超过 3 000 人，比 20 世纪 80 年代末增加了 4 ~ 5 倍。本科专业从单一的师范专业增加到综合性的 3 个专业、5 个专业方向；研究生规模从原来的每年招收硕士生 3 ~ 5 人，增加到每年招生超过 150 人，涵盖 8 个二级学科共 10 个专业方向；博士生每年 10 ~ 11 人，涵盖 4 个二级学科；而学院专任教师人数只有约 90 人，比 20 世纪 80 年代末约减少 1/3，生师比超过 33 ∶ 1，即使把辅导员和有专业技术职称的管理人员计算在内，生师比也超过 26 ∶ 1。这种情况下，有的教师一个学期要上七门公共课或专业课，教学任务特别繁重；许多教师同时还要完成大量的科研任务以及函授、自考、培训班等其他教育教学或服务工作。从规模结构的变化可以看出 A 学院领导和教职工所承受的巨大工作压力。大学并没有也不可能根据各个学院的实际情况给予充分的经费支持，如 2010 年 A 学院的福利和发展经费实际支出 941. 7 万元，而学校拨付的业绩津贴经费为 463. 9 万元（其中包括部分奖励性津贴），占学院支出的 49%，其他年份的情形也大致如此。① 这意味着学院超过 50% 的福利和发展经费需要通过各种渠道自筹。

学校还可能随时压缩下拨经费。如 2007 年 S 大学《关于下达 2007 年财务收支预算的通知》指出：为“建设节约型校园”，“采取强制措施，削减各项开支”，“除必保的人员经费和有关重要项目外，还将采取强制措施，压减 10% 的经费归学校掌握，所有相关项目只按 90% 下预算”。经费减少了，但院系的业务责任并未减少，有的甚至还要加码。为维持学院的正常运行和持续发展的经费投入，学院必须自谋出路。

二、象征性的专项任务拨款

对一些需要院系完成的重点专项任务，S 大学常常只是象征性给院系拨

---

① 数据来源：A 学院年终结算报告。

款，有时甚至没有专项经费的支持。比如争取人文社科国家级重大科研项目的突破，2014 年以前学校的政策是对拿到国家社科重大攻关项目的教工或团队给予配套经费奖励，而项目培育过程，则长期以来要院系和教师自己想办法（从 2014 年下半年起，学校设置科研重大培育项目，对列入学校重点培育计划的项目给予每项 10 万元经费支持）。特别是对一些重大的学科发展任务，学校往往只给任务不给经费。比如在省级一级重点学科建设申报过程中，学校领导在动员大会上要求符合申报条件的各二级学院全力以赴争取拿下，但是，对于该项工作学校没有前期投入，能进入省级一级重点学科建设行列的，学校以后在资源调配时给予倾斜和奖励，没有拿下的就少给或不给资源；在事后的经费分配中，学校对进入不同层次的省一级重点学科给予了不同额度的象征性奖励，许多学科把它用作了人员奖励。在“2011 协同创新计划”申报和创新强校工程等重大项目的建设经费投入问题上，学校采取了同样的处理办法，也就是所谓的“竞争性资源获取”“有为才有位”①。这些重大建设项目的获取往往需要大量的前期经费投入，为了获得学科生存和院系未来发展的基本平台和机遇，各院系只能各显神通，自筹经费开展申报建设工作。

三、开“空头支票”

学校领导解决经费压力的做法之一是给院系开“空头支票”。比如在“211 工程”建设过程中，政府要求各高校要按照政府拨款的相应比例进行配套投入，在立项申请报告中，学校配套经费数据白纸黑字写在报告上。当项目获批，政府经费下达后，大学并未按照相应承诺给予各项目配套经费。据悉，这种现象在国内高校资源竞争与配置愈发激烈的大环境下普遍存在。学校不仅没有配套，有时甚至还会通过一定的方式——如向有“211 工程”建设项目的二级单位“借用”建设经费——将经费暂时补充于学校其他开支。

又如按照上级政府要求，凡是“珠江学者”设岗单位，要给予“珠江学者”特聘教授相应的经费和场地支持，这些内容要写进学校与设岗学院和珠江学者特聘教授签署的协议进行备案。当学院领导向学校职能部门负责人表示没有这部分预算和场地时，学校职能部门负责人说：“……学校也很难配套。如果学院有资源就给，没有就跟教授本人解释清楚就行了。因为省里要有这些支持承诺才会批准（设岗）。”事实上，为“珠江学者”特聘教授

---

① 引自 S 大学某前校长讲话。

提供配套经费和工作场地的承诺都写在协议书里，但这样的“承诺”往往没有兑现。

四、机关绩效工资与院系不对等

S大学向院系转移经费压力的另一个事例，是在绩效工资改革中对学校领导和机关工作人员待遇的规定与对院系教职工的规定不对等。在一段时期内，校领导和机关部处人员的绩效工分基数定得比院系同类人员要高得多，校领导和机关干部可谓“旱涝保收”；而院系领导和教职工只有基本工分。改革前，校内各单位收入待遇高低不同的现象就已存在，有的院系富有，有的院系待遇较差，而机关工作人员总体收入水平与院系教职工平均收入水平相当；改革后，机关待遇总体提高了，院系的待遇总体相对下降了，且由于创收形势的变化和各自创收能力的不同，院系间经济收入待遇差距依然存在且不断加大。所以教代会讨论绩效工资改革期间，各院系代表团提出质疑，认为学校领导和机关单位工作人员绩效工分定得过高，院系上缴创收提成为机关人员收入提高做出贡献，而院系则要“拼死拼活”，还不一定赶得上机关的待遇，十分不合理。对于院系的质疑，学校领导在教代会上解释说：“学校是按照国家相关规定，也参照了一些兄弟院校的做法来制定绩效工资办法的。学院是创收单位，你们有了基本保障，但是还有学院的自主创收，有机会拿得比机关多。”最后，教代会各代表团要求降低机关工分、提高院系基数的意见没有被采纳，学校还是按照讨论稿的方案发文执行。许多院系领导为了平衡教职工收入与机关干部收入的差距，为稳定军心和调动教职工的工作积极性，只能通过努力创收来帮补教职工福利和业绩津贴。

五、从院系的“口袋”掏钱

当学校经费紧缺、学校领导又无法获得更多的外部资源时，会采取从院系的“口袋”要钱的办法渡过难关。2008年，上级政府部门颁布政策，允许各高校在教职工工资结构中发放一定标准的住房补贴，经费由各高校自筹。S大学领导层通过校长办公会议商议如何落实此项政策，最后决定按政策水平筹资发放教职工的住房补贴。这样学校每年需要增加预算开支约900万元，学校当年能够筹集到300万元，剩下不足部分，决定通过提高对院系创收的提成比例来解决。随后学校发文调整各二级单位创收向学校缴交提成的比例，各类二级单位创收项目提成统一提高10%。比如对举办普通培训班等性质的创收收入，学校在入账经费（毛收入）中扣除的比例从原来提成15%提高到25%。校长办公会议纪要出台后，学校当年就从院系创收中实施提成经费划拨。这项政策等于学校一次性拿走了院系10%的创收收入，打乱了院系的经费预算，一下增加了院系的经费和创收压力。加上这一措施无形中增加了院系创收的成本，也影响了院系对创收工作的积极性。校长在学校中层干部大会和学校教代会会议上解释说："上级政府有政策但是没有给钱，学校为了保障教职工的利益，即使没钱，承受巨大的压力也要帮老师们解决补助问题，因为现在我们不发，以后有钱了可能也发不了；现在咬咬牙发了，列入工资结构里了，以后到退休都有保障。一下拿出900万元，学校的确有困难，所以提高二级院系的创收提成比例，请大家理解。以后等学校有钱了，再还给大家。"

在大学财务二级分配制度下，尽管表面上院系有一定的经费自主权，但学校控制着政策的自由裁量权，院系实际上处于被动接受的地位，经费压力、管理压力和创收压力巨大。许多院系领导和教代会代表多次提出希望学校改革财务制度，实行学校集中统筹的一级分配模式。面对院系的诉求，学校领导多次回应道，如果学校财力雄厚、经费充裕，可以考虑实行一级分配。但是后来校长明确表示："从目前学校的实际情况来看，全校通盘实行一级分配我们恐怕做不到。"

第三节　财务二级分配对学院创收行为的激励

1999年起S大学开始大规模扩招后，学校资金供求矛盾更加突出，学校难以满足院系发展经费诉求的矛盾加剧。学校压力的很大一部分转由各个院系来承担。例如，2013年学校财政预算支出超出预算收入12 288.25万元，支出的需求远远超过收入总量，因此学校提出："学校及各级部门一方面须积极拓宽收入来源渠道，增加学校实际收入；另一方面要切实加强预算支出的管理和控制，坚持'务实、节俭、高效'的原则，从而缩短预算收支差距，为学校事业进一步发展提供财力保障。学校应积极争取上级财政拨款和收费政策支持；应充分发挥管理、组织、监督的作用，积极收取校外单位占用学校资源费用，防止学校资产流失；应进一步拓展科技服务和教育服务的社会领域和深广度，增加产学研服务收入；应积极开展教育发展基金会工作，大力争取校友及社会捐赠资金支持学校发展。"对院系和有关创收单位也明确了任务："各院系应继续积极主动催缴学生欠费；应积极收取校外合作办学收入，及时回笼资金，维护学校利益。各附属单位、各独立核算单位和后勤中心应及时足额上缴学校资金；应按协议及时足额返纳工资和水电费等。”① 大学艰难的财务状况，加上原有的院系创收传统，使各院系纷纷抛开对校方经费扶持的幻想与依赖，努力通过自主创收来解决院系稳定和发展对经费的需求。

大学财务二级分配制度允许和鼓励院系在合法合规前提下，对学校下拨的经费、资源以及自主创收收入进行二次调配。大学对教学业绩津贴、科研业绩津贴等的发放是依据教职工个体实际劳动结果，按照47元/学时（2014年）的标准来计算并下拨到院系福利和发展账号上，如果院系要统筹使用集体福利和发展经费用于发放教职工工作酬金，又要考虑平衡教学人员与行政教辅工勤人员的收入待遇、提升教职工工作积极性，就只能在此基础上做增量而不可做减法，并要兼顾院内分配的公平性，否则不但起不到激励作用，可能还会损害教职工的积极性。做增量和兼顾公平，就要另外增加经费，这些钱只能依靠院系的自主创收。

S大学“对各类创收活动逐渐形成了学校一级管理、院系保留部分财务支配权的格局，即学校对所有收入进行统一管理，在院系创收部分，学校收取一定的提成比例后，剩余部分由二级院系分配，院系对创收收入有一定的自主支配权”②。财务二级分配制度下，哪个院系创收收入多，哪个院系的教职工福利就好，院系的和谐稳定和学科建设、人才培养以及党建等工作也有了坚实的物质基础。因此，不同院系之间教职工福利待遇高低的横向比较，常常成为院系领导努力创收的压力和动力。

不得不采用的自主调配权进一步诱导和迫使院系领导力图通过创收掌握更多的经费自主权，从而掌握工作的主动权。在此意义上，财务二级分配制度激励了院系自主创收行为的选择。

“二级管理模式的优点是既能调动二级院系的积极性，又能集中全校的财力搞好学校建设；缺点是二级院系的财权有限，不能完全自主理财。至于创收分配方式是财务一级还是二级，这是高校的内部管理之分配制度问题。政府要求高校要建立、完善内部管理体制，在法律允许的范围内，拓宽来源渠道，积极筹集办学资金。”③ 20世纪80年代以来，在全国经商热的大背景和政府政策的鼓励下，许多高校也不甘落后，纷纷开拓创收渠道，特别是在地处改革开放前沿阵地的广东，更是紧跟潮流。财务二级分配体制下，S大学1985年修订的《基金会管理办法》、1993年出台的《关于修改委托代培及成人教育收入分配和管理的暂行规定》等政策，直接激励着大学及其二级

① 引自S大学教代会报告。

②③ 引自S大学财务处时任负责人的访谈。

单位的创收行为。广东省高教局《经费预算的通知》等政府政策也明确要求各高校“发挥高等教育的优势，挖掘潜力，开展有偿服务，合理组织收入……”受到政府和学校鼓励创收政策的鼓舞，S大学各二级单位纷纷放开搞活，大学一度出现众多的校办企业和二级院系（所）创办的营利性机构。尽管后来政府要求企校分离，加上经营管理等问题，许多院系（所）创办的机构关闭或调整，但是通过多渠道开展自主创收改善院系财务状况的传统做法一直延续至今。

第四节 大学综合管理对院系创收行为的规范与助推作用

近年某月，S大学召开二级单位书记会议，学校领导在会上宣读了两份文件，分别对下属两个二级学院违规开展创收办学并因此造成严重不良后果的行为给予全校通报批评，并责成其中一个学院的党委书记代表学院领导班子在会上就有关事件做检查。该学院党委书记在检查中主要介绍了学院通过对外合作办学开展创收的做法，并强调该做法是对过去学院创收做法的延续。合作单位已经合作多年，合同也是续签并按规定上报了学校职能部门备案，学院只负责提供场地和师资，其余业务由合作方负责。只是此次合作单位没有依据合同行事，在新一期的招生过程中使用了虚假夸张的广告信息，导致部分学生家长闹事、媒体关注，对学校和学院的声誉造成损害。会后，该书记表示，抓创收是为学院教职工谋福利、为集体工作，合作协议是自己代表学院签署的，因此代表班子做检查也没感到特别羞愧，但也感到无奈：“有什么办法！上面拨下来的经费远远满足不了学院运转的需要，想要老师们安心工作，学院就得另想办法。二级学院党委工作没有其他好的抓手，抓创收还能比较实在地为学院和老师们做好事。今后创收还要继续抓，合同还要继续签，只是强调必须经过班子集体讨论且都通过。”同时，该书记也认为，这样一个结果对个人来说有点儿委屈。

从纵向行政管理角度看，中国公办地方大学多实行校、院（系、所）两级管理模式。由于我国实行“党委领导下的校长负责制”的高等教育管理体制，在院系一级实行“党政联席会议”制度，所以在校、院（系、所）两级管理中同时并行着党的领导和学校行政管理两条垂直管理线，再加上“教授治学”等学术权力以及工会教代会等群众力量的参与，各种管理关系相互交织，形成中国高校内部“井”字型的管理矩阵模式。院系创收行为更多地受大学财务制度体系等行政管理条块的直接作用，同时也受到政党管理体系的制约和使能。

一、财务预算管理

在财务二级分配体制下，S大学财务制度体系的许多具体政策对院系的创收活动产生制约或激励的作用，财务预算管理制度便是其中之一。

为了对院系的财务行为实施规范化管理，S大学对下拨各二级单位预算经费的使用做出规定："各级领导、项目负责人必须控制使用好有限的预算资金，充分发挥资金的使用效益，并加强对各项经费的审批监督，严格按学校预算规定的范围及标准开支，不得随意新增使用项目、改变使用内容、扩大使用范围、超出使用金额。各单位在学校尚未同意追加预算时，不得自行先增加支出，不得在下一年度要求学校补项目缺口。"① 院系的建设发展需要根据不同阶段、不同建设内容或各种临时性、特殊性情况去灵活调配各种资源，学校经费拨付与学院许多业务需求之间还存在滞后性，但是除了学院福利和发展经费外，学校预算管理规定极大地限制了对其他有关经费进行自主调配。学校下拨的预算经费不及时、不够用、不好用，院系若想根据实际需要灵活调整经费投入，只能在自主创收方面想办法。

二、对院系创收的管理规定

S大学有许多具体文件和政策与院系创收管理相关，有的直接针对创收问题发文，如《S大学基金会管理办法》《关于修改委托代培及成人教育收入分配和管理的暂行规定》《关于调整部分委培收入分配办法的决定的通知》《关于〈关于调整部分委培收入分配办法的决定的通知〉的"调整部分"补充说明的通知》《S大学非全日制办学管理规定》《S大学自学考试独立办班管理办法（试行）》《S大学开展中外合作办学项目管理办法》《关于禁止校内举办考研辅导活动、清理在校社会考研辅导机构的通知》等，有的体现在学校预算管理规定、教代会财务报告、校长办公会议纪要、人事制度改革、业绩津贴和绩效管理规定、财务审计、专项收费检查等其他管理制度或文件中。直接对院系创收实施管理，既可以引导院系努力创收，使之按照学校指引的方向去行动，通过创收提成增加学校收入，也可以监督和制约院系的经费管理和创收行为，促进院系工作规范化建设，降低大学的办学风险，体现大学对品牌声誉的维护保护。

针对院系的创收行为，S大学主要采取了以下的管理措施。

---

① 引自S大学文件〔2013〕54号。

一是规定学校对院系创收的提成比例。1985 年的《基金会管理办法》是学校对二级单位创收提成的早期政策依据。随着形势发展，S 大学也不断对有关政策进行调整。例如，大学 1995 年《关于〈关于调整部分委培收入分配办法的决定的通知〉的“调整部分”补充说明的通知》规定：“从一九九五年九月起，委托代培本、专科学生的学杂费的分配标准以一九九三年的分配方案为基础，一九九四年后入学的每个代培生比一九九三年多交增加的学杂费部分，按每个代培生（不分文理科）120 元的标准分配给系作为酬金，其余部分作为学校基金。”学校对二级单位创收的提成比例有时“一刀切”，但更多的是根据创收项目的性质和学校投入的大小，不同项目有不同的提成标准。此举对学院创收有一定的激励作用。在实际执行中，学校会根据情况变化对提成比例予以调整，有的院系会以各种理由向学校领导争取减少甚至免除部分创收项目的提成，学校领导也会对个别项目或个别院系在某些创收项目上采取降低提成或者免予提成的特殊优惠政策加以扶持。

二是规定二级单位的创收行为必须合乎规范。无论是学校《基金会管理办法》还是创收收入的其他管理办法，都对二级单位的创收行为有较明确的要求。如《基金会管理办法》指导思想规定：“学校创造计划外的经济收入和分配，必须严格遵守党和政府的政策、法令和各项规定。各单位和个人从事对外科技服务、人才培训、生产以及其他各种服务项目的活动及其经济效益，必须在学校统一组织、管理和监督下开展。任何脱离学校的管理和监督的做法都是错误的，是不能允许的……反对‘一切向钱看’的倾向……有利于各项创收活动持久地健康地发展。”又如，2002 年校长办公会议专题研究了“关于校部机关创收福利留成问题”，会议决定：“（一）校部机关改革的目标是职能分离，将经营性与管理性职能分离，校部机关只有管理与服务职能。（二）鉴于校部机关的现状，完全实现职能分离需要一个过程，同意财务处提出的处理方案，但必须注意：1. 机关的收入一定要规范化；2. 从总体上讲，部分机关人员原来偏高部分的收入所得一定要降低，否则，就与改革的最终目标背道而驰了；3. 这一方案在一年内有效。（三）方案名称应改为‘校部机关创收部分使用管理办法’。（四）要处理好校部机关与院系之间，校部机关内部之间的关系。”① 在一段时间里，这类与创收和分配相关的文件几乎每年都有。

三是通过专项检查和对院系财务公开的要求，对院系财务管理和创收过程进行监管。几乎每一年大学都会根据上级要求开展治理乱收费等专项检查，或者诸如治理“小金库”等专项检查。大学发文要求各院系实行党务公

① 引自 S 大学《校长办公会议纪要》等文件。

开和院务公开，必须定期或不定期向教职工公开院系财务收支情况，并要求院系的财务工作要接受院系教代会等群众组织和教职工个人的监督。

四是对个别违法违规的创收行为予以惩处，包括对违纪违法的创收当事人予以行政处分，配合有关部门的调查和处理，学校在一定范围内对违规创收行为的通报批评，要求违规创收的院系负责人在一定范围公开检讨，等等。在学校措施制约下，院系创收行为得到一定的管控和规范引导。

三、专项业务经费管理

S大学各职能部门通过对专项业务经费的管控，对院系经费使用进行管理。学校领导和职能部门对大学专项业务资源与经费的调配有绝对的控制权，学校相关职能部门掌管着大学主业建设的经费下拨和使用办法的制定权、拨付权。如教务处负责全校本科生教学工作经费的使用办法和拨付办法的制定和管理使用；科研处（科技处、社科处）负责科研经费的使用办法和拨付办法的制定和管理使用；研究生处负责研究生工作经费的管理使用；学生工作部（处）和团委负责学生日常管理和课外活动经费的管理使用；党委组织部负责基层党建工作经费的管理使用；宣传统战部负责党委宣传工作和统战工作经费的管理使用；人事部门负责校内各二级单位绩效标准的制定、考核和核发绩效工资与奖励等。在各类经费管理使用过程中，各条线基本是规定专款专用，不得随意挪作他用，院系的自主权非常有限。

S大学长期以来比较重视科研经费管理使用的制度建设，特别是中央八项规定和反腐倡廉的举措、社会各界对学术界科研经费贪腐现象的关注、政府出台一系列规章制度规范政府拨款科研经费的依法依规合理使用等因素，促使S大学进一步强化有关政策，将各类纵向和横向科研经费的使用纳入更严格的经费使用管理规定和考评之中（事实上，政府和学校都很难知道和评价教师实际的科研过程）。在院系层面，各项科研经费不可能根据院系的科研和学术需要自主调配使用，但院系的各类学术活动还要推进，只能在比较灵活的创收收入中来考虑对政府和学校经费计划外的学术活动给予支持。如果没有创收经费的支持，院系外聘专家的学术活动、院系对外学术交流、青年教师科研扶持、院系重大科研项目培育、院级学术机构的扶持、学生课外科研和学术的引导扶持等，都可能无法推进，所谓院系科研和学术活动的“自选动作”只能成为纸上谈兵。

有的学校领导和部门制定经费管理使用办法时，还专门指定由院系的相关业务分管副职签批经费。如学校学生活动经费指定由分管学生工作的副书记签批，不需经过党委书记；教务处指定教学工作经费由各院系分管本科教学的副院长签批，不需经过院长等。学校层面直接指定二级单位分管副职签批专项经费，一方面，从经费使用的角度看，能相对保证专项经费在所属业务领域的使用，也扩大了院系副职领导的自主权，调动其管理工作积极性；另一方面，从院系整体工作统筹角度看，这种签批模式难以让院系院长（系主任）和书记从宏观需要的角度出发整合资源，不利于院系主要领导对各线工作的统筹考虑，同时，也与学校规定二级院系实行财务“一支笔”的责任制相矛盾。这种体制为院系专项经费签批与其他业务的协作及院系政治平衡留下了隐患。

学校对各类经费管理使用的诸多限制，迫使院系只有加大创收力度，获得更多可灵活支配的经费，才能取得一定的办学主动权、保证院系的稳定运行。

四、大学强调“抓主业”

多年来，围绕上级教育主管部门提出的发展要求，S大学开展了一系列的学科建设运动。如2010年教育部开展第九批国家一级学科博士授权点建设申报，是时隔五年后一项重要的学科建设工程，地方政府和有关高校为了获得新一轮发展机遇，不惜投入大量人力物力进行比拼。S大学校领导也把该项工作作为“重中之重”列为学校当年的头等大事，在各类会议场合积极动员，并指示凡是符合基本条件的学科专业都要积极申报，强调如果错过这次机会，就不可能获得学校后续的资源支持。为了帮助院系开展相应工作，学校同意支持每个申报学科大约6万元的申报工作经费。有的院系为了获得一级学科博士授权点，几年前就利用院系创收所得经费开展了相关工作，包括邀请国内同行专家到院系讲学交流、组织学术会议扩大本学科的行业影响、外出拜访国内权威学者推荐本学科建设发展成果等。为了争得新一轮发展机遇，A学院也为此组建了专门的工作团队，根据学院实际开展了大量细致的工作，先后投入工作经费十余万元，学院创收收入的作用在此项工作过程中得到充分体现。

接下来的2011—2015年，S大学面临的重要学科建设工程（项目）包括：广东省一级学科重点学科建设申报、国家“211工程”三期建设项目验收、国家和省级政府推出的“2011协同创新计划”、广东省高校创新强校工程、广东省高水平大学建设、“长江学者”和“珠江学者”等政府特殊岗位设岗申报、国家和省级各类重大重点科研项目和奖励的申报、学科专业评估等。学校领导将有关任务分解后推向基层，要求各个二级单位按照上级和学校部署，围绕专项工作推进学科和人才培养建设。校长和党委书记多次在学校中层干部大会上说，紧跟上级的要求，是学校和院系发展的机遇，学校这些年的大发展，就是因为把握住了几次大的机遇，包括进入“211工程”、进驻大学城等，现在是搞省部共建、创新强校、高水平大学建设，哪个学科上去了，就能获得更多资源和更大发展机遇，谁要是错过了、不参与，就没有资源，就可能失去后续发展的机遇。学校领导多次表示，学校的资源就是要按照动态竞争的方式来调配使用。

计划内的全日制人才培养是政府赋予S大学最主要的办学使命，也是S大学教学科研和学科建设等学术主业的内涵所在。S大学领导经常提醒和强调院系要“抓主业”，要集中精力搞好教学科研、人才培养质量和推进学科建设。在已经公布的《S大学章程》中，以“校法”的形式提醒各学院要牢记主业使命：“自主实施人才培养、科学研究、社会服务，坚持文化传承与创新。”[①] 学校“致力于培养具有高深知识、宽广视野和健全人格，富有责任意识、创新精神和实践能力，追求卓越、自主发展，引领教育和社会发展的高素质人才”。“基本教育形式为全日制本科教育和研究生教育。”[②] 2015年颁布的《学院治理规程》更是汇集了大学多年来对二级学院抓主业责任的具体规范和要求。学校许多领导和校部机关的负责人认为，实行财务二级分配制度给了基层组织更多的自主权，院系可以通过自主创收实现教职工待遇提高和促进教学科研以及学科建设，有利于院系的发展。但是，各二级院系抓创收的同时分散了其对主业的精力和资源投入，有时还因为不规范的创收行为给大学和院系带来经济上和声誉上的损害。所以，大学领导希望院系能够在保障基本平稳运行的前提下，将主要精力放在提升教育教学质量特别是提升学校名声上。而院系主业使命任务的完成是与相应的经费投入分不开的。

为了加强对院系“抓主业”工作的引导与监管，S大学近年来开始按照上级要求推行“绩效考评”制度。每到年底，学校人事部门发出《年终考评通知》，新年过后，学校通过全校中层干部大会动员布置、会上PPT展示院系的主要工作情况、编制学校和各二级单位绩效的《事业发展白皮书》、汇总各单位工作总结印制分发给与会人员、学校领导对二级单位工作考评、二级单位领导相互考评、院系教职工民主测评等方式，考核院系班子和院长书记的工作。有时考核采用百分制，有时采用等级制，最终考核评价指标分为“优秀”“称职”“基本称职”“不称职”四个等次；考核结果确定为“优秀”“合格”“不合格”三个等次。大学编制《事业发展白皮书》的意图

---

① 详见《S大学章程》第八条。

② 详见《S大学章程》第九条。

是通过院系之间工作“产出”的相互比较，刺激各院系围绕主业努力工作、取得成效。在不保障对院系的投入以及不考虑院系规模及学科特点的前提下，只比较“产出”结果，实际上是给院系领导施加压力。有的院系领导转向为《事业发展白皮书》的指标订制院系工作目标，而不是以学科合理协调发展和高素质人才培养为目标。更多院系领导考虑如何加大投入抓主业建设，不要让院系的指标“太难看”。

院系为了得到政府和学校的政策、经费和资源支持以获得新的发展平台，常常主动顺应学校要求，争取把握每一次建设运动的机会。但是对每一项重要项目或工作而言，学校的投入毕竟非常有限，而且有时是零投入，有的是事后给予部分奖励。为了达到预期的工作目标和效果，院系便要从自身掌握的经费中重点投入，这些投入往往是学校支持经费的数倍甚至更多。而且经费的投入还要冒巨大风险：一是经费使用是否符合相关财政纪律和审计法律法规；二是经费花出去了，精力和其他资源也投入了，却不一定能取得成功或达到预期效果。

主业目标对经费、资源投入的需求也推动着院系努力增加收入。其中部分院系利用学校指定的任务职能，积极开拓创收渠道。比如，部分院系每年必须承担广东省高考阅卷的重要政治任务，有的院系利用评阅高考卷的权威影响，在阅卷工作结束后或高考前，通过组织“高考研讨会”、编写辅导材料等，一方面拓展“服务基础教育”职能，另一方面为院系增加创收收入。

学校强调“抓主业”，一方面使院系为了确保业务发展的经费投入而加大自主创收力度，另一方面又把许多院系用于开展创收的人力、物力、财力拉回来，集中到完成政府和大学交付的计划内全日制人才培养使命或短期专项目标上。院系常常在这样的悖论情形下艰难前行。

五、常规业务管理与监督

S 大学通过多项管理制度管控院系的行为。如学校党委颁布《S 大学党政领导干部问责制实施细则（试行）》（以下简称《问责制》）对有关领导干部进行管理，《问责制》实施的干部对象“是指由学校任命或聘任的副处级及以上干部（含参照管理）”，即包括机关部处正副职和二级院系的党政正副职在内。“所称问责，是指领导干部不履行或不正确履行职责，失职渎职而给学校和社会造成损害，或产生不良影响和后果的，由学校党政领导干部问责工作领导小组按照干部管理权限规定对其进行责任追究。”对领导干部在决策失误、工作失职、管理监督不力、滥用职权、对群体性突发性事件处置不当等 5 大领域 23 个责任后果予以问责，并严格规定了问责方式和程序。

学校通过颁布《关于推行党务公开的实施意见》《S大学二级党组织党务公开指导目录》《S大学二级单位院务公开指导目录》等文件，纪检监察部门实施党务院务公开工作专项检查，召开学校机关部处长和二级单位书记会议专题总结通报交流等办法，推动党务、院务公开监管工作。在党务公开和院务公开的管理制度中，院系党委书记是党务公开第一责任人，院长是院务公开第一责任人。院务公开最核心的是财务公开以及重大决策事项的公开等。

S大学每一年度的党政工作计划和要点，都涉及对院系的有关治理办法和资源调配原则。如大学某年度党委工作要点之一，是加大人财物资源配置和管理机制改革力度，努力建立以学科为导向，基于任务、绩效和贡献的人力资源配置和治理机制。大学该年度行政工作要点对此更加细化："启动学校与二级单位管理体制机制改革研究与试点工作，推进管理重心下移，着力厘清校院两级的权责关系，逐步扩大二级单位办学自主权，激发基层单位改革与发展活力。"为拓宽学校财源，同时规范各级各类创收行为，大学在年度工作计划中强调："规范非全日制办班办学管理，推动网络教育与继续教育持续发展……加强办学模式、教学形式、人才培养方式的完善与创新……完善健全非全日制办学管理规章制度和流程审批，继续加强合作办学法律法规宣传教育，强化非全日制办学办班活动的指导监督。"

在常规管理工作中，S大学及其各业务主管部门常常通过文件或通知，明确强调要求院系党政一把手对某项具体工作承担组织领导职责。如本科和研究生招生季节到来时，学校要求各院系成立招生工作领导小组，院长和书记同时兼任领导小组组长；院长、书记要兼任院系年终考核工作领导小组组长；上级党委纪委每年组织开展纪律教育学习月活动，要求院系党政领导兼任院系纪律教育学习活动领导小组组长；通过签署《就业工作责任书》落实就业工作"一把手"工程，明确院长、书记是院系就业工作"第一责任人"；等等。据不完全统计，学校通知、文件要求院系一把手任组长或负责人的专项工作每年都有十几项，最多时超过二十项。

S大学通过校内学科平台调整，对院系推荐申报的各类校级学术（研究）中心实行拆、并、撤后重新选设重新洗牌，进行资源重新调配。学校声明，对于各类校级学术（研究）中心，学校只给政策，不给场地和启动经费，只根据日后的成果产出情况决定是否奖励、奖励多少。许多挂靠院系的校级学术（研究）中心都希望得到院系在办公场地和经费上的扶持，并承诺以学术成果产出为回报，这让院系领导很为难。

S大学常常通过各类专项工作检查制度推进院系管理。比如本科教学水平评估检查、常规教学工作检查、期末考试检查、实验室建设检查、非全日制办学情况自查与检查、"小金库"问题自查与检查、二级单位领导岗位风险排查等，有的是大学自身的要求，有的是大学根据上级要求抓落实的专项工作。检查的目的一是规范二级单位的管理；二是引导院系班子抓人才培养主业，引导院系党委抓党建主业；三是将检查结果作为学校相关资源再分配的依据。对于非人才培养主业的专项工作，如“工会小家”建设、院系书记项目、党建特色项目等，学校有的有少量前期投入，有的需要院系投入维持经费。

在大学各类工作要求下，为了完成学校任务，院系主要领导需要统筹协调各项工作，开发、调动各类资源，许多工作需要院系经费投入来推动和加以保障。在学校投入有限的情况下，院系自主创收对各项工作投入支持的多少，常常直接影响工作成效。

2014 年，S 大学推出新的改革方案——《S 大学实施“创新强校工程”全面深化改革的工作方案（2014—2016）》，决定“推进管理重心下移，构建二级单位自主管理、竞争发展的运行机制；学校与二级单位实行目标责任管理，二级单位依据目标任务，竞争性获取学校资源，自主改革、竞争激励、创新发展，学院根据目标任务统筹人财物资源调配，学校下放管理权力；学校根据二级单位发展成效动态调整资源配置和支持力度；在三个校区选择具有改革特色的若干学院先期进行改革试点”。学校期望以新一轮“创新强校工程”，在少增加或不增加学校投入的基础上，以竞争性资源调配模式替代原有补偿性资源分配办法，激励院系为获得资源和发展空间而产出高端绩效。对院系而言，意味着今后若想得到更多的发展机遇和学校的资源支持，必须先行投入，干出成绩，“有为才有位”，而且不能越矩。

六、学校的奖惩办法

S 大学校级奖励办法对被认为做出“积极贡献”的基层个人或单位予以表彰，对获得重大科研平台和项目的单位或个人给予奖励。如国家“211 工程”三期建设项目验收被评为“优秀”等级受到教育部表彰奖励后，S 大学对项目建设相关单位、院系和项目负责人进行表彰和奖励；对获得省一级重点学科建设立项的院系，学校根据立项层次分别予以表彰奖励等。这些奖励经费都是院系额外的资金补充。受表彰的院系也会论功行赏，奖励相关人员。学校保持对人才培养主业贡献的奖励措施，会促使二级院系重视对显示度高的业绩追求，加大对主业建设的资源投入，间接地激励院系加大自主创收的力度。

前面提到，S 大学对院系的创收行为有一套管理措施，为了规范院系创收行为，学校对不听指令、造成不良影响的院系、单位或个人给予相应的处理，包括一定范围的会议通报、行政处分、要求公开检讨、配合移送司法机关等。一些违规违法事件曝光后，学校借助纪律作风建设和落实中央八项规定等契机，调整管理思路，其中包括将非全日制办班管理由原来校级委员会管理，改为纳入学校社会服务处统一管理。学校要求各二级单位对外非全日制办学必须经由社会服务处审批，由学校层面对外签署协议，不允许院系直接对外签署合作协议。这种调整在一定程度上削弱了院系的办学自主权，制约了院系创收行为不受学校控制的“脱轨”趋势。

比较温和、成本低廉的的奖惩方式是表扬或批评。S大学领导常常利用各类会议或活动对院系的工作或有关人员的表现进行表扬或批评。当学校希望推进某项工作，就会在相应的会议上表扬先行一步的院系或团队。如果觉得哪个单位工作没做好，学校领导也会以点名的方式进行批评。有时，学校领导会以是否莅临哪个院系、莅临的次数等，来表达对该院系工作的认可与否。

表扬和批评在一定程度上会影响有关院系和个人的工作状态，有的会受到激励，有的则会消极应对。前述因创收问题做过公开检讨的某学院书记，事后表示依然愿意负责学院的创收业务，只是在协议签署程序上更加严格地按照学校的规定进行。

七、通过“吹风”宣传学校的管理主张

在S大学“关于实施创新强校工程，落实高水平大学建设”工作会议上，时任校长谈到学校的目标是争取进入广东省重点建设的高水平大学之列，并着重介绍假如学校能够进入该行列，就可以获得资源和经费的增长，并就学校资源调配改革的思路进行介绍，强调竞争性资源获取将成为学校改革的主要导向：

“从明年开始，我们估计每年有3到3.5个亿的经费增加，作为高水平大学建设的经费保障。按说我们的经费还是不够，特别跟我们确定的追赶目标相比，差距还比较大……如何建设？只有改革，深化改革……第一要符合省委省政府要求，第二要符合学校的要求，第三要符合未来发展的规律需要……学校也要把省里的要求向各二级院系提出……可以负责任地告诉各位院长、学科带头人……对于哪些单位能够获得学校的资源支持，学校的措施一是内部调整、内部竞争……二是一级学科建设（相应学科在全国排名）在现有基础之上要前进10%……都不能原地踏步……为什么？因为接下来我们重点大学的建设是这样的：资源摆在这里，你要不要是你的事，我们实行竞争性资源调配，想要，就要提高你的目标去竞争性获得；你说你不前进你后

退，那就不要，你自己边缘化……”校长强调，学校将实行人财物权力下放，编制范围内学院对人员招聘有决定权。而经费的问题，“一个（方案）是把政府拨给学校经费的62%下拨到学院，由学院统筹使用……从目前学校的实际情况来看，通盘地实行一级分配我们恐怕做不到，但是完全像现在的二次分配也存在很多弊端。我们看了一些数据，我们在教学科研做得很好的单位，往往是待遇收入比较差的单位，这就有问题……那怎么样才能够更加合理地进行改革呢……经济上给二级单位更多的自主权。现在是三块经费，一是现在二级学院的创收，你们的各种培训、办班，学校降低提成的10%返还给学院……二是把学校现有教学科研经费，按照一定的条件，下拨给学院掌握……三是从创新强校、从重点大学建设的经费竞争性地获取……”

全校中层干部会、学校战略研讨会、教代会、各类专项工作会议、报告会、座谈会等往往是大学领导为推进某些工作或改革的“吹风”场所。“吹风”的效果是提醒大家做好思想准备迎接新的变化。从校长的“吹风”不难看出，学校改革将会进一步把大学发展的压力下放给学院，特别是对学院经费、资源的支持模式，要打破人人受益的“大锅饭”式补偿性模式。今后各学院想要获得更多的经费资源，一是靠做出“好成绩”来取得上级的竞争性经费资源，二是靠自主创收。

第五节　本章小结

在组织场域内，大学通过制度设计，自上而下迫使和诱导院系开展创收活动，学院的创收行为也能动地影响着大学的管理与决策。

院系开展创收活动最直接的制度原因是大学的财务二级分配。以财务二级分配制度为核心的学校基本财务与资源调配管理体系决定了院系的基本财务状况。由于大学下拨的经费往往无法满足院系运行的实际需求，大学财务二级分配制度、创收激励机制、其他竞争性资源调配政策、大学对院系完成学校主业目标的制度要求和大学对院系的相关管理要求等增加了院系的财政压力，强化了院系通过创收解决经费和资源问题的行为。经费压力和大学提供的创收制度空间是院系开展创收的重要推动力，获取可自主支配的经费收入是院系创收的直接目的。

大学通过多种方式将创收压力转移给院系，其中财务二级分配制度是导致院系经费压力和创收行为的重要制度根源。迫使院系走向创收型院系的大学制度力量还包括：大学的战略目标——它对院系完成主业目标提出了超出院系资源承受力的高要求，间接增加了院系领导为促进主业发展而加大经济投入的财政压力；大学其他资源调配制度和管理制度使院系领导有更大的资源和经费危机感；为满足大学对院系完成主业任务的要求而做的努力、为完成主业任务而推进院系的创收工作等，体现了大学和院系领导的责任感和承担意识，这充分体现了规制性和规范性制度要素在院系创收行为制度化过程中的作用。在院系争取下，学校领导通过手中权力减免院系创收提成等做法，反映了大学和院系惯例性做法以及校、院领导对学校创收提成制度的互动建构，这是制度的规范性和文化-认知性要素的功能作用。院系等二级单位的创收行为反过来影响大学的管理和决策，体现了院系行动者的能动性，也反映了上下层级组织的制度结构之间相互强化的建构过程。

大学相关制度环境对院系创收行为的形成与强化，体现了自上而下的制度扩散过程对新的制度形式——院系创收行为制度化的催生与强化作用。院系的创收行为反过来对大学的分配和管理制度产生的能动作用，是自下而上的制度建构作用，我们将在后面的章节进一步加以探讨。

第五章
治理层理解认知与学院创收压力

中国高校的院系是“按学科、专业性质所设置的，承担教学、科研、社会服务具体职能的，享有一定的人、财、物管理自主权的二级办学实体；是在学校统一领导和宏观调控下，具体实施有关教学科研、学科建设、学生管理、党的建设和思想政治教育等各项工作的二级管理组织”①。高校院系具有政治管理、行政管理、学术管理三大职权，同时承担了人才培养、科学研究、服务社会等职能。在教育组织场域中，政府和社会治理层是大学的上层治理结构，而大学又是二级院系的上层治理结构；相对而言，院系领导层成为大学与具体的教职工行动者之间的中间治理层，其行为既受大学制度体系的塑造，也主导对院系教职工行为的塑造；院系领导和教职工的行为也反作用于大学。

在S大学，创收成为诸多二级学院领导的关注重点和压力。在为达成大学赋予的组织使命过程中，遭遇经费压力困境的学院领导如何认识和处理压力，是学院创收行为发展的关键环节。本书第三章和第四章介绍了大学创收的政策环境以及大学向学院转移压力的制度措施。本章主要以S大学A学院等二级学院的创收行为发展为案例，探讨在经费依赖的环境下，学院治理层对创收压力的感受、理解、认知过程，主要分析学院领导对大学制度体系的解读、对个体角色责任的履行与认知、学院发展的经费诉求和学院所处的外部环境变化等因素对学院创收的综合影响等。重点分析制度条件下学院领导对政府和大学财务制度及其他管理制度的理解、选择性执行、对学院办学经费压力形势的解读及其对学院创收行为现实构建的影响。

① 李妍. 论我国高校院（系）领导体制的演变、创新和完善［D］. 扬州：扬州大学，2009.

第一节 组织边界的模糊性与创收压力来源

在政府集权管理的大环境下，高等教育领域对应政府管理体制而实行科层制管理，成为中国公办高校及其院系行政的一大特点。在政府层面，集权的行政科层制容易实现自上而下的垂直管理，实现高层决策、中层治理、基层执行的运作机制，政府对高校、高校对院系等，都有自上而下的政策制约关系。在高校及其二级院系，由于组织负责人面对的内部管理环境是倡导“知识创造、学术自由”精神的具有自由开放传统的学术环境，从决策层、管理层到执行层，涉及的工作主体往往是具有追逐自由和反控制精神的各类专家学者和富于创新的青年学生，因而，组织关系复杂、价值观与角色冲突成为常态，加上意识形态主导下的党、政垂直管理与大学知识传递、创新、学术自由的大学精神之间发展取向的差异等，往往使组织边界变得模糊交错，组织目标多元，这在S大学有充分的体现。

一、学院组织边界的模糊性

在科层制管理模式下，为了向上取得来自政府的政策和物质资源支持，许多高校常常忽略或牺牲本应秉持的适应教育规律和适合自身定位的人才培养教育教学目标，而根据政府的评价意愿去调整发展策略，把各种显性的外在量化数值指标作为学校行政和院系治理的现实目标追求。如“建设一流大学”的目标是确定大学在世界或者国内大学的排名情况，也转变为诸如“985工程”“211工程”“千百万工程”等类似的项目工程、指标工程、数字工程。取得这些工程的名号，显得比实际的教育教学和人才培养质量效果更重要。在学校的事业发展中，各类评价数据和指标图表的追求、攀比以及绩效考核指标体系成为主要的评价追求，“数字化生存”成为高校的常态，部分大学的评价体系再难寻觅“以人为本”的教育教学和管理初衷。

作为大学内部管理层次中的基层组织，学院担负着大学具体的人才培养教育教学任务的落实重任，以知识传承与创新为内容、以教学科研为手段、以人才培养为使命是政府给高校二级学院行政的根本任务。学院的政治功能、行政管理职能都是引领、保障和服务于人才培养主业的，围绕人才培养目标和职能进行决策治理，是学院行政的基本职能。伴随知识经济社会的快速发展，在高等教育迅速扩张和大学职能不断延伸的情势下，大学越来越多的职能和任务要由学院来承担，大学目标过程的许多环节都在学院完成，高等教育越来越多的矛盾、冲突和妥协等都在学院得到体现。从某个角度说，学院是大学的“命脉”和缩影，具有举足轻重的作用，大学的目标使命是以学院为行动主体来实现的，换句话说，大学主要依靠学院来实现其目标、完成其使命。

高校的使命目标内涵不断扩展，从教学为主的人才培养，到知识创新的科研职能，再到直接服务社会的职能拓展；信息化、全球化、知识经济时代的来临等不断把高校从远离尘嚣的“象牙塔”拉向“社会中心”；当政府拨款不足时，高校不得不将筹措经费作为一段时期重要的工作任务和目标之一……总之，大学的组织边界变得越来越宽泛，目标越来越不清晰。

高校被认为是松散耦合的组织，组织目标和组织行为的粗放性和模糊性，决定了高校做事“不计成本”，成为效率低下组织的代名词。高校不是行政组织，却往往有着比一般的政府行政部门更加复杂的行政机构。如在社会对高校“去行政化”呼声越来越高的背景下，S 大学的行政机构不减反增，学校机关部处（含参照管理）从 20 世纪 90 年代机构改革时的 16 个增至 2014 年的 23 个，机关工作人员数量增长了一倍多，校级领导职数也从 7 人增加到 11 人，另外还有 1 名副厅级非校领导干部。

大学的组织边界模糊性和行政化的加剧，决定了学院组织边界的模糊性，使学院也变得目标多样、单个目标内涵模糊、目标不切实际、组织成员对目标理解多样化等，同样形成了类似大学层面的粗放、矛盾、局部无序和效率低下等特征。这些特征致使一些学院在解决经费压力的过程中，将创收——原本是为实现学院人才培养主业目标而获取经费的手段、服务目标的过程——逐渐变成学院核心的组织目标之一。

（一）学院目标的多样性

学院本以落实政府计划内给大学制定的全日制人才培养任务为目标。但是，顺应社会发展和高校职能的发展变化，学院亦同时承担着政府计划外的许多职能和任务，教学目标、科研目标、服务社会目标、学科建设目标、人才培养目标、师资队伍建设目标、国际化目标、专项工作目标等都成为学院工作的常在性目标；长期目标、中期目标和短期目标之间既有联系又有冲突；学院党组织则把基层党建与思想政治教育和维稳作为主要目标；特别是办学经费作为学院维持稳定和推进人才培养主业的基础，当基础不牢时，学院不得不将解决经费不足的创收举措作为重要的工作内容放在突出的位置上，从短期措施变为长期行为，从过程手段变成组织核心目标。学院要同时追求对这些目标的达成，其组织行为必将是多头并进，多向用力。由于人力资源和财物资源的有限性，加之管理的复杂性，学院内部矛盾和冲突不可避免。

（二）单个目标内涵的模糊性

学院单个目标的具体内涵也往往具有模糊性。如人才培养、教学、科研、学科建设目标等，尽管各自都有相应的描述，但任何一个目标的具体内涵都是十分丰富而模糊的。例如“教育教学水平”“人才培养质量”“科研成果水平”“世界影响”“一流大学”“高水平”“创新型”“研究型”等目标表述，都很难用具体确切的语言和数据表达其清晰的责任边界。如“‘世界级’可以有系统的含义，也可以有院校的含义，抑或学科的含义。在系统含义方面，世界级排名只是一种多样性的形式，对此只有少部分院校可以向往而求之，或应该向往而求之”①。所以，面对此类多含义概念目标的达成过程，组织行为也将是模糊和多元化的。

（三）目标过程的不确定性

即使是一个清晰的量化目标，也可能因为目标过程中各种因素的模糊性，而使目标的实现变得不确定。比如，S大学2014年确定建设高水平大学的目标（学校领导认为是可衡量的指标）之一，是争取到2017年学校在全国大学的综合排名从现在的60~70名提升至前50强，所以要求排名靠后的各个一级学科在现有排名基础上，总体努力向前提升10位左右。对多数学院而言，无论其要求科学合理与否，当前的排名已经基本反映了所属学科在国内同行中的基本实力，若要往前提升10位，意味着在短短的3~4年的时间内，本学科要跨越式超越总体实力目前在己之上的10所左右的国内院校同行。这样的目标，听起来似乎较为具体清晰，然而在大的高等教育制度环境没有重大变化、政府对大学经费资源投入和大学对学院的经费资源投入没有实现跨越式改善的情况下，想要实现包括学院的本科与研究生人才培养业绩、显示度高的科研成果、高层次学科平台的获取与建设、高端人才、师资队伍的高端荣誉符号的获取等涉及综合排名的关键指标的跨越式提升，其每一方面都可以说是一个庞大的系统工程。排名提升10位具体需要达到何种具体指标结果、如何实现提升、需要哪些方面的投入、经费从何而来等，则变得模糊起来。而且，S大学在努力赶超做“追兵”，而前面的“排头兵”高校，也不是停下步子等着别人去超越，它们也在努力往前赶，或者努力确保已有地位。正如某学院领导所言：“我们能够保住现在的排名不后退，就

① LANG D W.“世界级”大学是比较出来的吗？[J].施晓光，译.北京大学教育评论，2005（1）：16-27.

已经很不错了。”这也是校内多个学院负责人的普遍认识。从现实情况看，学校提出的跨越式提升尽管有一定的激励作用，但可行性非常小。

（四）个体理解的多样性

学院教职工个人的利益诉求和对事物的理解方式不同，对达成相同目标所采取的行为不同，将造成组织行为的模糊与混乱。如S大学的本科教学目标理念是“自主发展，追求卓越”，评估专家考察后认为，学校对“卓越”概念表述含糊、各级领导和师生对“卓越”内涵理解不一，是不具有可操作性的目标，应该在明确其内涵后，上下统一思想认识，才能成为可操作目标。① 在A学院，有的领导和教职工认为，通过创收解决教职工生活待遇问题，是学院领导“天经地义”的主要责任；有的教职工则认为学院应该主抓人才培养。

综合来看，学院组织边界的模糊性，使学院把创收作为组织奋斗目标之一成为可能。

二、学院治理层：承上启下的制度“二传手”

学院治理是嵌套于学校管理层级中的子系统，由于角色目标多重，学院治理运作显得十分复杂。

社会制度、治理结构场域和行动者的概念层次是相对而言的。如在国家（中央政府）、地方政府与民众的关系上，可以认为国家（中央政府）是社会制度层，地方政府是治理结构层，民众是行动者。在教育系统领域，地方政府、地方公办大学与大学二级学院的关系中，可以把地方政府当作上层制度环境的核心，地方大学理解为治理结构层，二级学院成为具体行动者。在地方大学内部的循环系统中，包括政府、大学和社会等共同构成上层制度背景，学院则是具体的管理和执行层，其中，学院的决策层又成为中间治理层，学院师生则是更具体的行动者。一方面，学院的领导决策受到大学和政府等上层制度体系的制约和使能，同时又反作用于大学和政府；另一方面，学院决策层根据对上层制度和学院实际的理解、选择、改造，形成学院的工作决策，并向师生推行，在此过程中，师生行动者的能动作用反过来对学院决策者和学校管理制度等产生影响。

不同层次社会结构的相互循环作用对制度的创造和扩散，与伯格和卢克曼对现实的社会构建的理论论述相一致。学院的创收行为制度化是一个各层次行动者将各层次关系运动的影响不断内化、外化和客观化的循环过程，这

---

① 引自专家对S大学本科教学质量水平评估意见反馈。

个循环构建了学院的创业创收现实，学院的创收制度逐渐形成。在此过程中，学院决策层对与创收相关的各类制度要求、角色理解、下层作用等进行筛选、内化，又通过结构调整、制度修订、行动推进等手段外化创收行动，形成了学院创收常态化的现实。

中间治理层的重要作用之一是对上层政策制度的转译。在教育领域，重要的制度包括有关的教育政策文件。"在工作中形成的文件大致有自上而下发布的全国性政策、自下而上再向全国转发的地方政策、给国家核心领导人或国务院主管领导的意见和建议、教育部领导或国务院主管领导讲话、下情反映、请示、来函、复函等等。"① "（教育）政策不是某个物件（things），而是过程与结果；政策是文本，也是话语（policy as text and policy as discourse）。"② "作为文本的教育政策却不仅限于文本的解读与分析，更在于以阐释的方式理解与研究教育政策。"③ "政策文本通常是政策过程各阶段妥协的产物，在不同阶段的状态和政策形成过程中，会伴随决策、协商和意外的运气。鲍威尔（Stephen Ball）认为，如借用文学理论来看，教育政策是以复杂方式（通过斗争、妥协、权威的公共干预和再解释）被编码，并通过复杂方式（通过行动者的解释及与他们的历史、经验、技能、资源和背景有关的意义）被解码的一套陈述；一个教育政策既是可争论的，也是可改变的，一直处于一种'形成中''是''从来不是'和'不完全是'的状态；而且，在议程控制、意识形态、政策影响过程及其文本生产之间还存在着差异。"④ "政策文本的生产不是由文本生产者的'写作'之间的简单聚合构成的，而是由多元政策文本生产者互动而产生的复杂结果。"⑤ 在政策等制度文本形成之后，中间层的解码、转译、重新编码、执行、反馈等过程决定了政策效果及其变化。

学院治理的复杂性主要表现为：

1. 学院治理首先为大学决策的执行服务，执行性治理是学院行政治理的重要特征。在大学决策层和管理层的各种数字化目标要求、考核、资源调配以及各种管理行为等压力下，学院常常明显地偏离甚至失去原初预定的人

---

① 林小英. 教育政策变迁中的策略空间［M］. 北京：北京大学出版社，2012：146.

② 林小英. 教育政策变迁中的策略空间［M］. 北京：北京大学出版社，2012：142.

③ 曾荣光. 教育政策研究：议论批判的视域［J］. 北京大学教育评论，2007（4）：2-30，184.

④ 林小英. 教育政策变迁中的策略空间［M］. 北京：北京大学出版社，2012：143-144.

⑤ 林小英. 教育政策变迁中的策略空间［M］. 北京：北京大学出版社，2012：149.

才培养目标，许多时候成为应付上级工程任务、完成各类数据指标的机器。

2. 学院有其自身生存与发展所需要治理的系统问题，组织的这种内生性治理常常与对上级管理要求的执行性治理之间产生目标要求、时间、精力、资源分配、利益交割等方面的冲突。

3. 尽管学院是具有相应行政权力的组织，但是组织运作最基本的人力资源、财政资源、物资资源等都受学校层面控制，学院治理的权限受到上层环境的制约，责权利不统一；由于科层管理的固有弊端，学院行政的效果受到极大制约，教师职业发展和学生成才发展目标实现并不顺畅。

组织目标边界的模糊性容易造成组织行为的无序。学校要求完成这个阶段任务，学院就围绕这个目标努力，学校提出另一个任务目标，学院就围绕那个目标要求去工作，很多时候是“头痛医头，脚痛医脚”，缺失了学院应有的节奏和重点。在经费不足、生存与发展压力凸显的情境下，创收成为学院领导层关注的重要目标。当大学没有下达特定的任务目标时，开展创收很自然就会成为该段时期学院治理的重点。

三、学院创收压力的综合来源

正是由于学院组织边界的模糊性及目标多样性等特征，学院创收也受到诸多不确定性因素的影响。就创收压力的来源看，既受学院组织外部环境的影响，也有学院内部因素的作用；既有客观原因，也有主观原因。主要包括以下几个方面（参见图5-1）：

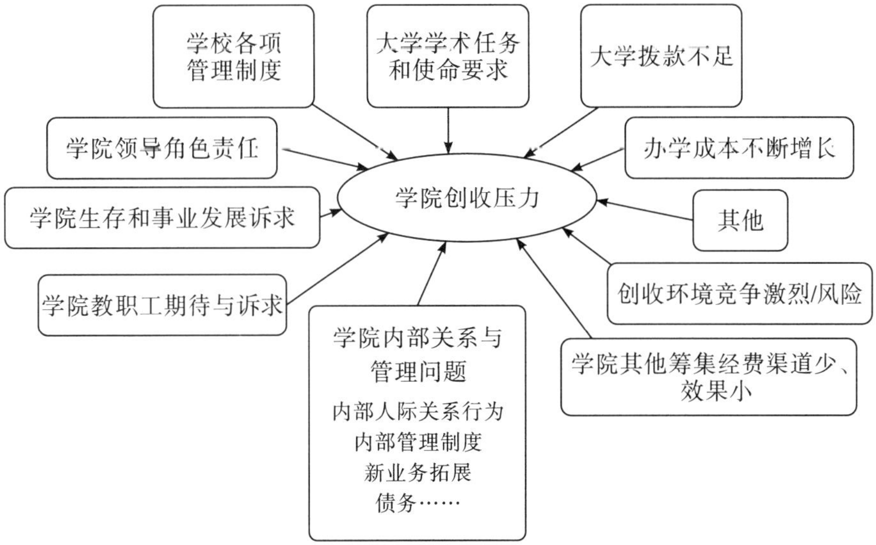

图5-1　学院创收压力形成因素

1. 来自大学等上层组织环境的压力。包括政府和大学财务政策及其他管理制度的影响，大学对学院完成主业使命和各项任务的要求，大学对学院拨款不能满足学院经费需求，等等。

2. 来自学院经费运行的各类诉求。包括学院常规运行经费和事业发展经费的投入需求，物价上涨和其他原因造成学院办学成本的增加，学院教职工对提高待遇的期待和诉求，等等。

3. 来自学院内部关系和管理问题造成的压力。如与创收管理有关的制度不健全造成的创收业务不稳定性，人际关系对领导或教职工创收积极性的影响，学院存在的债务问题，等等。

4. 经费筹措过程的压力。如创收市场的竞争越来越激烈，学院筹集经费的其他渠道不畅通、效果微弱，等等。

5. 来自学院领导自身的心理压力。学院领导对自身岗位角色的理解和责任承担意识、对经费压力和管理问题的强烈感知并试图改变等，由此带来创收心理压力。特别是学院领导对大学政策的感知、解读、转译和重新编码等，是学院创收压力形成的关键所在，也是学院开展创收决策的制度基础。

6. 其他因素的影响。例如创收环境竞争激烈使学院创业成本和风险增加、学院历史遗留问题产生的压力以及学院生存和事业发展的其他诉求等。

种种因素致使学院治理层不得不把创收提上战略的高度。接下来本章将从学校政策、领导岗位职责、学院发展需要与学院财务状况、教职工诉求、创收市场压力等因素出发，逐一剖析学院发展过程中的各种外在压力因素和内部关系与管理问题是如何被学院领导层解读和转译，进而影响学院创收的。

第二节　对学校制度体系的“创收”解读

学院治理层对学院发展所需物质利益的获取需求的认知与理解、以院长为代表的学院组织成员对上级有关政策的理解和转译、对学院领导角色责任的理解与认识等，是学院创收压力形成和创收业务推进的重要作用力，其中，学院领导者对学校有关政策的解码和编码起到关键的作用。本节从学院领导者对大学财政二级分配政策、大学对学院发展学术的要求、大学对学院的其他管理制度和要求等上级组织政策的理解和执行情况等方面展开分析。

一、解读大学财务二级分配制度

院长对学校财务二级分配制度与创收压力的理解

A学院C院长毫不犹豫地认为，因为学校实行财务二级分配制度，所以创收成为与学科建设和人才培养同等重要的学院工作。“它是学科建设和人才培养的基础，‘基础不牢，地动山摇’。我们要确保每学时25元①。没有钱，学院那么多的课谁来上？调整酬金分配方案后②，第一，难的课都被抢走了③，就有竞争性。第二，学科上，学院要支持老师外出开学术会议，钱从哪里来？要跑博士点④，钱从哪里来？还有各种活动的开支……某教研室请外面老师来上课，课酬少人家还不来。这些都是集体福利出的……每个环节都与创收有关。”院长认为财务二级分配并未给学院带来更大的自主权，而是增加了工作压力，“因为创收跟教职工包括离退休教职工的福利挂钩……在职教工拿多少，离退休也要保障。⑤ 不能做得比原来的差，原来有的，不能随便变动，只能不断努力……不管创收难不难，都有压力。学院在正常的教学外，还要增加很多支出，如教职工的生老病死的慰问、扶贫支出、请别人讲课、开各种素质讲座等，要提升培养质量、人才工程……学校没有额外的拨款，全靠学院创收。这很需要一种责任感，创收形势好与不好都是一种压力”。

与A学院相邻的G学院，是2004年成立的新型应用性社会学科的学院。作为S大学从教多年的资深教授，又作为一个“年轻学院”的开创者，G学院的第一任院长对学校二级财务体制下学院的办学压力特别是创收压力有非常深刻的体会：“这个可能一两句话不好说。我当这个学院的院长正好9年，两个任期，如果从院长精力分布的角度来说，第一个任期的创收压力大约占我院长精力的70%以上，也就是2/3以上；第二个院长任期的创收压力精力分配有所下降，可能下降到一半以下，大概占40%，那么平均起来也是超过

---

① 25元/学时是A学院修订的酬金分配方案对学院业绩进行分配的基本工分值，它以改革前的三年总业绩发放的平均学时值为基数确定。学院按照教师实际教学学时乘以4的比重，打包计算课时酬金，按不低于25元/学时计算，实际给教职工发放的课酬是不低于100元/学时。

② 本科教学课酬比调整前提高30～40元/学时。

③ 此前，部分不太容易讲授的课程没有教师愿意接受教学任务。

④ 申报一级学科博士授权点。

⑤ A学院离退休教工70多人，每年学院发放离退休福利费约30万元，都是学院福利支出。

一半。为什么会有这样的压力？我跟其他高校院长同行交流，其实这里面情况各不一样。比如说，我知道某大学也有同类学院，他们的院长就没有这个压力，原因很简单，他们是把校内（财务）分配权全部归为校方，学院没有二次分配的权力和义务。这里就涉及一个体制问题。我们学校长期以来是校方不管这事，等于这个压力基本上都压在二级学院的领导身上。为什么要强调第一和第二任期呢？因为第一届任期和第二届任期情况相差很远。我的第一届任期，由当时的校长牵头筹建这个学院，校长借给我一百万来创办这个新的学院，是借的，不是给的。学院挂牌时，几乎是一穷二白，除了这一百万没有任何一分钱。新学院建设不全是创收的概念，还有设备、学科启动等，包括学科的展开，与外界的接触，刚刚开始所有的支出都在这里，所以经费的压力变得最大。到第二个任期以后，因为经过前面四年多的打基础，老师们的待遇与其他学院的相差不大了，从院长角度来说，精力的转移就有空间、有条件了。所以，这个问题一是跟体制有关系，即跟财务二级分配体制有关系；二是跟学院发展的不同阶段特征有关系……你问压力大不大，我说挺大，但是情况不一样，具体的表现形式有不同。”

另一位理工类学院的院长，则对学校的财务二级分配制度表示强烈不满。该院长认为：“二级财务分配制度制造了院长与教职工之间的矛盾，消耗了学院搞学科的精力。高校应该实行一级财务分配制度，不要让院长因为财务分配引发与老师的矛盾……固定的经费没有可调配的余地，学院没有几个钱，但由院长统筹，起不到作用，反而增加矛盾……别人认为院长权力很大，但一不小心就侵犯了别人的利益。有人为了一丁点利益，甚至做出很卑劣的事情，比如，说院长的坏话、给院长打差评甚至造假评议票等……比如，计生奖①说是给学院统筹，机关人人直接发工资卡，学院能不发给老师吗？”

前文提到，政府对高等教育投入不足是造成大学创收压力的主要制度原因，为了缓解学校层面的压力和矛盾，大学通过财务二级分配等制度措施将部分压力转移到学院。大学的财务二级分配制度，明确和强化了学院对自主筹措经费的责任和具有自主创收的权利，在为学院创收行为提供“合法性”政策空间支持的同时，也给学院施加了压力。作为学院掌舵者的院长、书记，是这种制度压力的最直接感受者。在A学院院长的理解认知中，来自上层的学校财务二级分配制度是造成学院创收压力的重要原因。学校下放给学院的财务二次分配权并不是使学院获得了经费的自主权，而是一个巨大的创收压力，因为无论创收形势好坏，学院各类支出的需求都是巨大的，而“学

① 学校按在职教职工人数逐年拨到学院集体福利账号。

校却没有额外的支持”，“全靠学院创收”。在二级分配制度下，学院所有经费需求和支出都要领导考虑和解决，这种工作压力无疑是巨大的。

G 学院院长认为，学校财务二级分配制度是造成学院创收压力的体制性因素，由此学校把经费压力转给了二级单位的负责人。同时，学院所处发展阶段不同，所面对的经费压力情形不一样，创收压力也不一样。

案例中的理工类学院院长则认为财务二级分配是一个矛盾制造机制。他认为学院应该把主要精力放在搞好学科建设等主业，但二级财务制度制造了学院的内部矛盾，加上院长没有人事自主权，连行政办公人员的选择权都没有，所以工作很难开展。“你觉得某人不适合某项工作，要调整，别人不听，不接受，你也没有办法。到年底考评，他/她反而可以给你一个差评，你却不能对他/她怎么样。你给老师发钱，他们觉得是理所当然的，你少发或不发，他们就会对院长有意见……所以我写了意见给学校领导，要求改革二级财务为一级财务。同是学校的教授，应该由学校统一基本的待遇，而不是不同学院的教授收入差距巨大；学院书记的收入也应该与机关部处长基本看齐。如果不能一步到位，也可以基本底线保障，可以保留学院部分自主调配，但不宜差距太大。”该院长如是说。

此外，笔者随机访谈了其他 4 位二级学院院长，有 3 位明确表示希望学校实行财务一级分配制度，以“减轻学院的创收压力”。院长们普遍认为，大学实行财务二级分配制度是造成学院创收压力的重要制度性因素。在二级分配制度下，学院除了要完成基本的教学科研和学科建设等学术使命，还要直接对教职工的待遇负责，而学校下拨资金不充裕，学院几乎没有可供自主调配的资源；学科建设和学院发展需要大量的经费投入，在二级分配制度下，超出学校拨款而投入学院各项业务的钱只能靠学院自主创收；在学院创收压力下，二级分配制度还可能是引发学院教职工与学院领导之间或者是普通教职工之间矛盾的根源。

许多学院的党委书记也认为财务二级分配政策就是学院创收压力的根源。在学校党委召开的年终二级单位书记意见听取会议上，曾有好几位学院书记提出希望学校实行财务一级分配，不要把创收压力下放到学院；即使无法完全实行财务一级分配，也希望学校能将书记和院长的收入分配统一到学校，与机关部处长一样的水平标准，使院长书记抽离出学院的二次分配，减少因创收和二次分配引发的矛盾，同时将精力集中于学院的主要建设和发展中。该提议得到许多二级单位书记的附议。在学校征集对《学院治理规程（草案）》的意见时，也有学院的院长和书记提出同样的意见和诉求。提出实行一级分配的学院领导们认为，当院长、书记抽离于学院的财务分配后，一方面可以全身心投入全日制人才培养主业，不用操心个人待遇问题；另一方面即使将精力和学院资源投入学院创收工作时，也不用顾虑别人说领导搞创收是因为有私利可图。

由此可见，学院领导对大学财务二级分配制度的理解和被迫接受，是学院创收压力和创收行为的重要思想认识根源，它主要体现了规范性和文化-认知性制度要素及其关系活动的作用。

二、解读学校“主业”政策

关于 A 学院人才引进工作的政策解读

人才培养主业，除了依托政策资源，其核心是人力资源——师资人才队伍的支撑。师资人才的引进和培养，是大学的重要工作。像 S 大学这样规模迅速扩张的地方重点大学，在逐年扩招和学科领域迅速扩展后，师资人才问题十分突出，对优秀师资的需求更为紧迫。大学领导在多个场合不点名地指责一些学院“十年都没有引进一个高层次人才”，意思是学院领导不作为，提出各学院要加强人才引进工作。为了支持学院的人才引进，学校可以“一人一议，特事特办”。

A 学院师资问题比较突出，多年没有成功引进高端学者，属于学校领导批评之列。对此，学院党委书记提醒院长，在任期内无论如何要有所突破。2013 年某学科带头人退休后，学院了解到外省某兄弟高校一名该学科的骨干教授因个人原因想离开原单位。A 学院把握机会，与对方沟通，邀请其到 A 学院担任学科带头人，该教授也表示愿意加盟。学院将有关材料报送学校，希望按有关人才引进条件给予该教授 20 万元配套经费。校长办公会议上，学校领导和有关部门认为该教授没有符合学校自定的“高端成果”指标和全国性的标志性学者名号，不符合学校“高端人才”引进的规定，但出于学科教师队伍建设需要，同意以调动的名义接收该教授，但只同意给 5 万元的经费扶持。A 学院院长和书记感到很失落。尽管如此，学院班子讨论后，决定自筹 10 万元争取引进该教授。但随后，拟引进教授的情况有变化，被江南另一所大学以十分优厚的条件抢先挖走了。

这一时期 A 学院还物色到其他 3 位内地高校的教授，认为有引进价值，对方提出希望同时解决家属就业问题。学院与学校人事部门沟通，人事部门回应无法解决家属就业，要学院自行想办法，学院也无能为力，结果引进计划落空。事后学院领导无奈地说：“我们有什么吸引力？要钱没有，要房没有，要政策也没有！”“不要再折腾了，没有‘杰青’‘长江学者’‘学部委员’这样的名号的人才都不考虑。”“不给钱就想把别人的‘大咖’牵来，怎么可能？”……有意引进的几名校外学者因学校待遇低、房价和物价高、家属就业难解决等种种原因而拒绝前来。院长无奈地认为大家已经努力过，但是由于缺钱，学校引进条件苛刻，学院没有更有吸引力的条件，“没钱什么都不用说，还是先把内部的队伍培养好吧”。

S 大学积极响应政府号召，要求各学院积极开展围绕人才培养主业、提升办学质量水平的人才引进及其他专项学科建设等“兴校”运动，包括“211 工程”项目建设、大规模扩招、进驻大学城、国家一级学科博士授权点申报、广东省一级学科重点学科建设申报、“2011 协同创新计划”、打造南方教育高地、广东高校创新强校工程以及各类学术称号、科研立项和评奖等。有二级单位负责人认为，学校领导一味迎合上级的政策和要求，不知道自己的目标和特色在哪里，没有自己的方向和节奏，不仅被上面牵着鼻子走，学院也跟着失去方向。

对多数学院的领导而言，尽管学校布置的主业发展任务常带有“突击性”“运动式”的特点且难度大，但这也是学院获取发展资源和机遇的途径。A 学院院长就认为，不跟着学校的节奏要求，就无法获得应有的资源和机遇，“一步落后，就会步步落后”。所以，努力围绕实现学校“主业运动”的要求，往往成为许多学院阶段性的核心工作。

人才培养等主业的推进需要师资队伍的支撑，而师资人才培养和引进意味着更多的经费和资源投入，但是学校的投入往往不足甚至没有投入。好几个学院的院长和书记认为，学校在重大的学科发展工作中，总是让学院自己想办法解决经费问题，加重了学院的压力。正如 A 学院院长所言：“许多提升质量、人才工程……学校没有额外的拨款，全靠学院创收。”特别是在学院发展的起步和加速阶段，这种压力更明显。

在学校围绕主业建设的其他任务要求上，有关政策和举措也常令学院领导感到“没钱什么都不用说”的艰难。在政府主管部门推出“2011 协同创新计划”工程后，学校领导也通过大会和专题会议对学院进行动员部署，要求各学院要动起来。动员会后，一些学院院长表示没有看到实质性的东西，“学校领导也不知要怎么做，我们先不动”。尽管如此，A 学院院长还是召集有关教授开会，研讨和布置相关工作，但是认为“没有权、没有钱，我们怎么去协同别的院长？更别说是协同校外单位了”。对学科建设的责任感和因为缺乏经费支持等的无奈，使院长的言行十分矛盾。院长在多个场合表示，要解决这些问题，唯有加大学院创收力度，让学院有更多的可支配经费和资源。“有些文本特别是主管领导人的讲话虽然不是正式的教育行政公文，但在实践中被作为很有政策效力的政策文本，这往往更容易导致已有的相关政策文本缺乏清晰而严格的权威层级。当执行过程中出现矛盾和冲突时，哪种政策文本将作为优先依据，是否得到政策执行者和政策对象的认可和运用，或在什么程度得到认可和运用，都是不确定的，但对政策效力会产生很不同的影响。”① 学院领导对大学政策的解读、认知，极大地影响了学院创收压力的形成和创收行为的推进。

三、解读学校管理政策

（一）对大学城校区有关管理政策的理解

校方认为，S大学进驻大学城，是抓住了发展机遇、实现大学规模发展的一次成功的决策选择。校方动员9个学院整体进驻大学城时，承诺“大学城的条件比老校区好，确保每一位教授有独立的办公用房”；“学校的职能部门延伸管理，学院师生办事不出城”；“进城有补贴，进城不吃亏”；等等。②

后来，大学城部分学院的领导和教职工认为进城“亏大了”！新校区比老校区办学成本高得多，而且开展创收的条件和机遇也不如老校区；教师“走教”，师生交流缺失，人才培养主业质量直接受影响；为了让教工有更多的时间精力留在大学城校区，部分学院努力给教职工提供午休床位，有的学院出钱提供午餐，这就需要腾出部分办公用房和物资、资金用于后勤保障；随着招生规模的增长，原来似乎宽敞的学院行政楼越来越拥挤；教授越来越多，教授独立用房难以保证；2013年学校出台国有资产管理新办法，按照所有校区“一视同仁”的要求，对于“超标”的办公用房要“有偿使用”；许多管理人员和教师为便于工作自驾车上班，油路费远远高于学校微薄的补贴；学校主体在老校区，学校层面的会议基本安排在老校区，大学城各学院的相关人员就要赶到老校区开会，成本大大增加；绝大部分职能部门的职能没有延伸到大学城，所以师生“不出城”几乎不能办事；A学院与另一个学院共用一栋办公楼，水表、电表、空调都是共用的，而学校却按照各个单位的面积公摊水电冷的使用额度，水电冷费用成了一笔糊涂账；尽管创收格局进行了调整，但因新校区的地理位置不在市中心区，交通和住宿等问题使学院主要依托的培训类项目发展受到制约，A学院要办创收培训班，许多机构和个人认为大学城交通、住宿不配套，生活不方便，不愿意来……有的学院领导和教职工认为：“当初不来大学城，我们的日子会比现在好过。”学校领导认为是“抓住了发展机遇”的进驻大学城之举，在部分二级学院领导和教职工眼中成为“吃亏”之举。

---

① 林小英. 教育政策变迁中的策略空间［M］. 北京：北京大学出版社，2012：151－152.

② 引自时任校领导在中层干部会议上的讲话。

（二）对第三校区改革政策的理解

由于一校三区发展不均衡，S 大学第三校区面临经营困境，学校领导希望以实行“本科通识教育”“推行新型素质教育模式”改革的名义，将所有本科专业一年级学生安置到第三校区，以保障第三校区学生入住率、平衡校区的经济收入和发展。“推行新型素质教育模式”是一个为了让学院可以接受的理由。在改革方案中并未提及改革后利益如何分配、成本如何分担等实际问题。在一次面向二级学院书记的改革方案征求意见座谈会上，有学院书记提出，此类模式此前已有兄弟高校尝试过多年，实践证明问题很多，特别是成本高昂，早已被取消并做了新的改革调整，我们为何要重走旧路？学校领导给出解释说：“我们这是一种新的通识教育模式，与兄弟院校的模式是不一样的，是一种创新。”

在没有经过与各学院和教职工上下充分沟通的情况下，学校领导希望快速推进此事，于是召开学校教代会特别会议，抛出改革方案，希望得到教代会支持。各学院代表团讨论时普遍认为，学校的改革方案主要是为了解决第三校区的生源入住率和学费收取问题，并非真正为了通识教育；而且改革方案没有考虑相关学院的利益，因为学校是按照年度在册学生人数给学院下拨财政经费的，改革后的模式等于有关学院每年将损失四分之一的人头拨款收入；另外，教师从一个校区到另一个校区上课产生的交通、补贴等成本按惯例基本是由各人员派出学院来承担，常年累积下来也是一笔不小的费用，学院的行政管理成本也会增加……因此，以“这是一个不成熟的方案”为由，对该方案行使了否决权。某学院领导私下说：“如果方案被通过，学院的收入少一大块，创收压力就更大了。”最后，该改革方案被搁置，取而代之的是学校在第三校区设置新的学科专业学院、学校财政继续对第三校区给予补偿性经费支持以扶持新学院创立和运作。

（三）对服务基础教育相关政策的理解

将政府政策性任务作为创收来源渠道

2010 年前后，广东省委省政府在推进广东建设教育强省、创建“南方教育高地”战略中，提出“为广东而教”的号召。S 大学也通过大会和正式发文号召有关学院传达和学习贯彻省委省政府的精神。某学院领导认为，这是一个调整学院创收管理矛盾和拓展创收方向的契机，于是通过学院党政联系会议成立该学院“为广东而教”工作领导小组，学院书记、院长亲自担任组长，负责统筹学院面向基础教育培训等创收业务，实际是借“为广东而教”的名义搭建学院新的创收平台，并乘此机会改组学院创收工作人员的结构，选拔新的得力人员专门跟进培训项目，“目的是拓展学院的创收渠道”①。

将政府政策性任务作为创收渠道来源的案例还有不少。如为加强基础教育教师培训，教育部启动“国培”项目，广东省也相应推出“省培”项目。S大学校长在大会上动员相关学院积极申报和承担“国培”“省培”项目，但表示，学校不会有多少资金的投入。校长在全校中层干部会议上说：“‘国培’项目政府给的钱很少，如果拿下培训项目，学校和学院可能还要贴钱来做，但是，一定要争取拿到项目，一方面这是学校承担服务社会责任的体现，另一方面这也是发展机遇。”校长认为，做“贴钱”的“国培”项目是为了取得名声和资格，为获得“省培”和其他培训等经费投入较多的项目而打造品牌、创造机遇，学校和学院贴钱也要做。对于学校的说法，开始并未引起大多数学院领导的注意，而且有学院领导认为学校想拿下“国培”项目，多少有“政绩工程”的意味。学校组团到教育部申报第一批“国培”项目时，没有将A学院吸纳进去。后来，A学院通过其他渠道获得某西部省份“国培”项目培训权，并经过用心组织，取得“优秀”的培训效果反馈，方才得到校方重视，在接下来学校组团参加教育部第二批“国培”项目申报和“省培”项目申报时，都纳入了A学院。A学院通过承担“国培”和“省培”项目，获得一笔创收收入。取得经济收益后，院长认为这是一个有保障的新的创收渠道，于是将一部分精力转移过来加强相关工作的领导和管理，经常过问有关项目进展、出席有关工作会议、出席开班仪式和结业仪式、增派管理人手、在学院大会上对培训收益情况向教职工做通报，并希望大家关心和支持这些培训项目；学院内部对负责该项目的教工给予加班补贴，也支持项目负责人聘请学生助理协助相关工作。

类似的情形还有不少，比如政府要求基础教育在职教师每年要完成一定数量的继续教育学时，学院院长据此看到了创收的机遇，认为可以与地方教育部门合作，开设继续教育课程；院长亲自主持合作方案拟定，亲自跑项目联系。又如S大学每年承担广东省高考阅卷任务，好几个相关学院也把它作为创收渠道之一来经营。

有二级学院领导说：“大学的经费资源管理改革，就是把创收压力进一步下放给学院。”在资源压力越来越大的情况下，学校领导决定实行新的学院治理体制改革，拟试行经费资源整体打包下拨给学院统筹，给学院“下放权力”。学校领导在各种会议上吹风动员各个二级单位申请做试点单位，强调说学校将按照学院的发展计划，整体打包下拨经费和资源，给学院充分的

① 引自对某学院书记的访谈。

自主权和更大的发展空间。在公共场合或正式会议上，有些学院的领导认为试点改革是一种创新，是有好处的，应该支持，可以试试。但私底下，许多学院的领导认为，学校改革的配套机制不健全，学院自主权不会有实质性变化（如人事权的矛盾、原有经费划拨模式下各种既得利益的抵制等），特别是“学校必然会将上级下拨的经费预留一部分由学校统一掌控，不可能按照学院的实际发展需要量全额支持学院。如果经费不增加，或增加的量无法满足发展需求，学院的改革就会带来许多新的矛盾，而且问题和矛盾都会集中在学院领导层面”①。据了解，学校领导也物色了个别学院希望其承担试点工作。按照其中某学院书记的说法，学校要找的试点单位都是“自我创收能力强，经济基础扎实的学院”，“学校看中的是我们有创收的资金可以补贴到学校改革经费的不足部分……班子会上大家一致反对列入试点”。

尽管学院的领导们普遍感到自上而下的大学管理政策给学院的工作带来许多制约，学院不得不照章执行，但有时学院领导和教职工也会出于对自身利益的保护而对学校的政策过程采取行动。

并非所有上级政策和要求都被学院领导解读为压力，有时学院领导会将某项政策或上级布置的任务理解为创收机遇，如学校基金管理办法、“为广东而教”工作领导小组、“国培”项目等。但是，无论是否将上级政策和任务要求解读为压力，单从学院领导把政策任务作为创收机遇的解读结果而言，也说明创收问题在学院领导心目中的重要性，从一个侧面反映了学院领导身上的创收压力感。

“政策执行部门和政策对象通过对已有政策采取回应性和诉求性的行动，将自己的价值和目标反馈给政策制定部门，而后者也以回应性的政策文本来满足或塑造前者的政策需求。”② 林小英认为在教育政策的编码和解码过程中，“在行政部门的职责权限基本划定的前提下，矛盾最后集中在对政策文本的不同解释以及政策文本的效力覆盖范围上”③。S大学以二级学院院长等为代表的学院领导，对大学的财务制度、人才培养主业要求以及许多管理要求等政策文本的解读，最终都汇集成学院的创收和管理压力，成为推进学院创收行为的重要思想力量。

---

① 引自某学院书记的访谈。

② 林小英. 教育政策变迁中的策略空间［M］. 北京：北京大学出版社，2012：149.

③ 林小英. 教育政策变迁中的策略空间［M］. 北京：北京大学出版社，2012：149－150.

第三节　学院领导对岗位职责的理解

学院主要领导如何理解岗位角色和职责并采取行动？院长为何把许多精力放在搞创收上？院长如何平衡学院主业与创收的关系？对于以上问题的解答，可以帮助理解学院创收行为制度化过程在学院治理层的表现形态。本节通过 A 学院 C 院长对岗位角色理解的案例展开分析。

不同学院的院长面对办学经费压力和学院创收会有不同认知、采取不同的应对和处理方式。C 院长认为二级学院最重要的工作是“学科建设和创收”。

C 院长认为抓学科建设是担当学院主业责任的体现。在第一届任期多次重要的学科建设时间节点上，C 院长倾注了主要心力，带领学院团队完成了阶段性建设任务。2011 年 A 学院学科申报国家一级学科博士授权点获得成功；2012 年 A 学院通过了广东省一级学科重点优势学科建设立项；2012 年 A 学院在国家“211 工程”三期项目建设验中收获得“优秀”结项，为学校和学院争得了荣誉和利益；2012 年 A 学院在人才队伍建设上实现了广东省“珠江学者”设岗零的突破；等等。按照某位校领导的说法，学院只要取得其中任何一项的成绩，本届班子“都可以交差了”。此外，期间学院还实现省级精品课程零的突破，招聘了一批著名高校博士毕业生等新生力量。第二届任期，C 院长把争取拿下标志性的学科建设重大项目或平台等学术目标作为与创收并列的两大任务之一，亦不断取得标志性成果。

在经费压力和创收问题上，C 院长上任伊始，学院面临的财政问题主要有：①学院创收规模和收入正逐年减少；②学院原酬金发放规定没有量入为出，资金缺口越来越大，学院教职工一个学期的酬金约 280 万元未能如期发放；③因学院学术期刊用人不察管理不善遗留的经济纠纷问题，除被学校从学院账面上划拨了 100 万元押金用以偿还法院判决款外，学院还需向学校借 220 多万元支付有关官司的补充清偿责任款；④学院规模扩张和学科建设急需用钱；⑤学院广大中青年教师经济压力大；等等。院长说，因为学院培养了他，他对学院有感情，所以下决心解决教职工酬金问题，也是一种责任承担。他认为涉及教职工福利收入的学院“菜篮子工程”是学院稳定的基础，是学院领导必须承担的责任，所以重点投入大量精力开拓学院的创收业务，工作中形成了抓学科建设和抓创收“双中心”的局面。到了第二个任期，院长在公开和私下场合明确表示，要把创收作为任内两项重要业务之一，并为拓展创收业务雄心勃勃地考虑了很多方案。在新学年第一次全院教职工大会上，就提出拓展创收领域的“三环”理念与服务基础教育的构想，并为推动其实施做了许多考量，还借助学院教代会的力量来推动创收工作。“三环”理念最核心的一环是基础教育教师培训，认为培养中小学教师本身就是师范大学的专业使命；第二环是中学教材的编写，全国新课标改革中，A学院曾经主持了粤教版高中教材的修订，现在新一轮的教材修订在即，院长希望继续把握这一主动权；第三环是由第一环和第二环延伸出来的教材改革研讨、高考改革研讨和教学研讨、学生课外提升等具体需求。

C院长认为学院的创收压力在主要领导层面，主要领导要考虑学院各方面经费投入的基本需要和满足各种发展需要，就像一个“生产队长”，但这个“生产队长”角色是不合理的，“压力太大了，因为涉及民生问题。（创收）尽管重要，但又不能大张旗鼓讲，（创收的地位）不能并列于学科建设和人才培养”。领导和群众在考核院长时，并不看创收业绩，搞创收对学院领导而言，“是一种伤害……假如你全力付出去做，体制上又不保障你。你就算牺牲了教学、科研也不一定有成果，学校也不会给你相应的保护、补偿，这些都得领导者个人承担。事实上，学院领导还是花了很多时间在搞创收。”由于创收市场的变化，学院创收难度不断增加；学校提高创收收入提成比例增加了学院的成本和负担；加上如果没有强有力的搭档协助抓创收，得不到领导群众的理解支持，压力会更大。

C院长认为学校采用财务二级分配是学院产生创收压力的重要原因。“如果采用一级分配制度，就没有压力，我可以安心考虑学科和人才培养问题。自主权也可以不要，假如有选择，我只要一级分配。创收工作对院长职能影响很大，不仅分心，而且个人的学术、专业、教学等都是牺牲。希望是学校一级分配，教学科研单位就是搞教学科研，不要去搞创收。学校领导的主要责任是搞到钱……创收的任务应该在学校层面做。”

C院长的岗位责任理念也体现在他对学院副职人选的态度上。在考量增补学院空缺的副院长时，院长希望能够有一位稳重、执行力强、有一定行政经验的教授来担任，他认为教授可以不再为职称焦虑，可以集中精力做事，而且希望这个副职愿意承担创收和学院经费审用的职责、能够对院长和学院负责。“如果学校增补我院副院长，这个人最好能把财务审批和创收这一块承担起来。”

承担“国培”“省培”项目是学院新的创收来源之一。在学院项目负责人增补问题上，院长同样表达了对学院创收工作的责任感与担当态度。因为学院原负责“国培”项目的教育研发中心常务副主任退休，有人担心有关业务后继无人，建议考虑返聘原主任或选拔新人进行培养。院长表示，“国培”

“省培”项目是学院很重要的新增创收领域，一定要重视，他自己是教育研发中心兼职主任，虽然不领岗位酬金，但有责任把这项工作处理好，他会亲自抓；对于副主任岗位的增补，既要考察人选，也要考虑各种行政程序的规范要求。

C院长认为，学院的和谐稳定和教职工的思想工作属于党建主业内容，要抓好和谐稳定和思想工作，首先要解决学院的“菜篮子工程”。由于一段时间里没有行政副职愿意接管创收工作，他希望书记从学院维稳的角度，协助院长主抓创收。“抓菜篮子＝维稳＝书记职责＝书记抓创收”是院长的思维逻辑。

C院长第一任期期间，主要精力抓学科建设、创收和处理学院各种管理问题，因个人科研业绩与学校规定的博士生导师上岗条件未完全对应，在博士生导师资格遴选时，院长拒绝了学院学术委员会提名上岗。因担心行政事务多不能保证备课上课时间、影响教学质量，院长主动减少了个人的教学量，个人收入受到影响。笔者曾问院长是否因投入行政工作影响博士生导师上岗而后悔过，他回答说：“有啥好后悔的。做了院长就别想着样样都能得。”

C院长认为，既然组织和群众选择他做院长，他就有责任按照组织的要求履行职责，推进学院学术发展，按照群众的诉求保障他们的利益。发展学科、搞好人才培养是学院最重要的学术任务，搞好创收是学院最重要的群众利益任务。所以，他给自己定下目标：主要工作绩效不能落后，特别要确保教职工的酬金待遇不能低于上任时平均25元/学时的基数底线。这种理念使他对学院的酬金水平和各项重点工作特别重视，给他本人和学院带来更多的发展动力，同时也是更大的精神、业绩和财务压力。这种压力是大的组织环境背景下经由院长的执政理念等因素引发的，通过院长角色的演绎推广，后来成为组织的整体压力。关于学院副职人选的态度，也从另一个侧面反映了院长内心的压力，以及院长的认知理念对学院创收业务发展的影响。院长站在决策管理岗位上对创收压力的理解和处理方式，是A学院创收业务发展模式的重要导向力量。

一、影响院长角色行为的三层环境

环境因素对院长的角色理解认知和角色行为有重要影响。从结构层次看，影响院长角色行为的环境主要有上级环境、同级环境和下级环境；从内外关系看，主要分内部环境和外部环境。院长角色理解与行为的环境因素作用常常是各层次、内外环境因素综合作用的结果。

（一）上级环境

影响院长角色行为的上级环境因素主要包括：①学校财务二级分配制度的作用。②学校政治任务要求，包括学校文件、领导讲话及各种学术任务运动等。当上级有“运动式”人才培养主业的任务要求时，比如一级学科博士授权点申报、重点学科建设申报、“211 工程”建设申报与验收、“2011 协同创新计划”、创新强校工程、高水平大学建设等，院长会在一段时间内集中力量来应对和处理，当完成上级指令后，或者说院长认为可以对上级指令有所交代后，又会把许多的精力转向学院创收业务拓展。③大学传统学术使命等文化的影响。④规制性制约——大学各类规范和限制创收活动的管理监督制度等。上级环境主要是单位的外部因素。

（二）同级环境

斯科特把同级影响称为“社会传染”①。学院面临的“社会传染”力量主要包括：①兄弟院系（包括其他同类高校同专业院系）的行为激励。②本院系前后任领导的比较。出于政绩需求或其他原因，新一届领导总是会有意无意与上一届领导的政绩或业务绩效进行比较。③学院党委书记的影响等。看重执政业绩的院长，往往也在意“社会传染”的影响。同级环境既有单位的外部因素也有内部因素。

（三）下级环境

影响院长角色行为的下级环境因素主要包括：①学院正副职合作与竞争的关系。学院正副职之间有时是利益共同体，有时是政治对手，往往具有合作与竞争双重关系。学院党政联席会议和业务分工等，常常会有相互冲突的角色故事发生；正副职之间的竞争关系有时会使院长更加谨慎和努力，有时院长会着重考虑和谐与平衡，未必采取最有利于学院和教职工的行动。有的业务选择性做，或等待时机做，或换一种方式做，比如通过教代会提名设院长助理、希望书记亲自抓创收等等，以解决业务分工不顺等问题。②学院内部各项工作推进的经费诉求。③教职工对学院、院长的各种期待与利益诉求。④学生发展的各类诉求等。下级环境主要是单位内部因素。

二、综合性因素影响院长岗位职责的理解

S 大学二级学院院长一般从专业教师中产生，往往是学科骨干教授，都

---

① SCOTT W R. 制度与组织：思想观念与物质利益［M］. 姚伟，王黎芳，译. 北京：中国人民大学出版社，2010：174.

有自己的学科归属和研究方向；多数院长与其他教授一样招收和指导研究生、给本科生上课，承担相应的教学科研任务。由于学校的管理制度中对学院行政领导没有特殊的教学科研工作量减免，或为行政领导的付出单独设定业务考核指标，所以一般情况下，院长们在履行基本行政职能时，还要完成与其他专业教师基本一致的教学和科研任务。从2013年起，大学规定教授每年必须为本科生上一门完整课，院长也不例外。对于一心以学院大局为重、将主要精力投入学院集体事务和学科发展的院长，行政与教学的矛盾、行政与科研的矛盾成为经常要面对和处理的个人发展问题，不同角色之间的任务冲突经常给院长带来压力。

院长对行政主业、个人学术事业与学院创收矛盾的理解，会决定学院工作的走向，特别是影响学院创收的制度化进程。在现有体制中，S大学的管理制度对基层学院的行政领导在其工作岗位的努力付出并无明确的扶持。比如，学校没有对不可控因素造成的学院工作失误或造成的损失订立负责人免责条款；没有对从事行政领导岗位的专业教师给予教学、科研等工作量减免，或者个人发展上的其他扶持等，而且学院领导的工作一旦出现失误或造成损失，学校还要启动“问责机制”；根据上级制度规定，学院领导不仅要承担岗位的“第一责任”，同时也要履行“一岗双责”等。因此，有院长认为，学院行政领导的工作靠的是一种责任感，靠领导者个人自觉，如果领导有私心、只顾自己的教学科研或者名声，行政工作一定做不好；一心只想搞好学院事务，且不能耽误个人的教学科研，那是不称职院长的表现。院长们有时也会抱怨：我们是没有人关心和保护的群体。有教职工谈论到，院长作为一名教授、博士生或硕士生导师，从事院长工作后，将大量精力放在行政事务上，其个人也许会失去不少，比如说学术的成就与声誉，某些学者称号可能再也没有机会获得；也有的教职工认为，院长是学院的领导，手中有权力，掌控着许多资源，有更多代表官方的对外业务机会，这些都是其他普通教师无法拥有的。尽管面对各种争议，有的院长依然能全身心投入学院行政工作，包括谋福利的创收工作，不惜牺牲自己的教学、科研和声誉。

学院院长、书记强烈的岗位责任意识成为S大学二级学院创收行为决策的巨大观念动力。S大学几乎所有二级学院的党政一把手都认为，有责任为改善学院的财务压力而努力。某学院院长在谈论学院书记的职能作用时说到：“他对我最大的帮助就是愿意分管创收工作……我们学院有书记抓创收的传统，以前都是书记亲自抓。”笔者在访谈时特意问这位书记为何愿意分管学院的创收业务，他说：“其实不是我想抓创收，而是班子会上大家提出的，我也觉得挺为难，可是不做又觉得不好。”学院的传统做法、院长希望书记为其分忧、书记希望对学院有所作为等促成了该学院书记亲自抓创收。

类似的情形在多个学院都存在，说明规范性和文化 - 认知性制度要素在学院创收治理模式的形成中发挥了重要影响。

第四节　来自学院内部的压力感受

一、规模发展的经费压力

1990 年前后，A 学院（系）在校生规模约 900 人，生师比约 9∶1；逐年扩招后，到 2014 年标准生规模比原来增加了 4～5 倍。本科生规模相对稳定后，学院规模扩充转向研究生的扩招。20 世纪 80 年代，A 系招收研究生每年不足 10 人，现在 A 学院研究生总量超过 600 人，在读博士生也达 30 余人。扩招研究生的主要原因：一是大学希望研究生和本科生的规模比例控制在1∶2；二是因为增加研究生意味着"人头费"可以更多，学院每多招一名研究生，可以多获得一份学费提成收入，学院还可在一定范围内自主决定所设专业的学费。

A 学院近年不断扩大专业型硕士研究生的招生数，在大学控制招生总量的前提下，学院决定减少各学科学术型指标，把指标转给专业型。对专业型硕士点的转型工作之所以得到迅速推进，除了大学的引导外，更主要是学院领导努力让导师教授们明白，这是一种趋势，专业型硕士生收费比学术型硕士生收费高得多，学校分配给学院的份额也多，可以为学院带来更多的收入。学院领导宣传说："（招）学术型研究生基本是贴钱的"，而"（招）专业型研究生是挣钱的"；对于招收境外研究生，"钱都被学校收取了"，"我们只是完成政治任务，能不招就不招"。按照学院成立初期（当时学院还没有招收专业型研究生）制定的酬金分配办法，谁指导研究生多，谁收入就高；培养一位研究生（学术型），学院还得倒贴课酬给导师，研究生总量招的越多，学院集体福利亏损越大；学院要维持研究生工作运转，只得拆东墙补西墙，或者，就是加大创收来帮补。2011 年开始实施新的酬金分配办法，降低了研究生指导酬金，控制了研究生培养的亏损趋势，并将结余经费向本科教学酬金倾斜。

即使没有大学层面的主动施压，二级学院也会遇到来自自身生存与发展的经费压力。

高校扩招是精英教育向大众化教育发展的必然结果。大众化教育阶段是以适龄人口入学比例计算的，西方国家人口基数小，扩招比例再高，遇到的连带问题也不会如中国高校这般复杂。在中国，高校招生每增加一个百分点，学生的绝对数就是一个庞大的数据，相应地，意味着需要更加庞大的配套资源来完成人才培养，连带的问题是一个系统工程。S大学的扩招不是主动自愿的选择，而是对政府高等教育任务的承担。大学为获得政府更多的资源而听从政府的安排，是一种妥协让步与承诺。学院为了从大学获得更多的资源和拨款，也顺应大学的要求，在学科结构和学生人数上不断增长规模和调整结构。

扩招给A学院教学管理带来的一个突出问题是：相关学科教师工作量更大了，需要开设的课程缺教师上课，专业课教师每学期普遍需要承担3～5门课程，有的多达7门（不算重复课），学院管理成本也大大增加。C院长上任时，学院面临的问题还包括因为本科课酬低、管理要求高，许多教师不愿意上本科课程，教研室主任很难做，矛盾比较突出；研究生选修课远远满足不了学生发展的需求。为了解决师资不足问题，学院外聘部分客座教授，教学质量参差不齐，成本也高；除了基本教学任务外，学院要为学生提供各类学术性与素质拓展性讲座，主讲者的接待费用和讲座课酬都需要学院想办法自筹。此外，维系学院正常运作的各项开支，包括办公费用、学术会议、青年教师科研扶持、业务拓展与交流、行政津贴、合同制人员薪酬、高考阅卷补贴、工会补贴、离退休补贴、困难学生补助、党建工作补贴、其他临时性支出等，其增长都造成很大的压力。

二、对教职工待遇诉求的理解

2010年寒假前，一位博士毕业入职不久的新婚青年教师因妻子待业、家庭经济困难，向A学院书面申请借2万元过年。院长非常感慨地对书记说："现在的青年教师真不容易！书记，我们责任重大呀！"并决心在任内改变这种状况。

2011年酬金分配改革前，A学院超过60%的教职工领取行政补贴，行政补贴经费大约占学院可支配收入的19%。讨论酬金分配改革方案时，院长认为只有从减少领导补贴开始入手，才可能推进改革。院长书记表态先将领导酬金减去一半，将匀出来的钱用于补充本科教学课酬，此项决定得到酬金分配改革工作小组成员支持。经讨论，大家一致同意新的酬金分配实行量入为出、分类计算、多劳多得的原则；在行政补贴方面，规定无论多少人需要领取行政补贴，学院行政补贴的发放总量都限定在可支配经费的9.2%。

来自原有的待遇基础、兄弟高校和学院之间的横向比较、基本课酬的心理底线、教师职业发展对学院扶持教学科研的诉求、离退休人员的待遇保障、临聘人员的工资福利、广大教职工的心理期待和青年教师的生活压力等，都使学院领导感到巨大的创收压力；学生发展诉求所需经费更是一个无底洞；学院规模扩张后，后勤保障等方面的支出也水涨船高。学院教职工待遇的好坏，影响学院领导和教职工的自信心，院长书记常常把改善学院教职工的收入待遇作为岗位责任和创收动力。某学院的书记告诉笔者，由于国家和学校给到教职工的收入待遇太低了，“根本不够用”，为了调动学院教职工的积极性，“我们学院想很多办法去创收，解决这个问题”。前文提到的那位理工类学院院长很自豪地告诉笔者：“这几年我们学院一直保持了酬金发放的标准，并且向学校借钱越来越少（过去该学院常常需要向学校借钱过日子），那是总体收入提高了。老师们最直接的体会是，去机关办事，腰杆都挺直了。”

当学院经费不够充裕时，对于是否将创收收入投入学科专项建设中，各学院领导们往往还要考虑其投入的效益、顾及教职工的各种期望和感受，比较谨慎。

关于教职工价值观对学院创收行为制度化的作用，将在第七章进一步论述。

三、学院财务对创收的依赖

A 学院 2009—2011 年的财务福利金收支结算情况见表 5－1。

表 5－1　A 学院 2009—2011 年福利金收支明细表

单位：元

序　号	项　目	2009 年	2010 年	2011 年
一	上年结转	3 470 861.86	3 878 968.85	3 617 219.00
二	本年收入合计	8 395 472.00	9 155 296.52	8 619 950.00
其中：1	**学校拨入教学科研津贴**	**3 866 715.00**	**735 842.00**	**4 120 248.00**
2	华文学校学费收入（未扣除成本）	—	1 045 570.50	1 183 920.00
3	省自考办拨入评卷费	153 431.00	103 098.50	54 078.30
4	香港中小学教师培训班学费	188 760.00	132 810.92	0.00
5	成教培训收入	—	20 304.00	0.00
6	教育硕士学费分成	204 336.00	213 174.00	147 525.00

续上表

序　号	项　目	2009	2010	2011
7	同等学历班学费分成	22 536. 00	97 656. 00	0. 00
8	研究生课程班学费收入	—	47 456. 64	280 933. 53
9	自考班学费分成	355 918. 00	389 976. 96	0. 00
10	自筹研究生班学费分成	37 325. 00	25 056. 00	0. 00
11	函授班学费分成	1 922 927. 00	2 011 032. 00	1 349 505. 22
12	科研优秀奖拨入	—	155 000. 00	0. 00
13	双学位班学费分成	213 684. 00	32 560. 00	141 323. 58
14	与开放学院合作办班学费分成	771 735. 00	185 823. 00	521 356. 50
15	其他学院课酬转入	17 191. 00	16 000. 00	20 420. 00
16	**学校拨入教学科研业绩**	**—**	**3 494 595. 00**	**0. 00**
17	澳门班学费分成	129 375. 00	66 084. 00	130 374. 32
18	选修课学费分成	14 382. 00	11 186. 00	4 794. 00
19	学校拨入科研人员津贴	—	60 000. 00	0. 00
20	必修课学费收入	—	21 479. 00	0. 00
21	学校拨入特岗教工酬金	—	135 501. 00	0. 00
22	函授研究生学费分成	102 490. 00	115 567. 00	0. 00
23	与高职高专相沟通学费分成	—	—	32 950. 00
24	第三校区教学学费分成	126 350. 00	—	127 715. 00
25	研究生课程班学费分成	149 113. 00	—	—
26	期刊杂志社上交学院利润	30 298. 00	—	—
27	留学生学费分成	39 690. 00	—	101 169. 00
28	其他收入	49 216. 00	39 524. 00	32 950. 00
三	本年支出合计	7 987 365. 00	9 417 045. 50	7 129 583. 95
其中：1	院司机出车补贴	18 696. 50	14 016. 00	13 247. 60
2	本学院教师课酬	3 542 340. 69	6 141 774. 10	3 028 903. 00
3	外聘教师课酬	118 549. 50	190 558. 00	250 865. 20

续上表

序　号	项　目	2009	2010	2011
4	学院发教师节日酬金	1 054 085.00	936 340.00	1 041 100.00
5	退休教工节日慰问金	283 735.00	223 100.00	156 850.00
6	学院支付英才班课酬	—	—	21 299.00
7	学院付华文学校课酬	—	—	686 026.00
8	监考费	94 030.00	71 680.00	—
9	学术讲座酬金	—	6 583.40	—
10	教师资料费	461 650.00	246 960.00	147 500.00
11	劳务费	206 370.10	67 200.20	141 000.00
12	教工计生奖	473 160.00	278 932.00	0.00
13	业务费	144 227.00	78 748.20	115 751.00
14	加班费	—	73 732.00	30 425.00
15	购办公用品	—	7 956.00	5 407.60
16	差旅费	7 810.00	5 977.00	13 967.00
17	教职工体检费	—	—	17 230.00
18	工会会费	—	—	1 497.60
19	教职工活动费	13 040.00	13 570.00	92 000.00
20	自考评卷酬金	160 966.00	77 526.00	33 845.75
21	高考评卷补贴	476 250.00	487 749.00	472 000.00
22	院会议补贴	—	27 232.00	0.00
23	合同工工资	66 923.49	30 480.00	89 820.00
24	电话网络费	—	—	11 622.20
25	招聘工作奖励	—	19 632.00	—
26	研究生课酬金	48 748.00	32 795.00	—
27	辅修工作补贴	—	7 700.00	0.00
28	教师科研津贴	417 888.00	60 000.00	638 576.20

续上表

序　号	项　目	2009	2010	2011
29	研究生复试酬金	28 750. 00	—	42 020. 00
30	支付工会会费	619. 20	—	—
31	教材编写支出	3 000. 00	—	—
32	学院付职务补贴	255 665. 00	—	—
33	函授工作奖励	81 932. 00	—	—
34	函授评卷补贴	7 750. 00	—	—
35	学生补助	6 180. 00	—	18 335. 00
36	华文学校工作人员奖励	—	45 000. 00	31 788. 00
37	社科成果奖	—	155 000. 00	0. 00
38	研究生资料费	—	105 650. 00	0. 00
39	华文学校退学费	—	11 154. 60	8 392. 80
40	新生教育军训支出	—	—	5 115. 00
41	备用金	15 000. 00	—	15 000. 00
四	本年结余	3 878 968. 86	3 617 219. 00	5 107 585. 92

注：①数据由学院办公室提供。

②以自然年为统计时间。按照原分配方案，学院一年教师常规课酬开支约 600 万元。每年账面上的余额只够发当年一个学期的课酬，该年度另一个学期的课酬须等下一年学校下拨的业绩津贴来补足。所以，每年结算报告中“上年结余”有 300 多万元余额，年度实际支付情况并非如此。

③学院未能如期发放给教职工的 280 余万元课酬津贴、学院向学校借支偿还期刊官司债务而应当归还学校的 220 多万元，以及学院其他应付而未支付的款项没有包含在结算报告中。

④学校给学院下拨每年 110 多万元的人才培养专项经费和其他科研专项经费专款专用，原则上不属于学院二次自主调配经费，不包括在内。

从表 5 - 1 可见，大学下拨给学院的常规财政预算经费（加粗字体数据，不含专项经费）三年来分别占学院福利总收入的 46. 1% 、46. 2% 和 47. 8% ，另外超过 50% 的福利收入需要学院通过各种途径和渠道想办法筹集，其中非全日制办学办班的自主创收收入占了相当大的比重。

2009 年以来，A 学院注重开源节流，每年基本实现收支平衡。但是，如报表备注中注明的，学院每年需支付教职工两个学期课酬共计约 600 万元，当年只能支付一个学期，剩余一个学期的课酬要等到第二年学校新一轮下拨经费到账后才能发放。

另外，学院有两笔巨大的应支付而未支付的款项，未列入收支结算表。这两笔款项造成了学院巨大的财政压力。一是由于学院创收收入减少而开支不断增加，教工酬金共280余万元不能如期发放。二是学院此前因管理不善引发期刊杂志社对外经济纠纷官司，最终法院判决期刊杂志社主管单位S大学担负补充清偿责任，在法院无法执行到主要责任人——原杂志社主编（已被学校辞退）的财产赔付后，大学需代赔偿320余万元；学校校长办公会议认为案件的责任根源在A学院，要求赔偿款由学院支付；最后，除去学院被扣在学校的100万元办刊经费外，由学院向学校借款220余万元代为偿还。学院因此背上沉重的债务负担。

学院的财务状况最能说明学院的经费压力和创收对学院运作的重要性。S大学各个学院的发展除了依托学校下拨的政府拨款和学费分成外，还大量依靠学院自主创收的收入来维持和推动。在部分学院，自主创收经费占学院福利经费的一半左右，甚至更多。从A学院2009—2011年的财务福利金收支结算报告看，创收收入已经成为学院生存与发展的重要依赖。在学院各项支出难以压缩的情况下，C院长希望通过多渠道有效拓展创收来保障学院的正常运行，在改革学院原有创收机构的基础上，成立了新的创收机构，动员学院教职工力量拓宽创收渠道，并亲自跑创收业务。本书将在第六章中进一步探讨。

四、创收市场的竞争压力

学院创收的外部环境变化，是学院创收压力加剧的重要影响因素。本书第三章分析了国家政策、大学政策等外部政策环境对学院创收的影响。这里主要分析学院创收所面临的市场竞争环境的巨大挑战。

20世纪80年代末至90年代，中国经济快速发展对人才提出巨大需求，社会对知识能力提升和学历提升培训的巨大需求，与大学的学术专业供给服务一拍即合，A学院（系）也在这个阶段获得许多创收先机，招收各类代培生、开办刊授、函授和自考辅导班为学院带来相当大的经济收益。随着高校大规模扩招和国家对教育市场的进一步开放，A学院原有的以非全日制学历教育培训为主的创收优势正在逐渐丧失。

（一）核心技术的可替代性

过去A学院通过开办普通的刊授、函授培训或取得自学考试自主命题权就可以较轻松地发放毕业文凭或学历证书，但在政府和大学规范毕业和学历证书发放的新管理政策下，已经没有了这种特权。同时，A学院赖以开设培训班的学科知识和专业技能可以被其他组织（其他大学同类学科专业或社会力量）所共有和替代。A学院能做的，其他许多学院和其他高校也能做。A学院传统的创收模式市场优势不再。

（二）创收市场的开放性

政府鼓励具备条件的社会力量参与高等教育事业中，许多民办高校、各类社会培训机构和个人都将目标瞄准教育培训领域，普通高校及其二级学院在教育培训上面临较大的市场竞争。“大学”的内涵发生许多新变化，比如从专科到本科、从教学型向研究型等的“升格”行动，虚拟网络大学和企业大学的兴起等，同样对S大学传统的培训类创收市场造成冲击。

随着创收人环境的不断变化，在传统的函授、自考项目明显萎缩，新的创收渠道尚未稳固期间，学院领导的创收压力感受会更加强烈。

（三）非对称性市场竞争

社会培训机构的优势是为个体利益奋斗、全职投入、机制灵活、成本低、政府干预少、项目覆盖面广等。其存在的问题或隐患也不少，各类教育培训机构良莠不齐，有时采用恶性竞争手段，甚至不择手段，比如有的以次充好、滥竽充数、重数量轻质量、夸大宣传、盗用名校名师声誉等，这些行为对S大学A学院等规范的办学培训冲击不小。在中国人情社会背景下，许多创收项目要通过各显神通的人际关系资源去获取。学院创收渠道和项目的不稳定性增加了创收收入的不确定性。

当然，自主创收收入能够改善教职工的待遇从而提高其工作积极性，能够保障学院的稳定，能够使学院有自主掌控的经费去扶持专项工作，能够对学院人才培养、学科建设等主业有一定的促进作用，能够体现学院领导的管理能力和业绩……比如A学院创收收入为拿下一级学科博士授权点提供业务经费保障、为扶持青年教师的科研发展设立青年教师科研扶助基金、通过提高课酬吸引教师承担本科课程、支持学院党建工作、为凝聚人心等发挥积极作用等，都是学院领导选择开展创收的动力来源。

第五节　本章小结

社会制度、各类治理结构场域、行动者等是造成制度形成与扩散的有层级关系的三种基本结构，社会制度是通过三者的相互循环作用而得以创造和传播的。在这个循环系统中，处于中间层次的治理结构场域对制度创造和扩散起到承上启下的桥梁作用。相对于社会制度层面，各种具体的治理结构场域是低层次的结构，被社会制度自上而下制约和使能，同时，它又反向作用于社会制度，自下而上对社会制度进行再生产与改变；相对于更低层的行动者，具体的治理结构场域又是高层次结构，对更低层次的行动者制约和使能，同时，它也受到更低层次的行动者的再生产与改变的反作用。

学院领导的解码与转译者的角色作用确立了学院的创收压力和创收选择。从以上分析可见，以院长为代表的学院主要领导把财务二级分配等大学制度环境因素解码转译为学院发展的创收压力以及难以逃避的制度要求，使院长们强烈地感觉到大学内外“要我筹钱”“要我创收”的压力。在对院长、书记岗位职责的角色理解和编码中，将学院发展的各类经费需求、学院教职工的福利诉求、学院现实的财务状况等学院创收压力理解为院长和书记任内义不容辞的重要工作责任；外部创收环境的变化和完成主业使命与开展创收之间的矛盾，加上学校创收政策的激励等，使学院领导逐渐生成“我要创收”的观念。学院开展创收并非完全基于压力，创收为学院和领导者带来的利益和好处，强化了学院领导“我要创收”的观念和动力。大学和学院通过自主创收解决办学经费不足的传统为学院解决经费问题提供了参照和可借鉴的渠道。在没有其他更有效的资金和资源获取来源的情况下，自主创收成为学院领导解决经费压力的最主要选择。

院长对学校政策解读、对岗位责任角色的理解、对创收压力的感受和认知特别是对学院创收工作赋予意义，反映了组织环境中间治理层的能动性对制度传播与初步再造的作用，主要体现了制度的规范性和文化-认知性要素的综合作用。

在实际工作中，学院领导通过调整内部组织结构、拓展创收渠道、动员要求和政策激励等措施具体推进学院创收。对此，本书将在第六章进一步展开论述。

第六章 治理层对学院创收的传承与再造

学院治理层对大学制度体系理解转译、对领导角色认知理解与担当、对学院发展压力的感知与解读等制度关系的解读与再造过程，明确了学院的创收压力和创收行为选择。为了化解经费压力、推动学院创收，在制度环境条件下，学院领导进行创收工作顶层设计，并通过具体措施予以推进。创收成为学院常规性工作的重要组成部分，对学院的组织特征产生了多方面的影响。

本章主要分析学院治理层关于创收的意义建构、创收决策、推进创收的具体措施以及学院创收对组织结构、功能、文化、目标和属性等的影响。具体结合个案展示，分析学院创收行为的推进和传递过程。①

第一节 学院的创收决策

一、学院的决策模式

《S 大学章程》规定："学校党委是学校的领导核心，依照党章等党内规章规定履行职责，制定议事规则，把握学校发展方向，确定学校发展规划，决定学校重大问题，负责党的建设，支持校长依法独立负责地行使职权，讨论、决定校长拟定或提交党委讨论的事项，监督重大决议执行，保证以人才培养为中心的各项任务完成。"② 学校党委设常务委员会（简称"常委会"），通常情况下，常委会代表党委行使治理职能。

"校长办公会议是学校行政议事决策机构，依照法律法规制定议事规则，

① 若非特别注明，本章主要数据均来源于 A 学院会议记录。

② 《S 大学章程》第二十七条。

研究落实党委讨论决定的重大事项，研究决定教学、科研和行政管理工作。”① “学术委员会是学校最高学术机构，依照相关法律法规制定章程，确定组成原则、产生办法和议事规则，统筹行使学术事务的决策、审议、评定和咨询等职能，在人才培养、学科建设、学术评价、学术发展和学风建设等事项上发挥重要作用。”②

“教职工代表大会是教职工依法参与民主管理和监督的基本形式，依照法律法规制定实施细则，确定组成原则、产生办法和议事规则，行使权力、履行职责。”③

“学院实行党政联席会议制度，依照法律法规和学校规定，研究决定教学、科研、行政管理及党建、思想政治工作事务。学院党政联席会议由学院院长、副院长、书记和副书记组成，工会主席、办公室主任列席会议；根据议题需要，学术分委员会主任委员应邀列席会议。学院院长和书记共同商定党政联席会议议题，按照议题内容分别主持会议。”④

大学的决策模式受大学所处的管理体制、教育行业特点和文化背景等因素的影响。在大学的组织决策中，郭建如认为：“依照有限理性的组织决策理论，大学的规章制度规定了哪些人可以进入决策活动中，也规定了组织决策的机制以及做出决策的方式，甚至决定了组织的决策结果，规定了什么样的决策才是合乎情理的；大学是不同目标的集合体，也是有着不同目标和利益的个体的集合体，大学的决策过程呈现出政治性，相关群体努力利用各种资源和机会对决策过程施加影响，这种政治活动也会延续到执行过程中；解释在决策选择与执行中发挥了重要的影响，组织中不同个体有着不同的经历、身份、角色和利益，可能会对同样信息做出不同的解释。因此，组织的决策过程呈现出突出的模糊性、不确定性和非连续性特征。”⑤

中国公办大学的治理实行“党委领导下的校长负责制”，大学重要的决策机构是学校的党委会、常委会和校长办公会议。

随着学校学术委员会制度的建立和完善，大学有关学术事务的决策，要经过学术委员会。

教代会也参与学校管理，但在实际工作中，教代会对大学事务的决策参与比较有限。

---

① 《S大学章程》第三十四条。

② 《S大学章程》第三十八条。

③ 《S大学章程》第四十一条。

④ 《S大学章程》第五十六条。

⑤ 郭建如. 案例研究［J］. 高校教育管理，2012，6（3）：32.

学院的决策是大学组织决策的缩影。学院决策的最主要形式是党政联席会议，有的高校规定基层党组织纪检委员列席党政联席会议。学院的行业内核心技术的代表主要是教学和科研骨干，即教职工中的专家学者，因此，组织决策形式中包含了这类技术代表。学院行政正副职主要是专家学者代表；教代会主任一般亦是专业教师代表；正副书记代表了政党的意志，有的是专职管理干部，有的由党员教师兼任。不同的人员组成体现了不同的权力分割与制衡的符号意义，也是组织合法性的需要。学院党政联席会议制度采用的是民主集中制组织原则，体现集体领导、集体决策、集体负责、分工合作的精神。党政联席会议负责学院办学方向、思想政治、学科建设、教学、科研、人才引进等重大事项，以及重要人事任免、重大项目投资决策和大额资金使用等“三重一大”事项的研究决策，党委履行主体责任，行政履行“一岗双责”，决策后果由院长和书记承担第一责任、班子集体共同担责。

从决策效率的角度看，决策层越简单，管理效率越高，如果学院决策由院长或由书记独立负责可能更高效。从任务性质而言，学院采用教授委员会或学术委员会制度更符合高等教育的属性要求。而高校二级学院最终采用的党政联席会议制度是两者的折中，是政党和政府对公办高校采用理性选择模式实行科层化管理与高校要按教育规律发展要求相调和的结果，也是组织与组织环境的一致性与同形性的体现。

党政联席会议的决策决定了学院是否要开展创收和如何创收等方向和措施，是学院教职工创收行动的主要依据。尽管大学的文件规定在党政联席会议上，行政事务由院长主持、党务业务由书记主持，但实际的具体运行过程中，学院为了调和上级组织的政治要求和高等教育规律要求以及满足学院自身发展的需要，或者基于院系党政领导的个人素质、能力与权力竞争、小团体利益等复杂关系，在不同学院或学院发展的不同阶段，院长、书记以及其他参会者的具体作用情况不同，党政联席会议的决策过程常常体现出模糊性、不确定性和非连续性。由于院长、书记和其他参会人员对议题的解释和控制作用不同，实际的决策权发生了一定程度的变异，主要形成四种决策权力模式（表6-1）：①行政主导型——院长的掌控力强、资历老或者其他成员支持院长行使职权时，院长成为决策主导；②政党主导型——书记掌控力和资历获得包括院长在内的其他参会者认可和支持，则书记主导决策；③简单票决型——党政联席会议人员关系复杂、没有实际权威时，简单的集体票决制是做出决策的常用方式；④民主协商型——党政联席会议成员关系平等、和谐，则民主协商的决策过程成为主流，而且在涉及学院发展的重大事项或关乎教职工重大利益的决策，还会吸纳学院其他组织的代表如系主任、教研室主任、各行政职能办公室主任、支部书记或工会委员、教代会代表等参与协商。

表 6-1 学院党政联席会议四种决策权力模式

决策形式	权力分配（决策者）	环境适应性	决策效率	决策结果	责任风险
行政主导型	院长	主动	高	较优	高
政党主导型	书记	主动	高	较优	高
简单票决型	联席会成员	被动	高	不确定	低
民主协商型	党政领导、联席会成员、其他代表	主动	低	优	低

因为创收业务主要涉及事业经费与财务管理、教学和行政人员的调拨等，属于学院行政事务，按照 A 学院的传统，有关创收决策以院长行政主导为主。

二、A 学院关于创收的决策

面对学校实行财务二级分配制度，基层学院可以有不同的选择来应对创收压力：既可以选择开展自主创收，增加学院可调配资金和改善教职工福利，也可以选择不去搞创收，而是加强学科建设，通过争取拿到高端课题、项目和科研成果，或者向校友和社会力量募集等，以获取业绩津贴、资金、奖励来维系教学和其他日常需要的经费开支。由于科研课题、项目和成果等因学科不同而差异巨大，且更多的是教师个体或小团队的业绩，而向社会募集的资金一般也有诸多的使用限制。所以，根据成本与资源优势，S 大学多数理工科学院选择以争取科研业绩为主、辅以社会创收的形式获取自主调配经费，而多数人文社科学院则选择积极开拓社会创收渠道来解决办学经费问题。

（一）创收与财务议题占主要的决策权重

据 A 学院 2005 年 2 月至 2008 年 1 月的会议记录不完全统计，学院独立发展的 3 年里，共召开各类有记录的“党政碰头会”（相当于党政联席会议，有时也称“党政班子会”）和院务会议等重要决策会议共 68 次，每次会议有一个或多个议题，都由院长主持；其中，主要议题中与财务支出、经费、福利等有关的会议共 60 次，占会议总数的 88%；以创收或财务分配为主要内容的会议（涉及创收机构设置与调整、创收人员安排调整、创收活动方案、财务与收入管理办法、创收工作进度安排、创收收入奖励等内容）共37次，占会议总数的54%；与本科、研究生教学主题相关的会议近30次，约占44%；与科研主题相关的会议大约10次，约占14.7%。当创收和酬金分配等议题与教学科研等议题放在同一次会议时，创收和酬金分配议题是重点，占时间和篇幅最多，教学科研议题多数是简单的例行通报，记录中往往只是一个标题或几句简单表述。

关于学院创收人员的职务补贴和奖励、学院函授上课和自考辅导上课的课酬、学院司机的出差补助等分配问题多次成为党政班子会的议题。如某月党政班子会议讨论的四个议题：一是科研业绩管理（业绩返纳和分配），二是辅修班管理费如何奖励，三是领导的差旅费如何处理，四是各类创收办班情况汇报等，其中包括期刊杂志社的管理改革等，都与利益分配相关。另一次党政碰头会上讨论的“三类工作”中，最重要的一类是关于期刊杂志社业务外包；另一类“学院其他工作”共6项，其中5项与经济利益相关。

作为基础教学单位，学年度第一次领导班子会议是今后一学年学院工作的总规划总指导。按常规，放在第一位讨论的、花费最多时间和关注度的，应该是学院今后一年最核心的工作，或者是最能体现学院主业目标的工作。从会议记录看，与A学院用以创收的华文学校有关的议题往往成为会议重点。

自2007年以中小学生课外兴趣辅导为创收来源的A学院华文学校成立，到2009年初，学院90%以上的党政班子会议都有华文学校的相关议题，占会议记录最多的篇幅；无论是年度第一次班子会还是其他时期的班子会，院长的表态和学院的决策中，最多的内容也是关于华文学校的。院务会议是党政联席会议的扩大会议，一般属于学院重大事项的决策或咨询会，除年终评优工作外，按需召开的院务会议一般都涉及创收或酬金分配等议题。2008年新学期开学前A学院第一次院务会议，第一项议题即是华文学校汇报工作。华文学校主任向参会的学院领导们汇报了五项内容，主要是华文学校的财务收支额和规模拓展等问题；关于华文学校的教学质量，记录中只有一句“教学系统性有待提高”。

2009年7月，A学院行政班子换届。新当选的C院长主持第一次党政联席会议。除了根据学校党委文件确立学院党政联系会议制度和确定行政领导的临时分工外，主要内容就是通报学院的财务状况，包括华文学校的经营状况和改革思路，重点是华文学校的规模和效益问题。此后多次党政联席会重点议题仍然是创收、收入效益、酬金分配等相关工作。

几乎每一任学院领导都会在教职工大会上动员“全院教工齐心协力把创收工作搞好”。年底的总结会，最重要的一项内容是学院领导报告当年的学院各项收入和支出，特别是教职工能够有多少收入。

从以上案例可知，创收及财务相关问题成了学院领导决策议题占有量最大、耗时最多、常年最关注的话题，是学院决策的绝对重心所在；而理当作为大学基层组织核心目标的教学科研、人才培养、教育教学质量等“主业”问题，在早期学院领导工作决策过程的会议记录中，很难找到其成为组织常规工作“核心目标”的证据。

如果说，在常规管理过程中，院系领导层的议论和决策关注点主要放在学院创收、经济利益方面，可以理解为这是学院追求完成人才培养目标主业的过程手段，那么，学院领导层在学年度开始前重要的战略或计划会议和学年结束时的总结会议所关注的主要议题，则应该反映了组织的核心目标追求。2005—2012 年学院会议记录显示，无论新旧学院班子，在学期开始和结束的党政班子会议上，核心议题都与创收或分配等经济利益有关，且创收与分配议题占据了主要的时间和精力。其中 2005—2006 年的会议重心主要是学院独立发展后面临的财务划分和经费压力等问题；2007—2009 年的会议重心集中在华文学校和期刊杂志社的创收改革；2010—2012 年的会议重心集中在期刊杂志社债务处理与期刊质量与效益的重整、学院酬金分配制度改革等。到 2013—2014 年，关于学院创收的学院决策议题主要集中在是否设置专人统抓创收、如何拓展创收渠道等。

如果说前院长时期以华文学校的设置和经营等经济利益的获取作为学院常规、重要的事务来运作是一种惯性，那么，新一届领导班子在学院第一次战略性会议上依然延续这一主题和运作模式，则很难简单地用“学院普通业务的延续”来解释。它至少说明了创收和经济利益分配问题在学院领导心目中的重要地位，无论谁做院长，都会将创收和分配作为重点关注的“主业”之一。

（二）关于创收的特殊决策案例

1. **“走程序”决策**。A 学院成立初期，有的创收收益分配决策直接由学院领导在班子会上指定。如会议记录显示，对学院创收部门的奖励问题，学院主要领导直接交代副职：由创收部门自己“提出书面材料，说明计算方法、过程与细节，学院备案”，主管领导的奖励则“由学院讨论发放”的方式决定。根据个别决策参与者回忆，党政碰头会决定华文学校管理层可以在培训项目的毛收入中提成 20% 奖励金（奖励金的应缴税款从学院集体福利中支出），华文学校负责人同时还领取学院行政补贴和“大锅饭”的分配份额，只是个别领导的意志，某时任学院领导表示：“从来没有同意过那个分配办法。”

对某专项创收收入的分配，尽管经院长书记会议沟通，也经过党政联席会议讨论的程序，但是会议只讨论大致的分配原则，即院长提议“按照过去的惯例处理”。其实部分会议成员对“过去的惯例”的具体标准并不知情，对经费的具体分配与使用情况也并不清晰。因此，这种会议过程只是原则上“走程序”，以示做到“集体决策、集体负责”和所谓“公平公正”。

2. **对微利项目的处理**。自学校对学院创收的提成比例总体增加10%后，学院创收的压力加大。过去，学院与地方政府教育主管部门合作开办的基础教育教师研究生课程培训班，规模达到25~30人/班，培训就有利润收入。学校提成增加后，培训班要达到40人/班以上才能保本，45人/班以上才有微利；而一般教育部门开设一个研究生课程班，多数希望将规模控制在50人左右，以保证质量。没有足够的人数规模，培训班的成本就高，学院创收效益就受到影响，有的学院因此放弃了这类创收渠道。2010年C院长被问到：“微利培训班还搞吗?”他愁苦着说：“微利也得干呀，否则你连这点收入都没有。没钱学院怎么稳定怎么发展? 老师怎么看你?”为了鼓舞士气，即使办一个50人左右的微利班，刨除成本后学院从中仅获得1~2万元的收入，院长也会在全院教职工大会上对该项目进行专门介绍。

3. **关于项目终止的决策**。学院领导并非看到有利可图就什么都干，有的情况下会依据某些理解和理由主动叫停一些创收项目。如C院长上任后，A学院成立“高级文化培训中心”，与校友合作面向基础教育的教师业务培训班。业务过程主要是校友通过个人关系联系地方教育局获得中小学教师继续教育培训项目，学院高级文化培训中心负责选派授课教师，剔除课酬和成本后，纯收入由学院与校友五五分成，其中学院将自身五成分成中的10%奖励给项目负责人。由于成本和校友提取的酬金费用比例高，一个10万元的项目学院实际只得大约2万元，获利微小，又要从大学财务出账，手续麻烦，责任和风险大，院长对投入产出比例感到不满意，不想再办。一年后，学校为了规范各二级单位非全日制办学行为，发文要求各单位进行办学自查和清理整顿。院长找书记沟通，希望停止与校友的合作。党政联席会议上院长传达了学校关于规范非全日制办学的文件精神，提出是否终止与校友合作办班的议题。有同志认为学院目前与校友的合作不违背学校政策，且有一定收益，可以保留；院长指出在该项目上学院承担的风险与获得的效益不对等，没有政策保障的合作风险大，不符合学校政策（包括合作方领取报酬的烦琐报账方式存在不符合财务规范的风险）等，建议终止合作；书记强调该项合作的风险与学院需要规范办学的意识，支持院长的提议；其他成员接受了院长和书记的说明及建议，最后党政联席会议成员表决通过终止该合作项目。

以上终止创收合作的案例充分体现了以院长为代表的学院领导对学院创收管理的编码过程。

4. **关于期刊杂志社的改革决策**。学院期刊杂志社创办的《学科月刊》自20世纪80年代初创刊以来，为A系和S大学带来很多荣誉，编辑部既有社会效益，也有一定的经济效益。2005年以前，除上缴学院创收外，杂志社所有工作人员的报酬都由编辑部自行负责。A学院许多领导和A系老一辈退休教师以《学科月刊》为荣，非常关心《学科月刊》的发展。

2005年A学院独立发展后，时任院长提出要提高办刊的经济效益，加强学院创收，要求《学科月刊》编辑部确保每年向学院上缴30万元的创收收入。但是由于社会形势的变化，编辑部坚持学术优先的办刊宗旨，与市场创收机制不一致，导致月刊发行量下降，收入减少，未能完成学院的上缴任务。2007年某月的党政班子会议讨论的重要决策之一主要是对《学科月刊》"两年没有向学院上缴创收款项"提出批评，并围绕《学科月刊》如何更好地获得经济效益，如果要实行《学科月刊》承包经营制，应该给承包者订立多少的承包金额等问题做决策。另一次党政碰头会上以《学科月刊》外包问题为重点议题，其中《学科月刊》管理者的酬金标准问题是会议讨论的主要内容之一。院长认为月刊编辑部办刊不力，多次通过班子会、院务会等讨论改革《学科月刊》管理体制，实行承包责任制，争取更大的经济收入，与会人员主要围绕承包金额的多少和承包人资格展开讨论。由于存在争议，最后通过院务会议投票表决，决定采取个人承包的责任制方式进行管理改革。

2008年暑假前夕，学院领导决定对《学科月刊》管理实行招标。一位刚引进的教工（A系20多年前培养的毕业生），承诺缴纳100.5万元的押金（比原编辑部团队开价多5千元）和争取每年向学院上缴20万元承包创收收入后，获任命《学科月刊》主编和5年的承包经营权，并掌管了《学科月刊》杂志社的印章，向社会招聘了编辑和经营团队。当年年底，学院与该教工签订承包责任制协议，规定《学科月刊》的经营自负盈亏；原编辑团队则由学院另行安排其他新岗位。

2009年7月A学院行政班子换届。2010年2月，《学科月刊》承包者因在申报正高职称过程中被举报造假，学校纪检监察部门介入调查，查出当事人职称和年龄造假，因此该承包者被学校发文辞退。随后，A学院要求该承包者移交《学科月刊》杂志社公章和经营权未果，向公安部门报案，并在媒体上公告《学科月刊》杂志社公章作废。在学校有关部门的指导下，学院强行接管了《学科月刊》，重新任命主编。其后，原承包者对外经营期间的债务债权人因得不到应收款项，将《学科月刊》杂志社及其法人告上法庭。由于《学科月刊》的主管单位法人是S大学校长，所以S大学校长成为被告。

校长授权A学院处理该经济纠纷有关案件。

学院聘请专业律师协助处理。律师了解有关情况后，认为《学科月刊》的承包责任制条款对学院十分不利，如果挣钱是承包人受益，如果亏损则由学院承担；有律师认为学院与承包者签订的《责任制协议书》是一份“法盲”合同；广东省新闻出版局也告知，《学科月刊》作为集体所有制期刊，采编权承包给个人是违反相关法律的。在律师和学校职能部门的指导下，学院通过法律程序厘清了学校的法律责任，促成原告把被学校辞退的《学科月刊》原承包者兼主编作为第一被告，法院判其负主要责任，S大学作为主管单位负补充清偿责任。但是，由于查核不到原承包者名下财产，法院最终判决S大学承担补充清偿责任，须向债权人支付320余万元。2012年，经过二次校长办公会议讨论，学校决定先将原承包者转入校财务处的100万元押金划拨出去偿债，另以A学院向学校借款的方式划拨剩余的220多万元，此笔借款由A学院拟出计划，逐年偿还学校。由此，A学院背上巨大的债务负担。学院院务会议提出由学校层面成立债务追讨工作小组负责向原承包者追讨钱款、启动问责等六条建议书面报告学校，学校基本没有采纳。后来在上级对学校领导进行的经济责任审计中，认为学校对所辖多个期刊杂志没有统一的监管，特别是知道《学科月刊》杂志社公章交由承包者个人保管后，没有采取有效措施予以纠正，缺乏风险防范意识和没有建立规范的管理制度，致使造成后来的各种纠纷和学校的重大损失。

在应对经济纠纷官司期间，学院同时对《学科月刊》办刊问题进行整顿，清理了杂志社遗留的诸多问题，逐步恢复了《学科月刊》地位和声誉。整改后，《学科月刊》通过增加订阅量，每年有数万元收入，但一直没有纳入学院集体福利进行分配。院长认为，动用《学科月刊》收入来发放集体福利可能会引起学校的不满，学校可能要催学院还款；如果把钱拿去偿还学校，学院教职工普遍认为不合理；《学科月刊》管理不善造成的负债，学校也有责任，应划清学校与学院之间的责任后，才能处理钱的问题，所以不能轻易动。动用《学科月刊》的收入会有怎样的后果，或许只是院长的一种猜测和理解。

学院领导对创收工作的不同认识和理解，在学院创收行为的选择、决策过程中发挥了重要的建构作用。这些案例集中体现了学院决策者关于创收的观念、认识、意图等编码过程对学院创收结构和行为建构的影响。

第二节　创收行为的推进措施

A 学院会议记录显示，2005 年学院成立后，保留了原有的创收渠道，只是将原来系属的函授自考部更名为学院“继续教育中心”，负责函授、自考管理工作。为了增加创收渠道，学院在原来承担海外教育培训任务的教研室基础上，成立了“学科教育中心”，专门负责港澳培训市场的拓展；《学科月刊》则继续独立运行。但是，由于支出不断增长，创收收入却在萎缩，学院经费压力越来越大。学院会议记录了时任院长的表述：“学院专门讨论创收后，对几个创收部门人员也谈过话，但都没进展。接下来（学院）开支压力也很大，我们是很着急。”这种背景下，探索新的创收渠道和持续推进创收成为领导关注的热点。在推进学院创收行动上，以院长为代表的学院治理层采取了许多具体措施，包括成立院级创收机构专门负责开拓创收渠道、制定学院创收激励政策、为创收投入资源、全员动员营造氛围、专责院领导抓创收和院长亲自跑创收业务等。

一、华文学校的诞生与发展

2006 年 11 月，某教研室主任受邀列席 A 学院党政班子会议，介绍说某省直机关有较多培训项目可委托 A 学院承办，能为学院带来创收收入，提出成立“A 学院培训中心”，负责对外培训合作，“我们的方向是跟大的机关单位长期合作，可以不用考虑生源”。班子成员认为普通教师有这种为学院分担的创收热情很可贵，表示支持这一提议。时任院长大力肯定该教师对学院的关心和积极提议，赞成成立培训中心，决定先对外开展合作，等到有了实际的业务进展后再向学院教职工宣布培训中心成立事宜。对于有班子成员提出培训中心与原有的继续教育中心和学科教育中心等创收机构之间的管理关系问题，时任院长认为，继续教育中心一直是管理自考和函授教育，没有涉及其他培训业务，就让它稳定、巩固；学科教育中心一直是负责香港方面的教师教育培训，没有开拓省内培训业务，“我提倡竞争，几个中心相互竞争，给予培训中心的权力是：任何合法的培训都可以（做），让几个中心在相互为目标（的竞争中）发展”。此次会议最终决定成立“A 学院培训中心”（以下简称“培训中心”），院长任培训中心主任、提倡议的教研室主任任培训中心副主任，院长定调：“培训中心与继续教育中心、学科教育中心是一种平行关系，在工作上的冲突由学院协调。”

2006年12月，培训中心第一个培训项目洽谈成功。学院党政班子会议第一个议题是讨论在培训中心的基础上成立专项培训项目工作领导小组，院长任组长、其他院领导任组员，工作人员由培训中心副主任统筹调配。为了使培训中心副主任便于统一协调工作人员，院长提议并经会议决定，以学院名义发通知，宣布培训中心副主任为学院专项创收协调工作负责人。

2007年1月学院党政碰头会，第一个议题是由培训中心副主任汇报办培训班事宜。院长听取汇报后再次表示，在职责问题上培训中心与学院其他创收机构“工作上有交叉不要紧，可以良性竞争。目前明确培训中心各类班都可以办，校外班由培训中心办，培训中心也可以向港澳开拓”。并同意培训中心开通长途电话、聘任院外客座教授等，给予了培训中心更大的创收开拓自主权。

在当年期末的学院最后一次院务会议上，讨论到“经济开拓问题”时，培训中心副主任报告，为了便于对外联系业务设立了“文化开发培训中心”，院长认为：“因还没有成功办班，暂不在全院宣布。”

2007年3月，学院新学期第一次党政班子会第一项议题是培训中心工作通报，提出培训中心人员的工作酬金问题。院长认为：“这是一个开创性工作，没有效益也应该有基本的酬金，效益好就根据收入再给予一定重奖。”会议决定正式发文成立“S大学文化培训中心”（以下简称“文化培训中心”），任命原培训中心副主任为文化培训中心主任。

3月初，学院继续教育中心主任因业务管理出现问题，申请辞去职务。院长在党政碰头会提议拆解继续教育中心的功能，把函授业务和自考业务分开独立运作，成立自考办公室（以下简称“自考办”）和函授教研室，调整原有人员的分工。

4月，学院党政班子会决定自考办归属文化培训中心。

5月初，文化培训中心主任向党政碰头会汇报工作中提到“华文学校等开拓工作”，希望通过举办中小学生课外兴趣学习班收取学费为学院创收。“华文学校”的概念第一次出现在学院正式会议记录中。据此次会议记录，华文学校招收了一群小学生开展普通话、书法、写作培训，开班后有了经济来源，院长在学院“党政碰头会”上表扬了华文学校。

5月下旬，学院召开了“华文学校筹备工作”会议。

9月初，学院新学年度第一次“系主任以上干部会议”上，院长宣布由某副院长分管“函授、自考、华文学校、培训中心”等业务。

9月中旬，学院新学年度第一次党政碰头会以创收为主要议题。讨论到分管创收的学院领导和办班联系人的奖励问题时，院长提出要将“华文学校做成品牌……师资力量在学院层面保证……小学教师不能聘太多，但也应该聘，保证质量。可以聘大专以上学历、能周末上班、有一定能力的人，让学院考察”，并由主管副院长去统筹。主管副院长报告了招生情况。后来，经院长提议，党政碰头会决定由学院主管创收的副院长兼华文学校的“校长”，文化培训中心主任转任中心办公室主任兼“华文学校主任”，华文学校另聘用 2 名非编临工协助打理日常事务。A 学院院长为了扶持华文学校的发展，特别向时任校长提出华文学校在大学财务部门设立独立的财务账号、3 年内学院免交创收管理费提成等，得到时任校长的批准。

开始时华文学校主要是举办与本学院学科相关的中小学生学科阅读能力提高班、写作提高班，后来发展到举办不同学科的兴趣班等，规模也越来越大。每一次在领导班子会议上，主管副院长都要报告华文学校的办学规模和经济效益，但极少涉及培训质量方面的内容。当招生数额稳定扩张后，华文学校校长（即学院分管副院长）提出了要为提高班和兴趣班修订辅导教材和异地办分校等事宜。在有关会议记录中，对教材的编写人员和费用安排做了较详细记录。在合作办班问题上，班子主要讨论与合作者如何“分成”的问题。

2008 年新学期开学前，A 学院第一次全院中层领导会议，华文学校主任汇报了华文学校的财务收支额和规模拓展等五项内容。院长听取汇报后指出，华文学校要“明确办学定位、办学理念、品牌特色，设立发展基金”，认为工作人员“积极协作，管理日趋规范，逐步完善，非常细致。要把华文学校办成一个品牌。（授课教师的）课酬由 200 元/学时提高到 250 元/学时”。而作为华文学校的“长远规划”是“扩大业务，工作量大增”。院长提到华文学校教学质量要“严控”。但谁来控？如何控？班子会并没有讨论解决措施。

2009 年学院行政班子换届后，C 院长上任，调整了班子分工，对华文学校的经营状况和改革思路等创收问题进行研究并着手改革。

2010 年上学期，新组建的学院第一届教代会对华文学校的奖励办法提出质疑，认为不合理。在随后某次党政联席会议上，教代会主任要求向教职工公布华文学校财务收支情况。班子内部对华文学校的奖励办法和是否为学院做出贡献等问题存在不同意见，多数班子成员提出修改奖励和管理办法。会议最后决定，教代会有关华文学校财务方面的要求，提请学校在对学院行政领导的离任审计工作中予以关注，以学校的审计报告结论为准。

华文学校的诞生和发展十分典型地反映了 A 学院创收行为的传承与创新再造。学院领导会议议题及讨论过程的不同安排，可以反映学院领导工作的重心和任务目标。2006 年底至 2009 年初，学院 90% 以上的党政碰头会和系主任以上院务会议都有关于华文学校（创收）的议题，内容涉及华文学校每一阶段的办班规模和收入情况、创收人员的奖励办法及相关职务补贴问题等。

把培训学校的重心放在为学院创收，就可能忽视教学质量。在华文学校已经招生运行一段时间后，学院党政碰头会曾提到“华文学校的课程安排由教研室安排”，说明在一些培训班开班后，作为华文学校最核心教学环节之一的课程安排尚未落实，也没有进行规范化管理。有关人员在多次工作汇报中重点关注华文学校的招生规模，因为“规模＝经济效益”，而没有谈及华文学校的教学；华文学校办学初期，聘任教师的门槛不高，无具体的教学业绩考核，当两年后华文学校招生规模达到每年 500 多人次时，所聘教师中只有 1 名是本学院的专业教师，其余授课教师全部是中小学教师。早期班子会原定需要“考察”华文学校师资能力水平，会后再没提出过，也未出台教学质量保障措施。

关于华文学校的议题讨论基本上由华文学校主任及分管院领导提出方案、院长定调的方式来决策，有的决议只在某些范围达成。如学院一次会议的“附”中记录：2008 年 4 月某日在自考办公室讨论了华文学校奖励按上交收入的 20% 为标准提取，但去掉加班费。该决策涉及华文学校创收收入分配的标准，与全院教职工利益相关，属于“三重一大”事项。但是本次会议时间并不是党政碰头会时间，也不在学院正式会议室召开，会议记录中没有参会人员和会议性质的记录，决策结果没有向全院教职工公布；对奖励比例“上交收入的 20%”的表述界定也十分含糊不清，在实际执行过程中有关人员按照毛收入的 20% 提取奖励金。华文学校的收入在未明确可享受分配的群体范围、收入分配的上下限或具体金额、未征询群众意见和领导决策未公开的情况下实施，为以后教职工们对华文学校收入及其分配的质疑等矛盾问题埋下根源。

2010 年后，根据学院发展和解决历史遗留问题的需要，以 C 院长为核心的学院班子对学院创收和财务规范化管理做了许多新的决策和实质性的变革，包括学院酬金分配方案改革、《学科月刊》债务处理和编辑部重组以及抓办刊质量等。对华文学校，则采取了一系列措施：

1. 机构负责人采取自愿报名竞争选拔方式重新竞争上岗。原华文学校主任提出辞去该职务，不再负责华文学校创收工作。院长动员另外一位教辅人员接替了华文学校负责人的工作。

2. 更换分管院领导。依据分工，华文学校调整归口给分管函授、自考业务的新上任副院长分管。

3. C 院长认为学院创收机构不必增加过多的行政职数，可以减少领取行政补贴的人数，建议不再设华文学校“校长”职位，此提议在党政联席会议上得到班子支持。

4. 规范创收酬金发放。C 院长促成学院二级教代会成立，并在党政联席会议上建议建立学院创收收入分配监督机制，由教代会常委会对学院各个创收收益模块进行收入审核后，才列入学院酬金分配，包括奖励金的发放等，此提议获得通过。在华文学校新旧主任交接时，教代会副主任与学院书记、分管副院长、学院财务人员一起参与了交接财务的审核工作。

5. 对华文学校的创收奖励进行调整。新班子对华文学校的创收奖励进行了三次调整讨论：第一次是认定原来实行的毛收入 20% 的奖励不合理，决定将“20% 总收入奖励”界定为“20% 纯收入奖励”，并过度到华文学校主任人选换届完成；第二次是新主任上任后，参照其他创收模块的奖励惯例，试行按 10% 纯收入的标准实施奖励；第三次是分管副院长提出华文学校要开拓业务，需预留拓展经费，党政联系会议讨论决定华文学校按纯收入 8% 提成奖励，另预留 5% 作为创收业务发展经费，且规定今后将根据华文学校的实际创收情况对是否预留发展经费及其比例进行调整。

华文学校改革期间遇到一些问题：业务交接前夕，所有原外聘教师被辞退，新主任需要重新组织师资队伍；学校减免华文学校三年提成的政策期满，开始按毛收入 25% 比例向华文学校收取提成；华文学校开办在老校区，租借学校和其他学院的教学场所，规模扩展后，很难借到更多的教学课室，成本也相应增加；后来因为有教师投诉教学区因外来培训的孩子和家长吵闹影响大学的教学秩序，大学领导规定学校教学楼一律不能借给二级单位办班搞创收，华文学校的教学空间一下被压缩；原有的两位临聘人员因待遇低和其他个人原因要辞职，学院正面临新的人手困难……这些问题和困难，学院领导花费了不少时间、精力去处理。比如，为了保证华文学校的教学课室，C 院长一是要求新主任通过各种关系尽量解决；二是亲自与分管副院长一道去找大学领导和机关部处协调华文学校被投诉和教学课室等问题；三是院长亲自与老校区几个学院院长、书记沟通，请求协助解决华文学校租借课室问题；等等。这些工作有的通过党政联系会议商定，有的是院长个别处理的。

二、成立院级创收机构

20 世纪 80 年代，A 系的创收业务由一位系副主任分管，函授教研室是主要的创收机构。20 世纪 90 年代初，A 系一度成立商业化的“三奇公司”，后因经济环境与高校管理政策的变化，取消了系办公司，但 A 系的创收业务一直没有停止。自考和函授成为最主要的传统创收渠道，多数院系纷纷成立函授教研室和自考办公室，A系也不例外。这个阶段，《学科月刊》作为衔接高考的学术期刊，因高考改革而受到客户重视，逐渐为A系带来越来越多的经济效益，成为另一个创收机构。

A学院独立发展的头3年，成立“继续教育中心”统筹自考和函授业务，成立“学科教育中心”负责海外教育创收市场的拓展，成立“培训中心”负责各类社会培训创收市场的开拓。这样，学院内部就有了3个业务交叉的部门专门负责创收。另外，《学科月刊》杂志社也被作为创收单位而受到学院领导和教职工的广泛关注。后来学院撤销继续教育中心，将其职能分解为学院直属的自考办公室和函授教研室，后自考办公室并入培训中心。培训中心创办“华文学校”，具体负责中小学生课外兴趣辅导班的创收业务；成立“文化培训中心”，负责社会文化培训。

2009年学院行政班子换届后，改组了华文学校。其后，又将“学科教育中心”改组为“教育与研发中心”，院长兼中心主任，另设常务副主任，由专业教师兼任，办公室主任由行政人员专职担任，主要负责研究生课程班、“国培”和“省培”项目、农村教师置换培训等高端培训和临时项目。原定成立的“高级文化培训与研究中心”后因创收方向变化，最终没有正式发文和挂牌。《学科月刊》杂志社因管理问题进行了重大人事和管理制度的调整。

2015年，作为“省培”项目首席专家的教育与研发中心常务副主任结束返聘要正式退休。为了保持学院在基础教育领域学科培训的优势、继续发挥首席专家的作用，在认真组织新的常务副主任人选选拔的同时，学院领导经党政联席会议提议，征求教代会意见，拟专项聘任原首席专家。为了创收，学院突破了多年来退休教职工返聘结束后不再聘用的惯例。

为创收而成立专门机构是高校基层院系的普遍做法。无论是函授教研室、“三奇公司”、继续教育中心、自考办、培训中心、华文学校、高级文化培训与研究中心还是教育与研发中心等，都是院系为了拓展相应的创收项目或领域而成立的创收机构。C院长也曾在学院党政联席会议上提议模仿兄弟学院成立“为广东而教”工作领导小组，负责统筹面向基础教育的创收业务，只是由于班子意见不一致，最终没有实现。

为了创收，学院领导首先注重将创收机构和人员班子搭建起来。在组织结构功能的作用上，学院在推进创收过程中，并未简单地利用原有的学术和行政结构来承担创收任务，也没有以学科为单位，甚至没有主要依托任何一个原有的行政、教学或科研单位来牵头；即使是自考办公室和函授教研室以及《学科月刊》杂志社等，都有各自相对独立的创收领域，按传统做法开展创收；人员配备上，也不是以学术权威或学术业务负责人为核心，而是谁适合某项创收业务，就动员和安排谁去做。学院为适应创收市场的需要，随时调整内部创收机构的名称、人员身份和资源配备等。在领导的用心决策和推进下，学院出现了专以创收为目的的组织架构和人员配备，学院组织结构和行为出现了与纯学术组织不一样的特征。

三、学院对创收的激励与扶持政策

为鼓励创收，A 学院出台了相应的扶持政策，有的公开发布，有的小范围执行。具体包括以下内容。

（一）设立平行机构鼓励内部竞争

A 学院培训中心成立之初，时任院长在党政碰头会上提出培训中心与原有的继续教育中心、学科教育中心之间实行“良性竞争”，并“明确培训中心各类班都可以办，校外班由培训中心办，培训中心也可以向港澳开拓”，培训中心获得了参与学院其他中心所属创收业务领域拓展的特权。在多数时候，学院的函授教研室和自考办是相对独立运行的。《学科月刊》长期以来被作为独立的创收单位来看待。C 院长经常把教育与研发中心的业绩与函授、自考、《学科月刊》等创收机构进行比较。

（二）制定奖励政策

A 学院对创收人员有多种奖励办法：通过学院酬金分配办法，规定负责创收工作的在编教职工除了享受与其他教职工同等的基本待遇外，有关岗位也按相应级别领取学院行政岗位津贴；凡是成功联系创收项目的教职工，学院从创收收入中给予 10% 的份额进行奖励；为了扶持华文学校搞创收，时任院长决定总收入（毛收入）的 20% 用于奖励创收人员；学院新的酬金分配方案统一了创收工作补助标准，但 C 院长为鼓励创收工作人员的积极性，提议按照分配方案修订前的惯例来奖励某创收项目有关人员（修订前的惯例发放标准较高）；为创收项目授课的教师课酬可以根据市场价格来发放等。华文学校临聘人员因待遇问题提出辞职，学院班子决定可以根据实际需要，给予华文学校临聘岗位高于学院其他临聘岗位的待遇，院长在党政联系会议讨论时解释说：“关键是让华文学校能‘开锅’（把培训班开起来）。这两个岗位对人员的素质要求不一样，能力和业务上不能与其他岗位一样对待，也要特事特办。从搞好创收、稳定学院，与因为没有一视同仁而遭到其他人埋怨这两个后果看，后者可能轻些。相信老师们也会支持。”班子最后决定可以特事特办，关键是不能断了学院好不容易开拓起来的创收渠道。

（三）会议表扬和鼓励

学院领导层会议和每年年终大会，院长会对创收有功人员予以表扬和鼓励，并呼吁教职工“全院参与创收”“大家为创收出谋划策，引进项目”等。通过修订学院酬金分配方案，采取量入为出的原则调整学院福利分配办法，刺激教职工对学院创收的期待、关注和参与。

四、为创收投入资源

早在第一任期拿下国家一级学科博士授权点（2011 年）后，C 院长就多次表达其任期内学科建设的主业重任已经完成，剩下只有创收工作最令人焦虑。第二任期初，C 院长曾雄心勃勃要把学院创收工作搞上去。他认为，在第一任期内忧外患、学院各项工作非常艰难的情况下，学院已经非常圆满地“超额”完成了人才培养主业目标，所以下决心把创收作为第二任期的头等大事。C 院长认为：“学科建设，上一届该拿的都拿下了：一级学科博士授权点、省一级重点学科、‘211 工程’三期验收优秀……领导也说可以交代了。科研是老师们自己的事，而且教育部重大攻关项目（学院）实现了零的突破、国家社科重大和重点项目也有了……现在这方面没有什么可弄的了，我们要把创收搞上去……”虽然实际工作中院长也配合学校工作节奏组织开展了“协同创新计划”等学科建设项目，但在多个非正式场合，院长认为这一届班子行政工作的重点就是抓创收。

C 院长采取了一系列行动推进创收工作，包括与学院书记探讨工作重心转向创收，探讨适合主抓创收的人选。党政联席会议提议要有专人抓创收，提议教代会特别会议专题讨论学院创收拓展及创收负责人人选问题，党政联席会议再议创收负责人人选问题，在学院教职工大会等正式场合宣布学院新学年的工作重点只抓两件事——学科建设和创收，工作热点和重心明显地从学科建设转移至对创收拓展的考量。C 院长在连任后的第一次全院教职工大会上，呼吁“全院关注创收、全员参与创收”，树立“全员创收”的观念，并提出拓展创收的“三环”理念。当笔者正式专题访谈，问二级学院院长的主要业务工作是什么时，C 院长毫不犹豫地说：“学科建设、人才培养和创收。”

以院长为代表的学院领导将创收作为学院工作的重心，体现了学院核心人力资源对创收工作的支持。

资源投入还体现在学院为了保持创收的品牌效应，努力确保创收师资投入符合市场需求。C 院长上任后，对凡是与创收相关的教学一律实行教师淘汰制，学院将被投诉过效果不好的教职工列入“黑名单”，不再启用参与创收类教学；某些项目学院师资不能满足需求，则不惜出高价聘请校外口碑好的教师，如华文学校几乎都是外聘；为确保研究生课程班质量，院长亲自挂帅，组织了最受培训对象欢迎的教学专家团队去授课；学院为创收人员给予更多的加班费补贴鼓励；学院场地和其他资源也都优先考虑满足创收项目的需求；等等。

同时，学院充分利用有关的政策资源拓展创收渠道。比如承担广东省高考阅卷任务，有权制定考卷评分细则、裁决有争议的答卷、对考试大纲和高中教材进行"权威解读"等，每年高考录取结束后，学院都会据此面向中学教师开办有关高考的研讨班；编写出版了高中教材，通过教材和辅导资料以及辅导班进行创收；学院先行投入人力物力取得其他省份的"国培"项目资格并办出质量，从而获得学校的认可，纳入组团参与教育部的"国培"项目竞标；等等。

为了开拓创收市场和项目，学院唯一的公车被允许用于"跑业务"。而平常即使出于工作需要，C 院长等学院领导班子成员也极少使用公车。

五、全员动员，营造氛围

2009 年 C 院长上任后，查询了学院的财务状况，并在党政联席会议上通报，为重新调整创收机构和人员做铺垫，也为学院酬金分配方案改革吹风。在学院召开的研究生工作年度会议上特别提出研究生办学成本问题，罗列两年来研究生教育的收支报表，让导师们看到：按照原有的课酬分配，研究生教育是入不敷出，招生越多，学院贴钱越多，损害了为本科生上课的教师的利益，对非研究生导师特别是处于经济困难阶段的青年教师也不公平。这些展示和解释都为调整研究生培养课程体系改革和课酬调整做了铺垫。特别是《学科月刊》债务纠纷发生后，学院领导在事件处理的每一个阶段都及时通过学院大会或者院务扩大会议等形式向教职工通报，告知大家学院陷入巨大的债务危机的前因后果，并请老师们齐心协力共度难关。当《学科月刊》债务官司告一段落、学校同意免息借钱给学院还债、学院新的酬金分配方案也完成调整、创收机构调整基本完成且运作基本正常后，学院领导在教职工大会上宣布"学院最艰难时期已经过去"。

从前文多个案例可见，A 学院新老院长都会采取学院大会、班子会、院务会议以及个别交谈等多种方式向教职工介绍学院的创收形势，动员教职工全员关心创收、支持创收、为创收做贡献等。C 院长为学院创收造势分两个阶段进行：第一阶段，在学院教职工的大会、小会上公布学院财务缺口情况，引起老师们关注，并产生危机感，一方面提醒老师们要过艰苦日子，另一方面强调学院要抓创收；第二阶段是在局势相对稳定后，向教职工强调总体形势不断好转，鼓励大家要有信心，积极支持和配合学院新一轮的创收策略的推进实施。学院领导对创收的动员和造势活动起到一种信号功能，引起了教职工的关注、重视和参与。

六、学院创收的其他推进工作

A系一直有“一把手”亲自跑创收业务的传统。A学院时期，以院长、书记为核心的学院领导和教职工为拓展创收业务做了大量其他工作。前后两任院长为了自考办学点的稳定和业务发展，不仅班子会议专题研讨、电话沟通，而且亲自带队赴各办学点考察沟通；为了增加函授生源，C院长力主创办新的应用性交叉性学科专业，以吸引更多考生报考，同时在成人高考录取时，请学校继续教育学院根据生源情况尽可能增加招生指标；C院长亲自与学校网络学院协商开办有关专业培训的创收合作项目；学院领导亲自联系研究生课程班10余个，办成6个；C院长主持组织多套方案拓展基础教育培训项目；学院领导亲自到10余个市县教育主管部门推介、商讨教师继续教育培训事宜；院长书记亲自参加学院面向基础教育教师业务提升的各类培训班开班和结业典礼；学院学期计划和年度计划中，发展创收、拓展财源成为院长考虑的核心问题之一；等等。

A学院创收工作的一个重要传统习惯是有专门的院系领导分管创收业务。这个“分管创收的学院（系）领导”起到一种符号功能的作用，以示院系对创收业务的高度重视，对内也起到统筹和稳定人心的作用。A学院独立发展后，重新调整了创收机构和人员，院长曾经一度亲自主抓创收拓展模块，主管创收副院长协助管理。学院行政班子换届后，一位新上任的副院长分管科研和创收。实际运行期间，C院长提议成立了“教育与研发中心”，亲自担任主任，一位资深系主任担任副主任，主要负责基础教育教师培训、境外教师培训、研究生课程班拓展等业务。根据上一届班子党政联席会议的决议，《学科月刊》杂志社社长由学院院长兼任，所以，C院长主政半年后也兼任了《学科月刊》杂志社社长。分管本科教学的副院长提出开设面向基础教育教师的高考研讨班，院长同意并提议由该副院长亲自主抓。这样，学院多位行政领导都直接参与到创收工作中。

为使创收工作得到各方的认同和支持，同时减轻创收压力和规避可能存在的风险，学院会采取相应的合法化策略，本书将在第八章对此专题论述。

通过以上措施，A学院以函授、自考辅导，办中小学兴趣班、同等学力研究生课程班、基础教育教师业务提升培训班、社会文化培训班、公务员培训班、高考研讨班，“国培”项目、“省培”项目等非全日制办学办班来推进学院创收；部分教职工通过文化咨询获得个人创收收入。而创收工作也不断得到S大学及学院领导和越来越多基层教职工的关注、理解、认同和支持。创收业务日渐成为学院常规工作的重要组成部分。

第三节　创收行为对组织特征的影响

创收行为使学院传统的学术组织特征产生变化，包括组织结构、组织功能、组织文化、组织政治生态、组织目标和组织属性的变化等。

一、组织结构的变化

独立发展以来，A学院教学机构基本上保持着AL学院时期（2000—2004年）A系的模式，除为完成学校的扩招任务新增了3个非师范专业，完全保留了系与教研室的建制，从学院内部机构设置、人员调配和业务活动看，教学系统基本是稳定的。

创收业务则有不同情形。2005年以来，学院的创收机构做了多次调整：传统的函授、自考管理机构从原来的相对独立的函授教研室、自考办，变为函授自考部，再到继续教育中心统管，不久实行函授办、自考办分离，之后自考办归入培训中心，后来自考办又独立发展；成立教育中心面向港澳办学创收，后改组为教育与研发中心；为社会培训拓展而成立“培训中心”，后又成立“文化培训中心”、“高级文化培训与研究中心”（未正式发文和挂牌）；由培训中心提议成立华文学校；《学科月刊》管理的多次重大改革；探讨成立“为广东而教”工作领导小组；等等。这中间穿插了多次更名、整合与拆分、人员布局的调整。可以说，创收机构调整和创收活动一直是A学院组织结构和行为中最活跃的部分。

创收使学院组织结构发生了变化。从过去以服务教学的系、教研室和个别学术研究中心及学院行政办公室为主要运行结构，拓展到教学科研、行政部门与创收部门互补共生，而且创收部门日益壮大与活跃。

A学院的创收机构已非大学传统的教学科研机构的一部分，它们对学院决策、行政架构、业务分配、资源配置和人际关系等有活跃的影响。如培训中心、华文学校、学科教育与研发中心以及函授教研室、自考办等，其设置目的并非为了满足常规的教学、科研和学科建设需要，而是为了开发和管理各类创收活动，是为了创收营利。这些机构的组织边界模糊，对外交往活跃。除了函授教研室和自考办以外，培训中心、华文学校、学科教育与研发中心等都没有十分固定的业务领域。在学院内部，这些机构负责人享受与学院系所、各教研室和常设职能办公室主任同等的行政待遇，他们在业务上有较大的自主权和个人工作的自由度以及更多的获取经济利益的机会。

二、组织功能的变化

在学院的组织功能上，创收业务和全日制人才培养主业之间会出现不同的发展变化轨迹。从上文所列学院组织结构的变化看：一是说明教学功能的运作已经趋于成熟，所以基本保持稳定；但也反映了主业被弱化或者并未被真正重视，因为大学之所以决定将A学院从AL学院分离独立发展，一个重要的原因是期待A学院能更好地突出专业特色，提升教育教学质量，这意味着必然要突破原有的教育教学模式，要进行相应的教育教学改革与创新，但这些情况条件在A学院都不充分。二是说明创收成为学院工作的常变力量，经常要根据环境变化和学院的发展需要去调整机构、人员和资源，反映了学院领导对创收工作的高度重视，无论学院初创还是稳定发展期，创收业务都是领导层的决策重点热点。组织内部结构和部门人员的调整变动，对组织目标、组织功能、组织特性等都会产生影响，并可能最终引起组织原有制度的变迁。

创收活动使学院功能从传统的单一性人才培养功能向多元功能变化。最大的变化是通过创收活动使学院拓展了面向社会的服务功能。传统上学院通过学生培养和学术科研成果间接服务社会；开展创收活动后，学院通过多种类型的社会教育培训、完成文化研究项目和参与地方文化建设咨询等渠道直接服务社会，并在服务中获取相应的创收报酬。

在创收影响下，学院工作的“主业”从单一地以人才培养为中心向人才培养与创收“双中心”转变。创收已经不仅仅是为了满足教职工福利的改善，而是同时基于学院生存发展的经费依赖和获取更大的发展竞争力，围绕推动学院人才培养主业，为提升学院整体发展水平筹集资金。创收项目也从过去较单一地依据学校计划招收函授学生和开办自考辅导，拓展到为教育服务、文化服务、生活服务等多领域多层次；创收项目不再是单一的补偿性服务，而是融入了主动开发的营利项目等。

学院创收行为的失误或不规范会给学校造成经济、名誉等损失，倒逼着学校领导重视创收管理；学校通过文件和会议等强调学院创收行为规范化等举措，反过来强化了学院的创收功能。

三、新的组织文化产生

“关系”对学院创收的贡献

由于办学资源紧缺，S 大学领导希望集中资源优先解决学校重点投入的领域，提出了“特事特办”的工作思路。这种“特事特办”主要是在特殊政策和经费资源的调配使用上，而且常常与人际关系联系在一起。

A 学院华文学校成立时，时任院长向时任校长申请获得三年内减免校内创收提成的优惠政策，这一措施为华文学校的独立账户在三年内留住了 60～70 万元的收入，变相为华文学校增加了 60～70 万元的创收。

在校长的鼎力支持下，A 学院在激烈的校内竞争中跻身国家“211 工程”三期项目建设行列，为学院争得 500 万元的学科建设经费，尽管不是创收，但对改善办学条件和提高教职工收入发挥了积极作用。

《学科月刊》债务的讨论过程，经过学院领导积极争取，时任校长签署意见同意 A 学院偿还学校债务期间，三年内减免创收提成。三年过去了，学校并未启动对学院执行偿还，学院也“能拖就拖”。

大学里通过“关系”获利的现象还有：A 学院通过与职能部门领导沟通，将面向中学教师的高考辅导培训定义为“研讨会”，可以只上缴 5% 的学校提成，而如果以培训班名义，就要上缴 25%，这等于为学院增加了 20% 的提成收入；某学院的专业培训项目向学校申请五年免提成被批准；有关学院面向经济欠发达地区的教育合作项目原则上要上缴总收入的 15%，在有关职能部门的争取下，学校同意只收取 3% 的管理费，这实际为学院增加了 12% 的提成收入；等等。

就学院而言，无论是申请减免还是拖延还款，实际上都是通过关系进行“赖账”的行为，但却能为学院带来实质的利益和好处。此外，许多院系的创收项目也是通过各种人际关系而获得。学院对各类“关系”的充分利用为创收做出了贡献。

在学院创收工作推进过程中，客观上讲，关系机制发挥了重要作用。关系机制“是通过对个人‘关系’资源的开发，建立一个隐蔽的信息网络，形成一种非竞争性的资源渠道”①。“‘关系’机制的运作要求有较丰富的社会关系网络资源和相应的社会意识形态及文化体系支持……非正式人际关系在经济活动中就具有了经济资源的典型特点，即：一方面，它是稀缺的；另一方面，它具有为一定的主体带来经济收益的可能性……关系网的一个最大

---

① 张绍峰．关系经济［N］．经济学信息报，2000－10－20．

特点就是网中个体间的资源互惠，即把个人手上拥有的社会资源用来进行交换和分配，以达到双方的收益。”① 以“关系”为基础的“特事特办”形成文化惯例。特办措施有时通过校长办公会议集体决定；有时通过学院领导与学校领导者个人先行谈判，得到学校领导认可特别是主管领导签署意见后，交学校有关部门备案执行；有时仅仅是学校或职能部门领导的私下决定。

通过人际关系获得政策性资源是一种文化特征。学院面向社会的大部分创收项目，都是有关领导或负责人通过校友或私人关系获得的。在有关学院创收事项的特殊关系结果上，“关系”的利用对学院创收行为有支持、强化和合法化的作用。在大学和学院的“关系”交换中，排除领导个人获取私利的因素后，大学领导利用手中所掌控的资源权力，希望换取学院“不闹事”、默认学校领导对其他决策或资源分配不公平的的情形，以及对学院安心抓人才培养主业、产出更大的学术业绩的期待等。学院向学校领导进行关系交换的资本，排除可以给学校领导个人好处外，便是在其他工作上支持学校领导的工作决策，或向学校领导承诺学院会努力保障稳定发展、抓好主业、出精品出成果，为学校挣得荣誉。

创收及其分配也可能使学院人际关系复杂化。如在编人员为学院创收，同时领取创收奖励和行政职务补贴，有别的教职工认为不公平；与领导关系好的教职工有更多参与创收或得到奖励的机会，造成人际关系不和谐等。创收也可能使学院领导更重视“政绩”追求，亦不排除个别领导有个人利益的考虑。

有学院领导和教职工认为，创收只是个别领导操心和少量教师参与的事，对学院主业不会产生较大的负面影响，而且，院长的职责之一就是“抓创收”。在他们看来，只要看起来不是多数人在参与创收，这类创收活动就是正常的，院长和分管创收副院长即使投入再多的精力去搞创收，那就如完成他们其他应有的本职工作一样，再正常不过。可见，创收与院长职责在某些学院领导和教职工心目中已经密切捆绑在一起，形成一种组织文化观念。

四、对组织政治生态的影响

创收与组织政治生态相互影响。创收涉及利益，会影响组织的政治生态，使平衡状态发生变化，如 A 学院新老院长对华文学校的不同管理思路，打破了华文学校原有的平衡。当学院的创收工作思路进行调整时，原有的政

---

① 林小英. 教育政策变迁中的策略空间［M］. 北京：北京大学出版社，2012：193 – 196.

治平衡被打破，新的平衡也会逐步形成。如A学院第三届行政班子换届初期，班子成员对于创收工作意见并不一致，没有班子成员愿意分管创收，C院长的“三环”创收理念遇到阻力。在C院长看来，学院行政班子有时需要更多的磨合，遇到不同意见，从学院大局考量，多尊重副职的表达，尽量不采用强制推行个人主张的行政方式。所以，最初一年的时间里，学院创收工作只是在局部层面维持和推进，并未如院长当初声明的成为“学院最重要的两项工作之一”；“三环”理念依然处于概念层面，未能全面推行。这说明组织决策与领导力遇到矛盾时，功能业务的争议变成了政治平衡的考量，组织行为会产生另一种发展状态。政治生态因素在领导决策和组织走向中有时发挥了重要作用，干预了组织在创收方向上的发展进程。

五、组织目标的偏离和组织属性的渐变

创收行为不仅是学院领导和教职工关注的热点、焦点，也是大学领导关心的问题。在校长办公会议讨论《学科月刊》还债方案时，有学校领导问A学院负责人：“过去《学科月刊》一年能为学院创收多少钱?”当学院领导汇报具体还款建议方案，提出每年从学院新增的创收模块纯收入中提取25%偿还学校借款时，又有学校领导问：“去年学院新增创收模块的收入总额是多少?”院长回答大约20万元，该领导说：“那25%就要还好多年噢!”结果，因为觉得学院制定的方案每年还款额度过低，校长办公会没有通过该方案，尽管会前学院已与几位主要领导请示沟通过。

从前文可知，长期以来，学校通过文件方式要求和激励院系积极拓展经费筹措渠道、规范各类非全日制办学行为等，说明在校领导心目中，创收已经成为学院常规工作的一部分，学院搞创收是再自然不过的事情。

有学者认为，学术的创业化和知识的资本化是创业型大学的基本特征。①在创收活动的持续推进过程中，A学院的组织目标产生了从人才培养目标向营利性创收目标转移的趋势。学院领导的工作重心从以计划内全日制人才培养为单一中心转向实际运行的学科建设和创收“双中心”。表面看保留了以人才培养为中心，实际上“双中心”就是对单个中心的分离。创收成为学院领导工作的重要责任和院领导长期的重要决策事项，意味着学院的组织目标已经出现从人才培养主业向创收偏离的事实。

随着创收的深入推进，学院领导和教职工将大量的时间精力和资源用于

---

① 邹晓东，陈汉聪. 创业型大学：概念内涵、组织特征与实践路径［J］. 高等工程教育研究，2011（3）：54－59.

开展各式各类创收活动，已经在较大程度上冲击了学院作为学术组织的特性；工作重心“双中心”的出现，一定程度上反映了学院的组织属性从非营利学术组织向营利与非营利性的混合型“创收型”组织发展的明显变化。

第四节　本章小结

创收压力下，以院长为核心的学院治理层利用党政联席会议等决策机制，通过决策注意力及重心的分配、设立或调整学院内部创收机构、出台激励与扶持政策、投入资源开发服务产品和开展全员动员等措施，推进学院创收工作的开展。

创收打破了学院组织内部单纯的教学科研机构格局，产生了多个以营利为目的的创收机构。组织功能也从单一的人才培养向包括创收营利在内的多元功能变化。创收也影响了大学和学院的人际关系，出现了以“关系文化”为主要特征的创收文化，对学院的政治生态也产生了影响。在努力追求更多经济利益回报的过程中，学院创收活动使组织目标逐渐转向创收与人才培养双目标、“双中心”。“双中心”的形成反映了学院的组织属性从非营利的教学科研型学术组织向学术性与商业化相结合的“创收型”学院的方向转变。

学院治理层对创收行为的决策和推进过程，也是学院对创收传统的传承与再造过程，反映了制度环境下行动者的能动作用及其对组织行为的建构。在大学组织制度传递与变更中，学院治理层对学院创收行为选择和推进等起到承上启下的桥梁作用，是创收行为制度化的主要建构力量，规范性与文化-认知性制度要素在此过程中发挥了重要作用。学院领导对大学制度体系、个人角色和学院经费现状的转译化作学院的创收压力，经过学院的决策机制和创收措施推进，创收压力转化为创收行动；转译者在完成这种任务之后，实际上也完成了身份的实质转换——从转译者变为编码者。学院创收行为的结构化过程在学院治理层对创收传统的传承与再造过程中渐次展开。

第七章 行动者价值观及其对创收的能动作用

行动者是构成创收行为的核心要素之一。学院教职工是学院组织目标和决策的具体行动者，是学院创收的行为主体，教职工对创收的思想认识反映了制度体制下行动者如何被约束、使能及其能动性应对。创收合作方和创收对象的行为对学院创收行为制度化也产生一定的影响。

本章以 A 学院教职工问卷调查、访谈、日常观察和创收项目案例等素材为依据，主要分析行动者对学院创收的影响方式，包括学院创收不同作用层次的行动者、教职工群体的价值观与创收认知、行动者与学院创收风险、教职工对学院创收的承担方式等。着重探讨学院创收行为推进过程中教职工行动者能动性的发挥方式及其影响。学院领导既是组织制度环境的转译者、创收压力和创收行为的主要编码者——学院创收业务推进的顶层设计者，也是学院创收的具体传承与实施者。本章所指的创收行动者包含了作为学院创收决策的执行者、实施者角色的学院领导。

第一节　不同作用层面的创收行动者

2010 年 4 月，A 学院书记利用回家乡 L 市探亲时机，找到该市教育局领导，商议开办中小学教师同等学力研究生课程班的合作意向，并建议以此为基础，推动 S 大学和地方政府建立更广泛的互惠性教育合作。当时，L 市正在为创建教育强市（以下简称“创强”）而努力，需要提升中小学教师的研究生学历（同等学力）比例和专业素质，A 学院书记的提议得到积极响应，很快就达成合作的初步意向。根据 S 大学的管理办法，同等学力研究生课程班由学校研究生处统一管理，合作协议须由校研究生处代表学校签署，学制 2 ~ 3 年，利用节假日授课，共开设 8 门课程，按课程收费，每位学员每门课学费 900 元，学员 8 门课程成绩合格，由大学核发结业证书；所收学费 30% 由办学点掌握，包括支付授课教师的食宿和交通费；70% 归大学，大学按三七开的比例切割，学校提取三成，学院得七成，学院所得七成费用包括教师课酬和其他管理费用，如业务联系的交通和差旅费等。考虑到办学成本，A学院书记提出50人以上开班。教育局领导提出，L市属经济欠发达地区，教师收入普遍较低，大学可否考虑将学费优惠至700元/门，同时考虑到“创强”需要，希望课程安排在1年半完成。书记向学校研究生处请示并希望支持，得到同意。同年7月，研究生处负责人与A学院相关人员前往L市签订了合作协议。随后，L市教育局向全市中小学校发出通知，要求各校安排教师参加课程班进修，初次报名超过80人。

为办好该班，C院长安排教育研究与发展中心副主任（广东“省培”项目首席专家）撰写培训方案，指定中心办公室主任负责教务。教学人员除书记外，院长亲自挂帅组建强大教学团队，挑选了部分资深教授、副教授，都是在教学和培训中深得学生和学员好评的教师。

2010年8月，进修班顺利开班。在其后半年的推进过程中，由于教育局对学费问题如何解决没有明确，有的学员基于经济考量退出。某次课程学员出勤率只有30%，于是授课教授向L市负责进修班的工作人员反映，希望抓好出勤率。工作人员说他们对学员没有可约束机制，向教育局反映过好像也没有好办法，建议A学院直接与教育局商量对策。授课教授向学院书记反映情况，认为这样会影响教学质量和声誉。书记与院长商量后，决定在L市教育局妥善解决学员出勤率问题前，暂停派出教师授课，并知会L市教育局。

2013年L市教育局新局长上任，希望重启研究生班。C院长和学院书记赴L市沟通洽谈后，同意恢复合作。A学院方面由中心办公室主任负责具体业务。L市教育局再次发文要求各校派出教师参加培训，承诺费用由市政府负责，恢复办班后学员人数超过100人。这回，L市教育局分管副局长每天亲自到场检查学员到位情况；教育局也将经费划拨到S大学。2014年暑假学员完成学业，半年后S大学核发了结业证书。教师们的授课和A学院的负责任态度得到合作方领导和学员的高度认可。A学院一位青年骨干教师因教学效果突出，后来又被L市邀请去为政府工作人员做专题报告；L市教育局盛情邀请院长为高中师生开设高考辅导报告。L市教育局长表示，希望能够以新的项目方式继续加强双方合作，院长指派新上任的副院长具体跟进此事。

L市研究生课程班为A学院带来20多万元的纯收入，是一次性收入最多的课程班项目，C院长在全院教职工大会对此进行了宣传。2010年以来，A学院与省内不同地市教育局合作开办了6个研究生课程班和多个短训班，有的在合作单位授课，有的在A学院授课，得到学院领导大力支持和广大教职工的积极配合，创收业务不断健康推进。

组织环境对学院自筹经费的制度要求、学院领导的创收决策和推进举措等，最终通过广大行动者的具体行动得以贯彻落实。根据与学院创收决策实施关系的紧密程度和影响力大小，以学院领导层为核心，可以将学院创收的行动者划分为五个层面（如图7－1所示）。

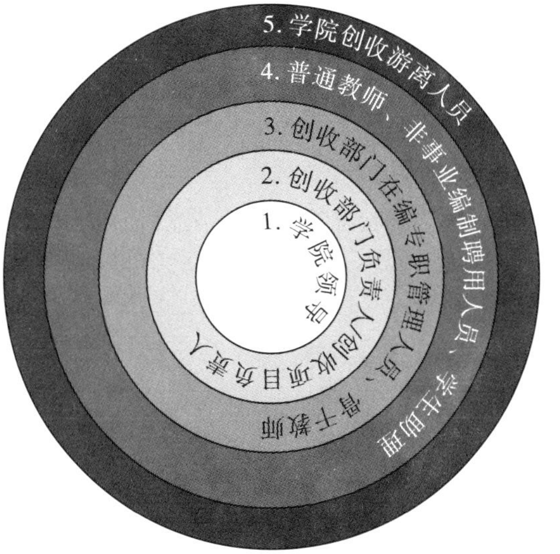

图7－1　学院创收行动者及其创收关系紧密度和影响力示意图

一、核心决策行动者

核心决策行动者主要是以院长、书记为核心的学院领导层。这类行动者是大学的政策制度转化为学院决策和行动的桥梁，他们通过解读和执行大学的财务和管理制度、解读领导角色和责任、解读学院发展需求和财务状况等，将学院面临的办学经费等制度环境压力转译为创收压力，并编码为创收决策和行动。他们通过党政联席会议等决策机制，确定自主创收方向，组建创收部门，组织和调整创收工作人员，订立创收管理办法，组织协议签署等。他们属于学院创收工作的决策者，但常常亲自参与具体的创收活动，在学院创收行为制度化过程中扮演着多重角色，是学院创收行为产生、推进和执行的核心力量。

二、创收管理行动者

创收管理行动者主要包括学院创收部门或具体创收项目的负责人。他们由学院领导依据创收决策的具体需要来任命，有的是行政教辅人员，有的是专任教师，一般直接对院长或分管创收副院长负责；行政教辅人员通常专职负责创收部门，而专任教师则是兼职负责创收部门或项目。他们对学院创收业务领域实施具体的管理，包括拟订具体的创收项目合作与管理方案、组织安排创收业务人员、实施创收过程管理等，属于学院创收工作的管理层，有时参与学院的创收工作决策会议。作为创收管理层的专任教师一般直接参与具体创收项目的执行。创收部门或创收项目负责人一般享受学院中层干部待遇，领取行政职务津贴，并可享受创收项目提成奖励。

三、业务骨干行动者

业务骨干行动者主要是学院创收部门或项目下属的专职工作人员或骨干教师。专职工作人员一般是学院行政教辅或工勤人员，骨干教师是学院各创收项目相关学科的教学骨干，他们都是学院创收的稳定参与者、中坚执行力量，负责执行学院领导和创收部门或项目负责人布置的具体工作任务，参与了学院创收大部分项目的实施过程。A学院有一支相对固定的创收骨干教师队伍，他们在基础教育行业领域或文化研究领域有相当高的影响力，是学院开拓培训业务的品牌师资，有的教职工戏称这些骨干教师为学院的“大神”。创收专职工作人员享受项目收入提成奖励，骨干教师一般按照教学工作量领取课酬。在A学院，不同项目课酬标准不一样：有合同约定的，按照合同执行；没有合同约定的，按照学院酬金分配标准执行；特殊项目如任务比较艰难或者项目可以为学院带来更大效益，则由项目负责人向学院提出特殊的课酬标准，经党政联席会议研究决定后执行；一般合同课酬和特殊课酬都会高于学院统一的酬金分配标准。

四、普通行动者

普通行动者细分为两类：一类是偶尔参与创收的学院普通教职工和学院聘用于创收部门的合同制工人；另一类是学生助理。普通教职工参与创收的方式和程度比较松散，可替代性强，具有不稳定性，多数情况下是被动执行的角色，他们按照参与的创收项目领取报酬。一般情况下，行政教辅或工勤人员以加班费形式领取补贴；专业教师按照项目课酬标准领取酬金；合同制工人除按照学校临聘人员标准和学院合同领取基本工资外，依据所参与创收项目的营利情况，由创收部门或创收项目负责人为其发放相应比例的提成奖励。学院充分发挥学生资源的作用，临时聘用少数在读学生，协助专职人员参与部分创收项目的简单行政管理事务和服务，比如发放通知、教具准备、签到接待、联系教师、资料准备、建立公共资源库等，有时对创收项目管理提出建议。他们的特点是参与热情高、接受能力强、成本低、流动性大；学院依据大学生勤工助学的性质对他们进行管理聘用，学生通过参与创收项目工作获得一定的社会实践锻炼；学生助理参与不同项目的报酬弹性较大，项目负责人根据个人的考量为其发放报酬，一般高于国家规定的大学生勤工助学最低小时工资标准。

五、创收游离者

创收游离者主要是未直接参与创收过程的教职工。他们有的是希望参与但未被安排任务者，有的是消极逃避不愿意参与者，有的是明确拒绝或反对者。这些行动者对于学院创收问题的认识、态度、意见建议和舆论行动等，同样对创收产生直接影响，是学院创收行为制度化的特殊建构力量。

此外还有来自组织外部的特殊行动者。主要有三部分：一是创收合作单位的负责人，他们决定是否把有关业务需求交给学院，或者决定对学院创收计划方案的认同和接受与否，是学院创收项目来源的重要影响者；二是创收合作单位的具体工作人员，他们执行单位领导的指示，协助落实创收合作计划，常常负责或参与创收事务管理，并对合作过程提出具体意见和建议，其报酬由合作单位负责，学院的创收合作管理效果依赖这些工作人员，有时学院也会采纳他们的意见或建议；三是创收对象，他们有时对创收项目的管理提出意见建议，对项目实施过程予以评价和反馈，他们在项目实施过程中的配合状态，在一定程度上影响学院创收的管理和实施效果。

创收行动者的角色层面划分不是绝对的。相对于教育组织场域而言，大学和学院整体都成为宏观的教育领域创收制度的行动者；在学院创收层面，院长、书记也可能是某个创收项目的负责人或骨干教师，创收部门负责人或项目负责人有的也是创收项目的教学骨干，普通教职工也有可能成为创收骨干教师、专职管理人员甚至是创收部门负责人或项目负责人，合作单位工作人员有的也是创收对象；游离者也可能因主客观条件的改变而成为非游离者等。不同层面的学院内部行动者在具体业务工作中，除按照学院创收总体要求落实有关任务外，在各自所属业务领域常常能自主地创新性开展工作。

第二节　与创收相关的教职工价值观

“在大学工作收入稳定，也比较体面。”在 A 学院新教师招聘面试期间，不少求职者表达了这样的看法。这也代表了一部分在岗教职工的认识。有教师认为，现在做教师，首先是为了生存，“获得一份能养活自己的工作”，然后才是事业发展。在一份对A学院教职工的抽样调查问卷中，关于是否认同“高校教师把当前工作只是看作谋生手段”的问题，37%的受访者表示认同或非常认同，48%表示基本认同，只有15%表示不认同。另一个问题是受访者“职业生涯最看重的内容”，48%的受访者把“个人价值”放在第一位，超过一半（其余52%）则把收入、奖励、名誉、地位等作为最看重的内容。在回答是否认同“教师把个人价值和社会价值的实践做到高度统一”时，只有22%的教职工表示认同或非常认同，56%表示基本认同，22%表示不认同。59%的受访者认同或非常认同高校教师中“越来越多人以经济收入来衡量个人价值”，另有30%表示基本认同，只有11%表示不认同上述观点。关于“你是否赞同教师把经济利益放在工作生活的首要位置”的问题，有48%的教职工表示赞同或非常赞同，另外还有22%表示基本赞同，只有30%表示不赞同。19%的教职工认为经济利益问题严重影响了学院教师的人际关系，43%认为有一般性影响，19%认为不影响，还有19%的人回答“不清楚”。

一位20世纪80年代曾经在A系任教师、20世纪90年代中旬提拔为学校某部门任负责人的教授对当前教师中的一些功利现象感慨良多。有一次他主动与笔者谈论到对当前大学一些教学现象的感受：

教授：现在大学的工作真是不好开展。好教师、教授都不愿给本科生上课，即使上课的，许多也没有用心上。以前不是这样。

笔者：您的意思是现在的大学教师与20世纪80年代比，价值观发生了很大变化？

教授：的确变化太大，那时老师们基本都能安心教学，安心做学问。现在很多老师做学问不安心，做出学问不是为教学为学生，而是为自己的功利……你看以前，（如果）不是周末，学生晚上去找老师，老师基本就在家里，在书斋；现在的中青年教工，晚上常常不在家，各种活动多。即使是教师的职业活动，也希望做有名有利的，而教学是很难出名得利的事。

笔者：您是说老师们越来越看重经济利益？

教授：看重名利！越来越功利！有的教师情愿到外面兼课领取高报酬，也不愿给自己学院的本科生上课。许多教师的业务多，除了基本的教学科研任务，还有做评委、招硕士、带博士、社会应酬、家庭……还要休闲生活！业务活动那么多，哪有时间搞好教学和学问！

笔者：那您看院系是否也发生了变化？

教授：变化大了，整个风气变了。只有少数人能静下心来做学问、搞教学。学校、院系和教师被社会推着走……在学校当领导不好弄。学院更难！

（指院长、书记的工作不好开展）

对此，A 学院普通员工也有感受。有教职工认为：随着时代的变化，高校教师的价值观与过去相比发生了变迁，从看重学术事业，到注重名利；学院现在的教师比 20 世纪 80 年代的教师更多地追求经济利益，因为学院本科课酬不高，好些教师不愿意为本科生上课；包括教职工搞科研发文章，既为促进教学和人才培养，也是为获得经济利益，因为有了科研成果可以开更多的专业选修课，当然同时也有奖励，还可以评职称，而且，从许多教师重视自己搞科研而不愿给本科生上课，可以倒推，搞科研实际不是为了教学和人才培养，而是为了自己的名利、职称等。

专任教师价值观的变化，也体现在对行政岗位的追求。在 S 大学，每次机关部处长岗位或者二级学院行政领导岗位的选拔，都有许多一线的教授、副教授积极参与竞岗。对此，一些教职工认为是因为做了学校机关部处领导或学院行政领导就可以掌控更多资源："为何教授们都想当官？因为我们的体制有问题，现在的体制并不是鼓励教师们好好教书和搞科研，而是引导他们去当官……（这些参与竞选的教师）肯定认为有利可图，有权力可以调配资源。"当然，同样享受正处级或副处级待遇的岗位，许多学院的院长、书记、副院长、副书记的岗位酬金远远比不上学校机关部（处）长、副部（处）长的岗位酬金，但责任却不比机关部处长小，这可能也是吸引专业教师竞岗校部机关的因素之一。

调查发现，教职工的经济压力感受十分明显。问卷中有 30% 的受访者认为当前本学院教师的经济压力非常大，62% 认为比较大，只有 8% 认为一般或不清楚。学院一些重要的议事场合，也会成为某些教职工谈论个人收入问题的场所。院务会议是在讨论学院重大事项和通报重大问题时才召开的学院决策性会议，某次 A 学院院务扩大会议，华文学校负责人就曾质问院长和学院班子为何拖欠有关奖励金不予发放；某次教工支部书记会议上，该教工又向党委书记提出奖励金发放的问题，另一位支部书记则提出党委和学院应该多关心教职工的生活情况，随后向其他支部书记介绍自己如何到院外兼课以获得更多经济收入。问卷调查中将近三分之一的受访者认为身边有不少教师参与院外或校外兼职以获取更多的经济收入，51% 的受访者表示如果条件允许，会参与院外兼职以获取更多的经济收入。C 院长在接受访谈时也认为学院有不少教职工有院外兼职行为。

A 学院常使用经济杠杆调节教职工的行为。中央"八项规定"出台前，学院每年寒假开学前都会组织全学院教职工到校外的酒店或旅游点举办新春联谊会。这是学院人数最齐的聚会，一般情况下几乎没有缺席者，偶尔某一年有请假者，也是极个别的特殊情况，这对全院大会到会率通常只有 70% ~

80%的A学院，无疑是非常特别的景象。学院领导和许多教职工均认为，之所以到场人数那么齐，是因为每年的新春联谊会都会现场发放一笔集体福利，合同聘用制职工也按全职在编职工50%的比例发放，而且学院规定不到者不发放，如果没有非常特殊的情况教职工都不会缺席。“老师们当然不会跟钱过不去。”一位教工说。

A学院每学期通常有3~4次全院教职工大会。2005年起，因为搬迁至新校区，距离老校区将近20公里，而多数教职工居住在老校区，有的住在更远的城区或郊外，加上各种其他原因，每次开学院大会，总是有相当一部分教职工缺席。为增加到会率，学院决定凡是参加一次全院大会，补助50元，但实际效果没有达到预期，教职工大会的出勤率依然较低，一般是70%多。有教工提议，如果学院把教职工大会出勤率补贴提高到3千元，全勤的年底全发，缺席一次扣500元，缺席三次全扣，应该会提升到会率。

作为一项政治任务，A学院多年来一直承担着广东省高考阅卷工作，学院动员教职工自愿参与完成该项工作。广东省教育考试院给学校规定正式阅卷时间（不含试评）不超过10天，给予阅卷教师每天7小时的工作津贴，平均不到150元/天（学院组织阅卷的实际时间一般包括试评3天，正式评阅8~10天），仅相当于A学院教师在本学院本科课堂1个半学时（相当于讲课60分钟）的报酬。由于时间紧任务重、责任重大、劳动强度大，学院领导为了鼓励教职工参与高考阅卷，每年需要从集体福利中提取约40余万元用于参加阅卷的学院教职工补贴，按10天计算，相当于每人每天补贴400元。因学院经费紧张，且每年超过1/3的学院教工因各种原因没有参加阅卷，C院长上任后，连续3年在学院党政联席会议上提出，是否向参与阅卷的中学教师看齐，取消学院的阅卷补贴，与会人员普遍认为，除非学院不想让教职工参与阅卷，否则，没有补贴的话，估计没有几个人愿意参加这项工作。院长和学院书记私下了解教职工的想法，许多教职工反映不应该取消补贴，认为学院多数青年教职工收入本来不高，阅卷工作又很辛苦，学院发一些补贴也是帮补教师的一个很好的渠道，如果取消补贴，许多教师就会选择退出阅卷，也不利于学院的社会形象与内部的和谐稳定。C院长也感觉到取消补贴可能影响阅卷队伍的稳定和对阅卷质量的保证，所以最终也以“平常学院教职工之间交流少，多一些老师参加阅卷，每天中午一起在单位吃一顿快餐，也能增进老师之间的交流”的理由，同意保留阅卷补贴，避免了学院教师大量退出阅卷。

部分教职工常常以经济利益为导向，决定自己的工作方向。一位A学院资深员工认为，学院许多教师特别是年轻教师往往以经济利益作为职业行为选择的出发点，“有钱的活争着干，没钱的活爱干不干……高考辅导班大家抢着干，就是很好的例子。有人领了职务津贴还要拿提成，说是为了‘调动积极性’，还不是为了钱！你试试不给额外的补贴看他们干不干？在市场经济环境下，什么都讲钱。家长希望孩子多读书，就是为的毕业时找个好工作，就是钱多稳定的工作。年轻人选择在高校工作，许多并不是冲着高校好的教学研究环境，而是稳定和收入的保证。只有那些实现财富自由的老师才不看钱工作。”该教工认为，政府给高校的钱不够，如果想要教师们干活，当然要加钱，所以学院领导把主要精力放在创收就不奇怪了。“虽然教工中有不少针对经济利益的行为，但还不能说学院的工作就导向了以经济利益为中心。”该教工补充说。

在现实生活压力面前，如果纯粹的学术声誉和影响力不能与物质待遇兼得，有的教职工也可能选择放弃学术声誉而首先换取物质收益。学院一位被认为颇有才气的年轻硕士“妈妈讲师”，因为在职攻读博士学位需要缴纳几万元的学费，而家里孩子刚上小学，因此决定放弃对博士学位的追求，这也等于放弃了对更高职称的追求。对此，院长颇有感慨，觉得学院有责任改善教职工的待遇。

通常情况下，教职工会优先考虑和完成有经费保障、有经济和社会效益的学术项目。即使在对重大学科建设项目的认识上，教职工也对其中的利益关系十分敏感。A 学院经过多方努力，特别是在时任校长的大力支持下，获得了国家“211 工程”第三期的建设立项，这是学院第一次进入“211 工程”建设项目。值得注意的是，对于国家重点建设、具有学院学科发展标志性意义的“211 工程”建设项目，超过六成的教师认同它“主要围绕学院教学、科研和人才培养来建设和运作”，但在问及该项目是否“主要围绕某些群体或个人的利益来运作”时，也有 27% 的教师表示认同，35% 表示基本认同，38% 表示不认同。

S 大学领导集体决策，花了 3 000 万元引进有海外背景的教授及其科研团队，获得广东省“领军人才”和“创新团队”称号。校长在全校中层干部会议上说：“我给同志们算一笔账，我们引进该教授团队花了 3 000 万元，但是该教授团队从省里拿回了 6 000 万元，还有他们将要拿下的科研项目、以本校为第一作者在国际高端学术刊物发表论文等许多将给学校带来的成果还没有计算在内。你们看，学校花的这 3 000 万元是不是很值得?”但是，有的教授私底下却议论说：“学校给出的 3 000 万元，我是有份的。该教授团队拿回 6 000 万，都是他的团队用，我是一分钱也享受不到的，与我毫无关系。”问卷调查中，分别有 30% 的教职工非常认同或认同“大学越来越注重对经济利益的追求”，另有 36% 表示基本认同，只有 4% 表示不认同。

经济压力感影响教职工对学院创收工作的认识。问卷调查中，超过 80%

的教职工认为创收工作对学院发展“重要”或“非常重要”。85%的教职工认为学院应该花大力气搞创收。认为创收对学院教学工作正面作用大或非常大的有44%，影响一般的有30%，影响不大的只有22%，还有4%表示“不清楚”。问卷调查中，85%的教职工认为学院创收压力大，而且30%的教职工认为学院创收压力“非常大”。受访教职工普遍认为学院现有的创收绩效已经无法满足学院日常运作经费的需求：26%明确表示学院创收绩效不能满足学院日常运作经费的需求，44%认为有帮助但不能根本解决问题，19%表示不清楚，只有11%认为能满足。对于学院的创收主体责任，调查问卷中有一半以上的教职工认为创收任务是整个学院集体的共同责任，59%的教职工回答这是“全体教职工的事”，另有30%认为是“领导和部分教职工的事”，7%认为是“领导的事”，4%表示“不清楚”。在对部分未交调查问卷的教职工的访谈中，认为创收是“领导的事”或“领导和部分教职工的事”占了多数（这也许是部分教职工不交问卷的原因之一）。A学院行政班子换届时，有教职工认为像S大学这样的地位和财务状况，A学院的院长人选不可能像财力雄厚的大学那样可以搞全球招聘，招聘来的专家院长可以一心一意搞教学科研抓学术，而不必搞创收；A学院的院长必须熟悉本单位的情况，而且最重要的是有社会人脉资源，便于开展创收，所以，院长人选最好是“本土产生”。该教工的观点道出了S大学的实际状况：一般积极投入开展创收活动、学院集体福利效益好的学院，其院长几乎都是在本校毕业留校任教培养起来的。这种观点也表达了普通教职工对学院领导有能力改善教职工物质待遇的期待。

教职工对创收工作的理解认同会转化为对学院创收项目的参与。学院传统的创收项目以函授和自考辅导为主。函授教研室和自考办管理人员每年将需要开设的课程提前交给其他相关教研室主任，由教研室主任选派授课教师。长此以往，广大教职工已经把函授和自考授课任务看作是学院常规教学工作的一部分，除个别教师因为某教学点路途遥远而提出调整外，从来没有教师提出这不是他/她应该承担的岗位职责。教研室主任也非常自觉地把函授和自考任课教师的调配作为个人本职工作的一部分，教研室主任换届，此项工作也会与全日制本科教学工作一道进行正常交接。由于以教师教育培训为主的学院创收项目往往被安排在学期中进行，对一些参与讲学的骨干教师，经常会出现正常教学任务与临时培训任务的冲突。有时，骨干教师会要求培训项目负责人调整培训班讲学时间，有时，则会调整正常教学任务的时间，优先满足培训班的需求。

也有少量教职工（占11%）坚持认为学院不应该搞创收，认为解决教师待遇是政府和学校的责任，学院就是要安安心心抓教学抓学科建设，教师就是要“安安心心教好书”，学院领导和教师搞创收，分散了精力，阻碍了教学科研和学科建设。一次谈到有的教师在学院外兼职赚取外快，学院一位行政人员说：“都是因为政府不负责任，对高校拨款没有与时俱进，大学老师收入不高，只好想办法去搞创收。如果他们能够专心做学问，也许成果会多得多，也有价值得多。现在，学院领导要花不少精力搞创收，教师们自己也去搞，精力都分散了，怎么能搞好教学，怎么办好教育？”

一位曾经具体参与函授和自考管理工作的 A 学院办公室资深员工，对学院创收压力有深切的感受：

笔者：您在学院那么多年，从您的角度看，学院有创收压力吗？

资深员工：当然有了！尽管我的酬金在分配上按照新的方案总量减少不多，学院有的老师酬金增加了，有的稍微减少了，总体上基本保持了原有的收入水平。但是物价上涨厉害呀！工资上涨比不上物价上涨。政府给的太少。说是高校向公务员看齐，可是政府只给政策，没有给钱，压力就到了学校。学校没钱，所以学院要创收，以满足老师们的基本需要。我们现在实际比公务员每个月相差三四千元。

笔者：您是说学院创收压力原因之一是政府财政支持不够？

资深员工：是的。你看现在的年轻老师，那些博士，他们工资不高，又要买房又要结婚生孩子、小孩读书、养老人，这点钱怎么生存！怎么安心工作！我们还算好的，房子有了、孩子马上大学毕业出来工作了，不需要考虑那么多。

笔者：院内教职工待遇也是压力来源之一？

资深员工：应该是。还有创收条件变化了。以前政府一个政策，我们有权发放自考函授文凭，而且社会需求大，（A 系）办自考辅导、函授班，忙不过来，是别人来求我们（办班）。现在，这种需要没有了，而要办（高端的）研究生班，没有文凭人家也不感兴趣。举办个体辅导，是小打小闹。现在的局面，一年要满足几百万的创收收入是很困难的。我们的优势没有了，以前那些大批量的创收（项目）很难再有。

笔者：青年教师的经济压力又是怎样形成的？文化传统？政策？比如社会保障不健全，没法不买房养老？

资深员工：进城打拼的第一代人会压力大，因为他们没有经济基础，也缺乏社会保障；第二代，尤其是独生子女，不会有这些压力；第三代可能更好，因为前辈有积累，像我们小孩这一代，根本不用考虑住房。现在学院的青年教师很多是属于第一代。

有教工认为，学院通过创收获得经济利益也是为人才培养服务，现在学院领导常常为创收发愁，学院决策的许多精力也向经济来源和物质利益获得倾斜，理论上说学院的组织目标似乎发生了向经济利益目标的变迁，事实上，学院也争取了许多学科建设项目；只是获得的资金和项目本应为教学和人才培养服务，但许多实验设备闲置、实验室利用率十分低，有的项目拿到后分完奖金就没落实抓建设……争取资源本是服务教学与人才培养的过程，往往成为了工作的目标，学院的组织目标发生了一定程度的变化，从过去单一的学术目标，变成现在经济和学术等多元的目标。

一、对教师职业的理解

人的行为受其价值观的主导。在中国人的传统观念中，教师是“人类灵魂的工程师”，教师职业是“太阳底下最光辉的职业”，教师总是为了学生的成才发展无私奉献，“春蚕到死丝方尽，蜡炬成灰泪始干”“捧一颗心来，不带半根草去”“辛勤的园丁”等是对教师敬业奉献精神的最佳描述。相当一段时间里，许多大学教师都奉行着这种只讲奉献不讲索取的崇高理念，以此指导个人的教育工作实践，看重个人学术声誉和学术价值，不太在乎物质利益和个人的收入。随着时代发展，社会经济生活的贫富差距拉大，多元价值观在社会流行，以经济利益价值为标准的成功观盛行，以及人们对社会主义多劳多得分配原则的认识回归等，使大学教师的价值观也受到冲击，发生变化。教师群体的价值观由过去单一的对学术精神价值的重视逐渐向多元化方向变化，特别是在劳动与报酬的关系上，“按劳取酬，多劳多得”的观念已逐渐深入教师群体，并成为S大学校院两级的创收分配基本原则。对物质利益的追求成为许多教师完成本职工作的动力，也是学院创收的动力之一。

恢复高考后，国家“尊师重教”口号的提出，“科学的春天”的到来，知识分子得以翻身。但在科技主义思维主导的评价体制下，教师又陷入另一个利益迷坑，特别是地方大学青年教师的生存与职业发展面临沉重的压力。越来越多的大学教师把个人工作首先看作一份基本的谋生职业，大部分受访者都接受“大学工作对个体而言首先是一份谋生职业”的价值判断。

谋生的职业意味着大学教师从事教育教学工作首先是为了个人的生存，是以个人物质利益尤其是收入为基础、体现个体价值为主导的价值观，这与老一辈认为“教师特别是大学教师首先以国家和社会的需要为重”的集体利益或社会利益为先、追求精神价值为重的价值观大不相同。有老教师认为，S大学在2000年旧教学楼的翻新改造中，把原本高竖在主教学楼顶端的“忠诚党的教育事业”八个红色铁质大字去掉，说明学校的价值导向也发生了变化，这种变化，对大学教师逐渐淡化集体主义的价值观也有影响。

更多教职工认为当前大学教师更看重个人的价值和需要。许多A学院的受访教职工表示，现在的大学教师对个人的职称、待遇、名声比较在意，而对于培养什么样的学生、如何培养学生、为谁培养学生等则缺少关注，用心不够；对学院事务，只有涉及自身利益的才比较关心。有教工归纳了可能导致教师尤其是教授不愿意为本科生上课的几种情况：①本科教学要求严格，从培养方案到备课、上课、作业、考试等，有十分严格的要求和检查；教师们喜欢自由，尤其是教授，不愿受太多束缚，而研究生的课堂相对自由、宽松，教师自由度和弹性大，所以教授们喜欢上研究生的课，不喜欢上本科生的课。②本科教学有学生课堂评估考核，本科生对教学形式的要求较高，有学问但是上课不适合学生接受习惯的教师，或者对学生要求较严格而比较刻板的教师，往往教学评分不高，授课教师往往觉得不公平，而且面子上过不去。③本科教学从备课、上课和课后作业批改与阅卷、登记成绩等环节付出的时间和精力多，但是相比研究生的教学，许多学院本科教学的酬金相对较低，这是很重要的原因。④大学对教师的成果评价机制强调科研成果而忽视教学情况，科研成果对教师的晋升、声誉、待遇有直接的重要的作用，导致部分教师只想把主要精力放在个人的科研工作上等。尽管这种归纳带有一定的主观性，但和前文提到的老教授反映的情况比较一致的是，部分教师越来越以个人的需求指导其教育教学等职业行为。A 学院 2011 年酬金分配改革后，由于提高了本科教学课酬，过去没有教师愿意上的部分本科课程一下子被认领一空，从一个侧面反映了这种价值取向。

也有部分教师保留了传统学者的清高与淡泊。例如，华东某高校以百万高薪、搭建工作平台和提供高档住房及解决家属就业等优厚待遇，希望引进 S 大学 A 学院学科带头人，这是一个很有吸引力的待遇和条件。该学科带头人经过一段时间考虑，认为 A 学院是一个做事业的地方，自己适应了这里的工作氛围，他对学院书记说：“你和院长都是干事的人，我决定留下来跟你们干。”

二、对经济利益的理解与经济压力感受

马克思认为经济基础决定上层建筑。对许多教师而言，收入不仅是劳动报酬，还是个人价值的体现，它与教师的名誉、地位密切相关。生活中的经济压力是教职工看重经济利益的主要原因之一，它对教职工的职业价值观和职业行为选择产生直接的影响。经济压力感受使学院教职工关注集体和个人的收入，并通过不同方式在不同场合表现出来。如前文受访者提到的“很多年轻老师都喊没钱”；“年轻人选择在高校工作，许多并不是冲着高校好的教学研究环境，而是职业稳定和收入的保证”；“想要老师们干活，当然要加

钱”；“有钱的活争着干，没钱的活爱干不干”；“有的人领了职务津贴还要拿提成”。尽管学院多次强调教职工要完成好本职工作，不主张不支持院外兼职创收行为，但是，仍有教职工私下参与或者希望参与院外兼职。有的教师不愿给本科生上课，原因之一是与给研究生授课相比，付出与回报不对等。经济利益问题在不同程度上影响了教职工的工作态度和学院人际关系。通过经济手段可在一定程度上调节人的行为。利用经济杠杆调整教职工行为，已成为学院领导和群众的惯性思维。

教职工对大学组织与经济利益之间关系的理解，反映了制度环境对教职工价值观的影响。绝大部分教职工都感觉到所处的大学环境对经济利益的诉求越来越注重，因此，学院和教职工重视自身利益也是理所应当的。

教职工对经济利益的看重与否也与个人的认识和视野相关。一位专业教师过去经常以经济收入为话题与学院领导和同事交流，要求学院领导多关心和努力改善教师待遇，自其外派担任孔子学院中方校长后，归国休假期间与学院党委书记交流说：“书记，以前没有担任这个角色，缺乏大局观，不知道许多问题应该注意，现在才认识到我们还有很多需要担当的责任，做事情不能斤斤计较。”

包括学院领导在内的教职工价值观是学院创收行为选择的内驱力。不过，大学、学院和教职工注重经济利益与学院开展创收任务之间没有必然的因果关系，它只是激发学院创收的潜在作用力之一。大学财务二级分配制度下，教职工对经济利益的重视转化为对学院通过创收提高教职工福利薪酬的期待，是学院领导创收压力的主要来源之一，也是教职工参与创收的动力之一，促进了学院创收工作的开展。

三、对学院创收的理解

有多个因素影响教职工对学院创收压力的感受，这些因素包括学院创收大环境的变化、教职工越来越多的改善待遇的诉求、学院拖欠教职工的酬金、学院的巨额债务影响、学校各项工作任务要求和学院常规发展需要大量经费的投入等。

大多数教职工对学院创收有比较一致的认识。绝大部分教职工认为创收是学院的重要工作，学院应该花大力气抓创收。有相当一部分教职工认为学院的创收工作不仅关乎教职工的福利待遇，也关乎学院的学科建设和教学科研（问卷调查超过40%的认同率）。如有的教师认为，学院开展创收，提高教职工的收入待遇，同时支持教学科研，也是为完成人才培养任务服务，对学院发展有积极的促进作用。教职工能普遍体会和理解学院的经济压力和创收工作难处，并不会简单地认为学院领导花费许多精力开展创收是不务正业或者是学院工作已偏离既定的方向和目标，而是将其理解为顺应时代变化发展的表现；参与学院的创收项目被许多教师内化为理应承担的责任；大部分教职工对学院创收寄予厚望。学院的创收活动已经深入教职工内心。

部分教职工认为，领导和普通员工职责上有分工：通过创收改善教职工待遇、改善工作条件是学院领导的责任；普通员工只需要干好本职工作，上好课或拿课题、发文章（是教职工对“本职工作”的自我理解，而不完全是学院的要求），或者是做好服务性管理工作。

也有教职工明确反对学院的创收行为，认为学院应该专心于教学科研人才培养等学术事务，解决办学经费问题是政府或大学校长不应推卸的责任。

时代发展和现实压力塑造了教职工的价值观。在A学院，一方面，许多教师受传统文化观念和内心价值追求的指引，按照学院的要求努力完成教学任务，为了个人的兴趣、声誉、职称、责任和职业发展积极开展科研，参与学院的学术活动；另一方面，由于受到社会多元价值文化和家庭经济压力等诸多因素的影响，许多教师越来越看重经济收入，特别是青年教师群体，逐渐产生分化。教职工的工作与待遇观念变化或许是对高校教师职业常态的一种回归。价值观的差异使教职工对学校有关制度和学院创收采取不同的态度与行为选择。

“个体行动者会进行实践，而这些实践同时既受到既有社会结构（在某些方向上）的制约，又（在另一些方向上）得到社会结构的使能和赋权……制度就是由那些得到更强的关系和更牢固的资源支持的、被更强烈地坚持的规则所构成的社会结构。制度性实践就是‘那些深深嵌植于具体时空之中的实践’（Jiddens，1984：13）。”① 无论是领导、专业教师还是行政教辅人员，A学院多数教职工在学院创收问题上，都认为这是理所应当的事情；多数教职工都期待领导能够重视和花大力气抓好学院的创收工作；部分教职工把领导责任与员工责任相区分；少数教职工对学院开展创收持否定态度。在这个层面上看，制度的文化－认知性要素深深地影响了A学院创收行为的制度化进程。

① SCOTT W R. 制度与组织：思想观念与物质利益［M］. 姚伟，王黎芳，译. 北京：中国人民大学出版社，2010：86.

第三节　创收管理松散性、创收风险与行动者

尽管政府和大学针对学院的运行管理制定了许多规章，但是学院的实际运行依然体现了松散性的特点。松散管理给学院带来获利空间。但管理的松散性也容易使集体或个体行为失去监控，从而带来风险，包括学院的创收风险。第六章提到院长基于风险防范而终止创收合作、《学科月刊》管理不善带来巨大损失等。本节案例主要说明组织内外的创收相关行动者实际造成的其他严重后果。

一、学院创收管理的松散性特征

为节约开支，A学院开展了许多另类“创收”活动。

为学院管理“节流”。开源、节流是增加财富的两个主要手段。从管理的角度，节流的作用不逊色于开源。S大学2012年出台文件，要求有本科专业的学院，教授每年必须为本科生开设一门完整课，否则将按照没给本科学生开课教授的人数，以100个工分/（人·年）的数额扣除下拨学院的课酬。2013—2014学年度，A学院有四位教授没有在本科上课，按照规定，学校将扣掉A学院教学福利酬金400工分（合计18 800元）。当学校发布教学工作量核对材料后，A学院领导为了避免福利受影响，当即采取一系列的补救措施：一是马上与相关教师协商，将一位讲师的课调整给一位教授，建议一位副教授与另一位教授调课；二是出具证明说明有一位教授属身体残疾（视力为零），学院搬迁至新校区后，为照顾其身体，已经有一段时间没有让他为本科生开课，请学校给予关照；三是说明一位教授出国访学半年，另一个学期该教授所在学科没有设置本科课程，属特殊情况。为了配合学院工作，院长亲自找来调课的教师谈话，调课的讲师和副教授都答应了学院的安排，没有提出不同意见，院长也承诺并交代教务办负责人，将保证二位教师的教学工作量，不影响其收入。经过学院开具解释证明、学院领导与学校人事部门负责人沟通协商后，校方认可了学院的解释，没有扣除A学院的教学酬金。这一案例同时说明：对校方的各种任务要求，学院会有不同的应对策略；普通教师在学院整体利益面前一般会顾全大局，配合完成任务；但对于“教授每年必须为本科生上课”的规定，实际执行中因不同的学院总会提出各种“特殊情况”，政策效果打了折扣。

学院还有其他的“节流”举措：①追讨正常教学经费欠款。A 学院按照大学的要求开设人才培养实验班和学校公共课，学校答应给予专项经费支持，但是由于管理问题，常常出现学校漏拨或少拨经费的现象，学院教务办主任发现情况后，向学校职能部门追回了好几笔欠款，为学院挽回了损失。②追讨合作办学欠款。学院在 S 大学继续教育学院指导下，与地方合作开办自考辅导，以往学费先由合作办学点收缴并留下提成部分后，再转交大学财务，由继续教育学院根据校内分成比例做方案交财务处，经费才能到达学院。由于学费收缴主动权不在学院，也不在学校，所以出现多起合作办学点拖欠学费的现象，其中拖欠 A 学院的款额达 100 多万元，有的已经拖欠了好几年。A 学院院长认为学院其中一项创收工作任务就是要把这些欠款追回来，为此多次带着自考办负责人去找学校继续教育学院负责人沟通。③争取减少公共水电冷支出。学校按照一定的标准给各二级单位年度供水、供电、供冷免费使用的额度，超过额度需要缴纳相应费用。每一年计算超额量时，A 学院办公室会与学校进行沟通，以“因为本年度需要完成学校交办的特殊性临时性专项任务”等为由，争取一部分超额度费用得到减免。④利用学校政策的空间，通过改变创收项目的性质，如将社会培训定义为“研讨会”，减少向学校提成。⑤通过与学校领导谈判，减免学院向学校缴纳创收提成等。

高校松散耦合的组织特性在 S 大学的学院创收管理中得到了充分体现。A 学院创收管理的松散性主要表现在：创收模式多元、多变；创收管理目标含糊；创收机构设置视管理需要或领导喜好而定；对创收人员的感性化管理；创收激励措施的灵活性；等等。

（一）创收模式多元、多变

创收模式“多元”，体现在创收渠道和项目的多元化，以及管理模式的多元化。创收模式“多变”，包括了创收来源随市场的变化而变化，学校或学院层面管理方式的多变等。

学院的创收渠道丰富多元。从 A 系时期一直延续至今的自考和函授教育、曾经的“三奇公司”各类商业活动，到 A 学院时期面向基础教育教师学历提升的研究生课程班，面向基础教育学生学科业余辅导的华文学校兴趣班，面向高中教师教学和高考备考的研讨班，面向中学教学和高考研究的《学科月刊》杂志发行，面向基础教育教师业务素质提升的“国培”“省培”和地方教育局组织的教师业务培训，面向政府公务员文化素质提升的专项培训，等等。这些创收渠道的管理模式有学校职能部门统一管理、学校与学院共同管理和学院自主管理等几种类型，其中每一种类型内部的管理方式又有不同情形，如学校职能部门统一管理的项目，研究生处负责的研究生课程班和社会服务处负责的地方教育合作项目，管理流程、提成方式和提成比例等都不同。

学院创收模式受市场和大学及学院内部管理等方面因素的制约。A学院的学科性质和社会对高等教育学历培训的需求造就了A学院传统的相对稳固的函授和自考辅导等创收模式；随着多年的培训效果影响和高校扩招，社会在职人员对函授和自考需求市场逐年萎缩，而高职高专院校在校生对本科学历的需求迅速增长，于是出现本科院校相关学科与高职高专院校相关学科直接合作对接的自考“相沟通”班的新模式；过去S大学自考辅导主要采用学校职能部门（继续教育学院，即原“成人教育学院”）指导下的教学学院（如A学院）负责制，教学学院负责市场开拓和日常管理；“相沟通”班则由大学的继续教育学院直接拓展和具体实施日常管理，教学学院只负责派出授课教师。面向基础教育教师学历提升的研究生课程班，是A学院成立以来主要拓展的创收渠道之一，由大学研究生处与学院共同开拓共同管理，研究生处和学院都可代表学校对外联系办班需求，意向谈妥后，由研究生处以大学的名义负责与合作单位签署协议书，学院负责具体的日常管理，学员学成结业颁发校级结业证书。“国培”“省培”项目由学校教师继续教育与研究院负责申报和组织管理，学院负责选派教师和参与日常管理，管理方式接近于研究生课程班但项目经费不下拨到学院账户。其他创收项目基本是由学院自主开拓、自主管理，学校职能部门负责备案和不定期进行管理检查。

（二）创收管理目标含糊

A学院创收管理目标的含糊性主要表现在以下4个方面：

1. 学院创收拓展领域没有确切目标。只要是与学院学科或业务性质相关的领域，都可能成为创收拓展目标，包括基础教育在职教师的继续教育、高考研讨、中小学生课外辅导、政府公务员培训、地方文化建设项目、企业管理培训等等。A系时期的“三奇公司”，业务领域更是无边界。

2. 没有详细的创收项目数量要求和质量目标。每一年学院创收计划只有方向，没有具体的项目数量任务；对开设的创收项目，没有统一的管理要求和质量标准，也缺乏质量检测和管理考核；个别项目（如“国培”和“省培”）有来自上级的统一管理要求，其考核数据只是作为上报和总结的一部分，未能真正用于学院内部质量监控和改善提升培训效果的依据。

3. 没有具体的创收收入目标。尽管学院每年需要几百万元自筹经费来维持正常运作，为此设置了多个专门的创收机构和专职创收岗位，但是从未对具体收入目标做出规定，即使学院领导对原有相对稳定的创收模块提出过收入目标期待，也只是提出指导性指标，从未真正实施跟进，超出指标有奖励，但未达指标没有惩处。

4. 没有创收成本绩效管理目标。作为一种经营活动，学院创收极少考虑人力、物力、财力资源成本，几乎没有明确的绩效考核目标，所以也难算清楚每一个项目确切的纯利润数据。

（三）机构设置依据模糊

前面介绍了A学院创收的机构设置与机构变化历史。从创收机构设置依据看，有的对应政府或大学业务主管部门的需要而设置相应机构，如学院自考办、函授教研室等；《学科月刊》杂志社和编辑部依据政府关于学术期刊的管理要求而设；“文化培训中心”依据市场需求而设；有的依据领导喜好而设，如学院“培训中心”、华文学校和学科教育与研发中心等；有时两者并不是必然的区分，也可能兼而有之，如函授自考与培训中心、华文学校等的拆分与重组等，既有管理的需要，也体现了领导的喜好。A学院独立发展初期，承担创收任务的继续教育中心、学科教育中心、培训中心“三足并立”，业务交叉，也反映了创收机构设置的随意性。

（四）对创收人员管理的松散化

学院对创收业务人员没有硬性的工作管理规范，即使有工作规定，也是形式多于内容，没有实质性执行。如学院对行政人员有坐班要求，但学院从来没有对创收人员进行考勤和工作检查。学院创收有关人员主要靠“自觉性”和个人“责任感”开展工作，无论是行政管理工作还是教学工作，都是以自我管理为主。学院对创收人员的情感投入多于对其技术能力的要求。参与创收的教学人员即使出现教学事故，一般也不会受到处分和追究。创收目标的模糊性和激励机制的灵活性等也从另一角度反映了学院对创收人员管理的感性化和松散化。

（五）创收激励措施的灵活性

学院对创收工作的激励措施主要有：①因项目而异的收入奖励办法，鼓励多劳多得；②创收项目管理者在创收规模、人员安排、资源调配、管理过程的较充分自主权；③弹性工作制；④无确切的绩效考核等。松散的人员管理和灵活的激励措施也会导致有的专职管理人员兼营个人的投资或私营创收，造成学院利益直接或间接的损失。项目质量不过关也会影响学院和学校声誉等。

造成学院创收松散管理的原因主要有：①学术组织的松散耦合特性和大学校院二级治理体制的影响；②学院领导基于学术而非基于市场的管理思维；③学院领导的事业、精力和个人喜好等个体因素的影响；④大学与学院的管理文化与传统习惯；⑤教职工行动者缺乏自我约束等。

学院创收管理具有非市场化的特征，更多地与高校学术文化的管理思维和特点相匹配，反映了高校“学者创业”的特征。组织的松散管理体现了创收人员与学院之间形成的一种“软契约”关系，在一定程度上弱化了创收人员对学院管理权威的依附关系。

学院创收工作的松散管理，也有一定的正面作用。如松散管理使学院人际关系比较和谐；学院创收业务初始投入低；减少领导的精力投入；可以保证学院创收工作人员的阶段性稳定。

但是，松散管理也造成学院创收的效率和效益低下，间接增加了学院的创收成本，增加了风险隐患，同时也造成院系内部一定程度的不公平。

二、学院创收行为的风险与管理

学院创收管理人员缺乏自律，可能造成严重后果。

2013年，S大学两名二级学院教工因在自考业务管理过程中受贿被处理，其中一名是A学院专任教师。据悉，该教师于2002—2006年兼任学院自考办主任，期间，收取了某自考教学点负责人（民办培训机构负责人）给予的“好处费”5万元。在2012年广东省“三打两建”行动中，该教学点负责人因涉嫌行贿被立案调查，供出向A学院自考办主任等人行贿的犯罪事实。该教师最终因违反规定收受贿赂，被依法判刑缓期执行，学校对其实行“双开”（开除党籍、开除公职）。另一学院的自考办专职主任同属此案，也被判刑缓期执行和遭“双开”。事后，学校依据《S大学非全日制办学管理规定（试行）》，在全校范围开展“非全日制办学（班）专项检查”。A学院领导逐一约谈了与单位创收有关的所有在编教职工，并上报了自查报告。

据了解，此前该自考办主任负责学院继续教育部，曾发生过在成人高考阅卷过程中的违纪现象。事发后，上级主管部门对S大学提出批评，责成S大学重新组织阅卷，并要求调整相关管理人员。S大学对该同志进行了内部通报批评，并要求将其调离该管理岗位。学院对继续教育部相关人员也进行了调整。

不仅如此，前文提到由于管理与用人不当，《学科月刊》承包者的行为造成了S大学和A学院经济和声誉的重大损失。另据了解，2012年，某学院一教师为谋取大额经费的横向科研课题，在编制申报书时私刻学校公章、冒充学院领导签名，由于大学有关部门发现及时，未对国家和集体经济造成直接损失，但却对学校和学院声誉造成极坏的影响。

与经济利益相关的运作行为总是伴随着高风险。学院创收的常见风险有：

1. 法律责任风险。创收是获取经济收入的经营活动，无论是内部财务管理还是外部经济合作，都涉及依法规范经营问题，意味着创收参与者和大学与学院的领导等需要承担法律责任风险。

2. 财务风险。由于组织的松散性特点，学院创收存在管理不善、行动者的腐败贪婪、欺诈、市场变化等对大学和学院造成财产损失的风险。如果学院创收与非官方经营者合作，由于合作方行为不可控，可能给大学和学院造成损失和伤害。比如财务不是学校直接控制，而是由合作方划拨利润给学院分成的做法，可能使大学和学院受制于他人；如果合作方做假账或携款潜逃等，学院和大学的损失就更大了，而且领导和相关人员可能还要担责。20世纪90年代，S大学许多二级单位集资参与银行或企业融资等创收活动都有过教训。

3. 声誉风险。合作方一般看重的是S大学的品牌，以与S大学合作名义招揽生意，是很好的卖点，尽管合作双方有时约定招生宣传中不得出现S大学字样，但主办方可能并不按照协议履行职责，如果造成不良后果，将对学校、学院和个人的声誉和形象造成伤害。无论学院创收参与者或领导者是否有丰厚的回报，其他未参与者会猜测参与者或领导者可能从中获利，参与者要面对和承担声誉风险。大学、学院或教职工行动者可能因为参与创收而被社会理解为“不务正业”“贪图小利”等，声誉受影响。

4. 领导责任风险。如果学院创收出现问题，给大学或学院造成较大的损失或伤害，大学或学院的领导就面临被问责，要承担领导责任。

5. 个人职业发展损失风险。由于学院创收业务的付出与大学组织的评价体系不对应，尽管创收业务主要也是依托学院的知识力量，但该领域的知识创新有的不被认同为大学体制内的重要学术成就，甚至教师参与教育培训讲授课程，也不能作为职称晋升的基本教学工作量计算在内，对学院创收的时间精力投入意味着将牺牲学院领导和教学骨干个人在体制内的职业发展。因创收过程的违纪违法行为受处分，甚至可能导致体制内个人职业生涯的中断、终结。

一个创收行为有时可能只有一种风险，有时可能存在多个风险。A学院因《学科月刊》承包造成系列官司和巨额债务，就同时存在法律风险、财务风险、声誉风险、领导责任风险和当事人职业中断风险等。

学校领导认为，问题的出现主要是“学校制度不健全、管理出现漏洞，造成学校隐性或显性的损失，包括给学校造成经济上或声誉上的损失……以前二级学院办学办班五花八门，有的二级学院办学办班学校不知情。去年（2013年）我们加强了这方面的管理，规定不论哪个层面哪个要办这样那样的班，必须经过学校的审批、同意或者备案，否则就算是违规”①。风险事件发生后，促使学校领导高度重视。

为了避免新的风险事件的发生，学校决定加强管理。主要措施有：

1. 调整学校非全日制办学管理机构，不再依托非全日制办学管理委员会来管理有关事务，而是将产学研与社会服务处改组为社会服务处，负责全校非全日制办学项目的审批管理。

2. 推进学校问责制等管理政策的出台；修订了非全日制办学办班行为管理规定。

3. 对违规办学行为进行学校层面的行政、经济处罚；涉及违法行为被法院判刑的，实行“双开”。

4. 加强教育与日常管理，如案例事件发生后，要求有关学院自查、谈话、报告、反思等；在学校年度工作中提出相关管理要求。

5. 要求落实院务公开，推进教代会和群众个人对学院创收和财务工作进行监督等。

有关学院也在管理制度的建设与完善、创收工作流程规范化、思想教育与引导等方面加强了对创收行为规范化的管理。A学院C院长采取多项措施减轻创收压力和规避可能存在的风险：

1. 通过党政联席会议进行创收决策或达成个人有关创收工作设想。

2. 说服学院书记一起谋划、决策和参与具体的创收行动。

3. 借助教代会的名义和力量推进创收业务。有的业务借助教代会特别会议的名义进行讨论，然后以学院群众意见的方式提交到党政联席会议进行表决。

4. 参照模仿其他学院的成功做法。

5. 对于一些新的创收项目尚未了解具体行情的，一般安排个别人员独立操作，避免因贸然大规模推进带来的损失和风险。

6. 在教职工大会宣传学院创收工作及其业绩，争取教职工的理解支持。

创收风险爆发的直接原因是行动者的不当行为；外界的诱惑、管理缺失等是间接因素。行动者的不当行为后果促使学校和学院加强创收监管，包括制定和完善有关创收行为管理制度、落实常规监管、采取自查自纠和学校督查等专项行动等。组织应对风险的举措既可以规范学院的创收行为，也对学院的创收行为起到强化作用，使其在更加稳固的轨道上发展。

---

① 引自时任校领导在年终总结大会的讲话。

第四节　教职工对学院创收的选择性行动

随着创收环境的变化，A 学院独立发展后，尽管成立了学院培训中心、开办了华文学校，拓展了新的创收渠道，但是原本占创收收入大头的函授和自考规模急剧减少，创收收入逐年下降，而原有的酬金分配办法使学院的支出成本越来越大，学院财政入不敷出。到 2008 年高考阅卷时，学院按惯例给本院教职工发放的阅卷补贴约 50 万元是时任院长向学校借钱发放的。2009 年 C 院长上任时，发现教职工 280 多万元酬金隔年还未能发放；有教工因经济困难向学院借钱过年、有的放弃攻读博士学位。为了适应创收的新常态，C 院长第一个任期内，提出对学院酬金分配方案进行改革，经学院职工大会推举产生各类教职工群体的代表，组成学院酬金分配改革工作小组，由教代会主任牵头拟订新的分配办法。随后近一年的时间里，学院酬金分配改革工作小组召开了 20 次专项会议，讨论酬金分配的原则和各具体条款。这是一个博弈的过程，被选举出来的酬金分配改革工作小组成员名义上代表各自所属的教职工群体，在实际工作中却会更多地从个体角色而非群体角色利益的角度来提意见建议和谈判。

A 学院大部分教师关注院领导积极开展集体创收工作，74% 的受访教职工认为学院领导“重视”或“非常重视”创收工作；超过六成受访教职工认同“创收已成为本院工作的主要任务之一”。学院创收的难度很大，教职工普遍认为目前的创收绩效不能满足学院的实际需求，但认为学院应该下大力气去抓创收。许多教工通过不同的行为选择表达了对学院创收的态度。

一、对学院创收活动的融入与淡出

A 学院传统的创收来源是函授和自考辅导，依据开设的专业和课程由相关教研室委派授课教师。讲授这些函授和自学考试课程的教师在为学院创收的同时，本人也可以获得高出校内教学的课酬。学院大部分教师都参与过这类教学活动，许多教师把它视为本职工作中不可分割的一部分，一些青年教师甚至期待有更多的机会参与其中。除函授和自考辅导外，A 学院主要的创收渠道就是依托部分学科骨干教师开展各类相对独立的教育、文化培训。

教职工介入或不介入学院的创收活动、以何种方式介入等行为选择，受到学校大环境、学院惯例和文化、领导权威、个体价值观和具体情况等诸多因素的影响。教职工的行为选择对学院创收具有激励或阻碍的能动作用。

政府和大学的制度体系等规制性因素制约着学院的创收大局；学院的创收传统和惯例做法、机构设置、学院酬金分配方案等制度引导、学院领导的宣传动员和要求等规范性要素，对教职工的创收行为选择有直接影响；学院的工作要求、酬金分配和创收奖励政策等自上而下诱使教职工参与学院创收。

但对教职工而言，制度环境并不是唯一的影响力量，教职工个人的价值观、教职工对领导话语的解读和对自身角色使命的理解等认知因素以及个人工作生活的实际情况等，对是否参与和如何介入学院创收的行为选择有决定性影响。这些行为选择反过来影响学院或学校有关创收的政策和要求，对学院创收行为的制度化起到激励或阻碍的能动作用。个人的岗位责任意识、个体对经济利益的诉求、同伴的激励等因素提升了教职工参与学院创收的积极性。

受个人价值观和组织文化影响，教职工对学院的创收决策的执行有不同的参与方式，是一种选择性的执行。从参与的主动性程度看，主要有从积极主动融入到游离反叛等三种承担类型（见表7-1）。

表7-1　学院教职工对学院创收活动的参与类型

类型	主动性程度	常见人群	主要表现	影响因素
积极主动型	高	学科骨干、项目元老； 与领导或负责人关系亲近的教师； 有创收任务的学院行政人员； 生活压力大的青年教师	积极参与和推动学院创收工作； 在项目工作中具有主导性或垄断地位； 积极提出创收项目的改进意见且相关意见通常得到采纳	学科背景和优势与创收活动的对应程度； 在学院组织中的影响力大小； 与院长或项目负责人的关系亲疏
被动与服从型	中	已退出有关项目岗位的教师； 对个人本职岗位与创收工作区分意识较强烈的部分教师	对创收不热心，只是出于岗位职责要求而接受学院安排； 较少提出意见建议，或仅通过私下议论等非正式渠道表达意见和质疑； 通常提出的意见较少被正式采纳	教职工个人意识； 学校或学院氛围影响

续上表

类型	主动性程度	常见人群	主要表现	影响因素
游离与反叛型	低	“两耳不闻窗外事，一心教好我的书”的部分教师；独自在外揽“私活”的教师	不关心、不参与集体创收活动；拒绝任务或逃避任务安排	学院对待教职工院外兼职行为的制度和态度；教职工个人意识；个人的校外兼职机会

（一）积极主动型

一部分教职工积极参与创收项目。教职工学科背景和优势与创收活动需要的对应程度、在学院组织中的影响力大小、与院长或项目负责人关系的疏密程度等都可能影响其对学院创收的参与度。积极参与创收的行动者，有的受岗位责任的驱使，有的希望发挥专长，有的希望增加收入，有的可能仅仅因为与学院领导的关系好而愿意参与，或者多个因素兼而有之。

如每年在高考阅卷工作结束后，学院以“研讨会”的名义面向基础教育教师开办短期培训班，通过收费创收。培训班的授课人员是高考阅卷各题组负责人，他们往往是学院的学科骨干、元老，其所属学科与高考研讨的学科相对应，其在学院教学和科研工作中有重要的影响力。其中部分与项目负责人关系较密切的人员往往同时又是学院其他收费培训项目的主力，具有垄断性地位。部分急需解决经济困境的青年教师较难在短期内介入。

骨干行动者是学院对外培训的品牌师资，有最多机会参与学院创收，他们一般会积极参与和推动学院的创收工作，他们提出的意见建议往往得到学院领导的重视和支持。比如，某骨干教授指出，一些经济欠发达地区教育主管部门的培训点提供的教学和生活条件太差，影响培训质量，会降低学院的声誉，提出要么让培训点改善条件，要么不与此类地方合作。学院领导以保障培训效果的名义，使培训点按照骨干教师的要求尽量满足。

相关学院领导和创收部门负责人有机会参与创收分配政策的制定、创收过程和收入分配。有创收任务的行政人员一般都能积极主动地参与创收工作。

院长或项目负责人熟悉和信任的人，有可能更多地参与创收活动，其意见和建议被采纳的概率也大。与院长或项目负责人关系不太密切的教职工，较少参与学院的集体创收活动，其意见或建议被采纳的概率较低。

青年教师普遍生活压力较大，希望有更多机会参与学院的创收活动，课酬的吸引力让年轻教师乐于承担许多老教师不愿去、路途遥远的边远地区的函授、自考教学任务。

（二）被动与服从型

部分教职工常常通过私下议论和评价等消极被动的方式，表示对学院包括福利创收等各项工作的关注。他们极少用正式途径向学院领导提意见建议，只有学院召开座谈会，领导问及大家关心和困惑的问题，有教职工引出话题，大家才有共鸣。学院在教职工信箱栏里设置了学院工作意见箱，自2010年起开设5年来，没有收到过一封意见书。见面聊天反映、QQ群聊天咨询和发牢骚、微信聊天咨询和发牢骚等成为教职工常用的交流和意见表达平台，包括住房、职称、福利待遇与创收等，都是非正式渠道经常议论的话题。采用非正式渠道表达对学院工作的一般性意见和质疑，有的教工认为此举“没有风险，不用负责，不会使领导来找麻烦”。

被动的参与方式与两个方面的情况有关：一是教职工的个人意识，一是学校或学院的氛围。教职工的个人意识与其成长经历、行政能力和认知等相关；学校氛围则与相关管理制度、各级领导的工作作风和处事习惯等相关。如果正常渠道表达多次得不到有效回应和实质性解决，群众失去信心，则会逐渐转向非正式渠道的表达，久而久之，就建构了学校办事处事的文化习惯与风气。有的教职工选择非正式表达平台，主要是觉得学院领导比较无奈，有责无权，通过正式渠道向学院反映往往也没有什么效果，所以“不愿给学院领导添麻烦”。

一部分教师对学院创收并不热心，只是出于岗位职责的要求，才接受学院安排的创收任务。另有个别教师会依据所担任角色的变化而转变对创收的参与程度。如有的教工在学院管理岗位任上积极为学院创收出谋划策，积极引进培训项目，积极承担许多培训的专题授课；退出管理岗位后，“不在其位不谋其政”，不再主动参与学院创收的开拓工作。

有教师认为，搞好本职工作，包括全日制教学或者非创收的管理工作，就是为学院创收做贡献。一是学院收入的相当部分来自学校给二级学院划拨的全日制学生的人头费；二是搞好非直接创收工作，不给学院添乱子，可以让领导和其他教师安心搞创收。

在学院创收与个人本职岗位安排的全日制教学工作及科研工作关系上，有的专任教师在两者没有冲突时，会接受学院的创收任务，但是两者产生冲突时，则会拒绝接受学院的创收工作安排，只考虑做好个人认可的“本职工作”。

（三）游离与反叛型

部分教职工游离于学院集体创收行为之外，或“两耳不闻窗外事，一心教好我的书”，或自己揽“私活”到院外兼职讲课，或是经营自己的网店、炒股票等。S大学在争取进入国家“211工程”建设过程中，曾出台文件规定在编在岗教师不得私自到校外兼职兼课。时至今日，不少学院都有教师在外兼职现象，在校内其他单位兼职讲课的现象更为普遍。教职工的兼职现象包括未经学院同意为其他部门和单位有偿讲课、为校外培训机构有偿讲课、为政府部门做有偿咨询、不受学校管理的科研项目合作、个人开设培训班、开网店或从事其他经营性获利活动等。

鼓励、支持教职工院外兼职者认为，教职工个人发挥学科优势在学院外的兼职行为能够在一定程度上提升学院的知名度和影响力，特别是学院高层次学者面向社会的兼职活动，具有学院“活广告”的效应。“政府和一些机构可以顺着这些学者找到学院，建立其他更大的更广泛的合作。”某学院院长说。这种氛围下教职工主动参与个体性的社会兼职活动比较多。也有一种情形是，学院待遇不高，学院领导基于人道主义思想，不愿阻止教职工院外兼职提高收入；或者是学院没有强有力的管理制度或领导权威，难以阻止教职工院外兼职等。

禁止、反对教职工院外兼职者认为，教职工外出兼职，一是影响岗位职责的履行，投入本职工作的时间精力分散了，影响了本职工作质量，特别是专业教师影响教学质量，是不道德甚至违规的；二是院外兼职状况无法随时监控，无法考量是为学院形象“加分”还是“减分”，具有不确定性，质量无保障；三是冲击了本学院的创收工作。这种氛围下，学院教职工外出兼职受到限制，有的还承担着一定的道德压力。

事实上，教职工在外兼职创收，既有可能是利用所学知识为社会服务、创造社会效益，或者在服务社会过程中为学院提高声誉带来积极效果；也有可能因精力分散而影响教育服务质量，或因不务正业而受诟病，或因兼职口碑不佳损害学院声誉。关于支持或反对教职工参与校外兼职的不同观点，反映了在学院创收现实构建的制度化过程中，主要个人或群体的价值观倾向，对学院现实关系结构的形成具有重要的影响和导向作用，也是一种“使能”作用的体现。

极少数教职工不关心、不参与学院创收活动，或者认为这是不务正业，往往通过拒绝任务、逃避安排等方式来表达。

二、行动者的其他能动作用

以院长、书记为代表的学院领导对上级制度体系的解构与重构、转译与编码，改变着学校对二级学院创收的管理措施和治理学院的模式。这个制度创造与传播的治理层面的能动表现，对学院创收行为的制度化构建起到核心的桥梁作用。

非领导行动者可能强化学院领导层的创收压力和动力。教职工的实际生活困难、教职工期待学院通过创收改善福利待遇提高收入水平、酬金分配改革小组的博弈过程等在不同程度上刺激了学院领导通过创收改善教职工生活的愿望，并将其作为领导者个人的工作责任和压力。教职工对学院领导开展创收工作的关注和理解，鼓舞着学院领导进一步搞好创收的信心和决心。面对学校改革与切身利益冲突时，教职工会想办法维护切身利益、否决学校的改革方案。前文提到各级教代会对校区改革方案的否决，是近二十年来学校领导极力推行的改革方案被直接否决的典型案例之一。

少数教职工对学院创收的消极态度会在一定程度对其他教职工产生负面影响，对学院创收的拓展和学院领导的创收决策也会造成干扰。行动者可能带来和已经带来的创收风险引起各级领导高度重视、促使大学和学院进行相应的创收管理规范化建设等，同样是行动者能动作用的结果。

特殊行动者——创收合作单位的领导和工作人员，其态度、行为对学院创收也会起到促进或阻碍的作用。

在学院创收工作中，教职工通过对学院所处政策环境的理解认识、对自身状况的感受以及对学院工作的参与方式，不同程度地推进或者阻碍着学院的创收工作。在政府和学校发放的工资待遇远远达不到教职工期望时，在学校财务二级分配制度下，教职工对学院自主调配的福利和酬金有更多的期待，这种期待常常转化为学院领导的创收压力。更多数的情况，就像教学是学院常规工作的一部分一样，教职工理解和认同学院的创收需要，把创收当作学院常规工作的一部分，愿意服从学院的创收任务安排。许多教职工认为学院开展创收、学院领导和教职工主动承担创收任务是理所应当的，把参与支持学院创收认为是学院优良传统，对创收传统的丧失感到遗憾。在教职工各类形式的参与下，学院的创收行为被广泛认同，创收行为逐渐被客观化为学院工作的常态而更加稳固。

归结起来，教职工行动者对学院创收的能动作用体现在两个方面：一是对上级组织政策的作用与影响。教职工对政府、大学和学院政策的理解与重构，推动和强化了学院的创收行为；教职工的行动也会促使上级组织修订或调整创收管理政策，这反过来又进一步强化了学院创收行为，这个上下循环的作用过程，促进了学院创收行为常态化、制度化的发展。二是对学院创收进程的影响。教职工对创收的积极参与，促进了学院创收的常态化进程；而教职工对创收的消极回避或者对抗等，会干扰学院的创收决策和其他参与者的心态，对学院创收工作有一定的副作用，但在一定程度上也会激励学院决策者和其他行动者更加规范和有效地开展创收行为。

教职工在学院创收行为制度化过程中的作用，正如有的制度理论学者所言："制度是由具体的历史行动者构建的。这些行动者既受到自我利益的驱动，也受到价值和文化信念的驱动……制度主义者并不认为集中了最强大联盟支持的制度安排必定是最有效率的。事实上，占主导地位的联盟可能延缓甚至阻碍了制度朝最优方案的变化。这也就意味着制度变迁经常需要政治的变化——权力的重新分配，让社会更加重视被忽视和压制群体所持有的观点……彼得维尔提醒我们，制度起源于个体与集团之间相互冲突的议题和那些驱动其行为的信念和价值。"①

第五节　本章小结

"行动者在参与社会结构的持续生产和再生产时，会创造、遵守规则，并利用资源……行动者具有丰富的知识和敏锐的理解能力，具有思考和应对各种日常生活情景的能力，能够习惯性地监视自己与他人的行动结果。"②吉登斯认为行动者对社会世界具有改变规则、改变关系连带或者资源分配的能动性。其他社会学新制度主义者亦认为，"能动性存在于'理解过程之中，通过这种理解过程，行动者在与不断变化的环境进行持续对话的同时，设想各种选择、对这些选择进行评价，并随机地对这些选择进行重构'"③。

尽管组织制度环境对学院工作和创收行为有许多规制性要求，行动者的价值观对学院创收现实的建构性影响依然十分强大。能动性使学院创收呈现了松散化特征。过于松散的管理则可能因行动者的自律性不高而出现不计成本、效率和效益低下、风险隐患大等问题；治理层和行动者的不慎选择易使创收风险爆发，从而损害大学和学院以及行动者的根本利益。为了规避风险，大学和学院领导层采取相应措施加强管理，客观上推进了创收行为制度

---

① MEYER H-D, ROWAN B. 教育中的新制度主义［J］. 郑砚秋，译. 北京大学教育评论，2007（1）：15－24，188.

② SCOTT W R. 制度与组织：思想观念与物质利益［M］. 姚伟，王黎芳，译. 北京：中国人民大学出版社，2010：86.

③ SCOTT W R. 制度与组织：思想观念与物质利益［M］. 姚伟，王黎芳，译. 北京：中国人民大学出版社，2010：87.

化进程。在学院组织结构与行动者的互动过程中，塑造了学院创收管理的松散化现实。

根据对学院创收的影响力大小，可以将行动者分为五个层次的参与者。根据教职工参与者融入或淡出学院创收的态度与方式，可以分为积极主动型、被动与服从型和游离与反叛型等三种类型。教职工的价值观、对学院创收行为的理解和认同度等规范性和文化－认知性制度要素，对学院创收工作的开展起到重要的能动作用。实际工作中，多数教职工认同并积极支持学院创收，直接参与其中；部分教职工抱着无所谓的态度，既不积极参与，也不反对；另一部分教职工则选择逃避或抵制。不同态度类型的参与者对学院创收主要发挥两种能动作用：适应、认同、接受、支持等积极激励作用和逃避、游离、推辞、反对等消极阻碍作用。两种能动作用在不同程度上都强化了学院创收行为的结构化发展，建构了学院创收文化的特征，在一定程度上影响了大学和学院的制度发展与变化。

第八章
创收行为制度化过程的合法性探析

政府关于大学经费筹措的政策促成了大学的创收行为；大学二级财务分配制度与创收管理制度体系，诱迫形成学院创收行为的常态化。在组织制度环境影响下，创收活动作为学院自主筹措办学经费的行为，已经成为学院领导的重要工作目标之一，成为学院日常工作的重要组成部分。但是追求经济收益的创收目标偏离了学院以计划内全日制人才培养为主业的核心目标，创收行为与学院人才培养主业之间似乎划出了一条鸿沟；市场化的创收业务也给组织带来更多的不确定性和风险。为了学院的生存与发展，在人才培养主业与无可避免的创收业务“双中心”的发展冲突中，学院领导采取了多种合法化策略，来缓解各种矛盾冲突，力图使创收行为得到组织内外的更多理解、认同和支持。

本章是带有概括性的专题分析，主要分析了学院创收行为制度化过程中的合法性背景和基础，特别是案例大学和学院为创收行为合法化而主动采取的规制性合法化策略、规范性合法化策略和文化－认知性合法化策略等表现形式，着重探讨采取文化－认知性合法化策略的表现形式及其作用，从合法化分析进一步梳理学院创收行为的制度化过程。

第一节　学院创收行为的合法性背景和基本过程

在S大学，一些领导和教职工总觉得学院花大力气搞创收是“不务正业”，许多学院的院长和书记都自认为学院领导应该把更多的精力放在学科建设和人才培养上，而不是搞创收；有的教师嘴上不说，但是从其不主动参与创收，可见其并不把创收作为学院的核心合法业务来看待；大学的领导也多次在全校中层干部会议上强调，各级领导尤其是学院党政一把手要有“主业意识”，院长要抓“人才培养主业”，党委书记要抓“党建主业”；由于二级单位创收领域经常出问题，学校领导一再要求要加强非全日制办学等创收行为的规范管理，学校也多次出台相应的管理办法，并加大对违纪违规创收现象的处理力度。

对A学院领导班子在《学科月刊》实施经营承包制期间遗留的经济纠纷事件的问题处理上，不同的学校领导表达了截然不同的观点：有的学校领导认为，学院班子在任期内能妥善处理好该事件，是非常不容易但是非常重要的，是班子的重要业绩；有的领导则认为，这是上一届班子留下来的棘手问题，这一届班子没有必要介入那么深，“管那么多干什么？多花时间抓好主业”；有的只看结果，不管过程，“告诉我结果是什么，没有时间听过程”；更多无直接关系的领导主要在观望该事件，或者仅仅表达对现任班子困难处境的同情。学院的组织成员对此也有不同理解：曾经对《学科月刊》发展历史非常熟悉的离退休教职工，大多数肯定现任学院班子对事件的积极有效处理；多数在职人员能够理解学院领导的难处，为刊物的遗留债务问题处理积极出谋献策；个别在职人员认为学院对该事件的处理触及了一些当事人的利益，针对事件处理过程，出现了状告领导班子特别是针对C院长的匿名信。类似的争议情况在学院工作过程中并不少见。

作为松散耦合组织，大学与学院之间的管理关系不仅表现在学校组织机构与基层教学科研和人才培养之间的松散连结，也体现在其他管理领域的政策执行的“灵活性”。有的时候，大学按照统一管理的要求制定对基层组织的管理政策，然而由于基层情况千差万别，所以在政策的实际执行过程中又有许多根据学校或基层实际情况采取“特事特办”的做法，这将影响基层利益的得失。如学校统一规定了二级单位创收上缴学校的提成比例，但在具体执行中，对某些经济收入较低的学院或者学校领导认为需要扶持的项目，则减少或在一定年限内免除上缴提成。许多单位都希望利用这种特殊措施保住或增加学院的收入。而这种政策执行的“灵活性”也被认为是制造了“不公平”。学院创收存在各类风险，也引起了大学、学院许多领导和教职工的担忧。

学院创收是大学创收的组成部分，也是对院系创收传统的继承。自20世纪70年代末恢复高考以来，大学及其二级学院最初的创收行为是因为政府拨款不足而在政策推动下采取的自筹经费的无奈之举。在大学二级财务分配制度下，院系的创收行为得以延续，现在已经成为学院办学重要的经费来源渠道。学院创收的营利目标与人才培养主业目标背道而驰，引发各方争议和担忧。随着创收业务不断深入推进，创收工作与人才培养主业之间的矛盾日益凸显。在政府、社会、大学和学院内部对人才培养主业发展的诉求压力下，调节抓创收与抓人才培养主业等时间和精力的分配成为经常困扰学院领导的问题。大学及其院系的创收行为并非一开始就得到大学内外的广泛接受和认同的。到现在，尽管创收行为已经成为大学及其院系的常态化工作之一，大学内外对其依然有诸多的争议。即便是直接实施创收决策、推进创收业务的治理层和各类行动者中，也有相当一部分对大学及其院系的创收行为持保留看法。

然而，创收行为成为S大学A学院这类院系惯习化的重要传统业务已是不争的事实。为什么在持续争议中，大学及其院系的创收行为能够不断得到传承与发展，这个过程是如何实现的？组织制度理论学者认为，这个过程的建构得到了与制度三大基础要素相关的合法性的支持。正如斯科特所言："'组织如果想要在它们的社会环境中生存下来并兴旺发达，除了需要物质资源和技术信息之外，还需要其他东西。特别是它们还需要得到社会的认可、接受与信任'，社会学家们应用合法性概念来指称这类条件。马克·萨奇曼（Mark Suchman）对合法性概念作了如下界定：'合法性是一种普遍化理解或假定，即由某个实体所进行的行动，在社会建构的规范、价值、信念和身份系统中，是有价值的、适当的假定。'"①

林小英认为，"合法性"表明某一事物具有被承认、被认可、被接受的基础，具体的合法性基础要根据事实和发展前景而定，"合法性的基础可以是法律程序，也可以是一定的社会价值或共同体所沿袭的先例……由于被判断或被相信符合某种规则而被承认或接受"②。合法性对组织的生存具有重要意义。组织行为只有被组织内外所接受和认可，才可能持续存在和延伸发展；组织只有被所处环境持续接受和认可，才能健康发展；而被接受和被认可的基础，则是组织或组织行为被认为符合某项法律条文或法律程序、某种规则、传统或习惯、标准或逻辑。为了平衡创收业务与人才培养主业的关系，学院领导争取在可控范围内处理好两者共同推进的关系，使学院发展保持在大学、政府和教职工认可的范畴，并为此采取了许多措施，这些做法或者符合社会文化合法性要求，或者符合行政合法性、政治合法性或法律合法性的要求。

"看一个组织是否具有规制性合法化，就是鉴定组织是否是依法建立的，是否采取了与法律和规制一致的行为。强调一个组织要有规范性合法化，那么就是强调组织的道德责任，而这可能支持组织的行动偏离'纯粹的'法律要求……为了与特定的情景相联系而采纳正统的结构或身份，其实就是通过

---

① SCOTT W R. 制度与组织：思想观念与物质利益［M］. 姚伟，王黎芳，译. 北京：中国人民大学出版社，2010：67－68.

② 林小英. 教育政策变迁中的策略空间［M］. 北京：北京大学出版社，2012：212.

认知一致性来寻求合法性。”①

A学院创收行为的合法性过程主要由两个部分构成：

一个是外部制度力量迫使大学和学院开展创收，并不断对其强化的过程。通过前文分析可知，A学院的创收是对A系创收传统的传承与发展；A系创收是S大学创收的组成部分；S大学的创收则基于政府拨款不足、政策允许自筹经费、大学内部发展的经费诉求等。其中，教育部等三部局1980年颁布的《高等学校建立学校基金和奖励制度的试行办法》，1983年广东省政府转发《国务院批转国家经委、劳动人事部、财政部关于当前推行经营责任制工作中有关工资问题的报告的通知》，1985年教育部、财政部《关于中央部门部属高等学校举办函授和夜大学实行收费的通知》等文件，是S大学通过创收自筹办学经费的重要政策依据；S大学根据这些政策于1985年制订的《S大学基金会管理办法》等一系列制度，则是A系等二级单位开展创收的学校制度依据。此后，社会发展大形势的变化对教育的影响、政府对高校经费下拨情形的变化、高校对政府部门提出诉求以及高校创收存在的问题等，促使政府不断调整对高校财务和创收管理的政策，如财政部、教育部颁布的《高等学校财务制度》、20世纪90年代广东省高校主管部门要求各高校“过紧日子”挖掘潜力解决办学经费问题的《经费预算通知》、1995年广东省高等教育厅《关于某些院校违章收费的通报》、2003年广东省教育厅《关于认真做好治理教育乱收费自查自纠专项工作的紧急通知》、2006年《教育部　国家发展改革委　财政部关于进一步规范高校教育收费管理若干问题的通知》等。这些政策有的是鼓励性的，包括要求大学自挖潜力通过收费服务解决经费问题、允许大学部分办学领域收费等；有的是约束性的，包括规范大学的收费和财务管理行为、开展专项收费检查、对违规收费公开处罚等。但是不论鼓励性还是约束性政策，客观上都使S大学自筹经费的创收行为“师出有名”——具有符合规制性制度要求的特征，并且使创收行为在组织的上下层级的各种交互作用过程中不断得到来自原有制度体系的强化。S大学通过《关于修改委托代培及成人教育收入分配和管理的暂行规定》《关于调整部分委培收入分配办法的决定的通知》《广东省物价局　广东省教育厅　广东省财政厅关于进一步规范我省高等学校收费管理的通知》《关于下达2007年财务收支预算的通知》《S大学非全日制办学（班）管理规定（试行）》《关于认真做好我校2012年春季学期教育收费检查工作的通知》《关于禁止校内举办考研辅导活动、清理在校社会考研辅导机构的通知》等

① SCOTT W R. 制度与组织：思想观念与物质利益［M］. 姚伟，王黎芳，译. 北京：中国人民大学出版社，2010：70.

一系列的规章制度的转发、出台、下发，使院系的创收行为进一步得到制度环境的强化。“要我创收”的制度体系是大学及其院系创收行为合法性的首要坚实基础。

另一个是在不创收就无法解决学院生存和发展的经费诉求的背景下，学院自主采取合法化策略的过程。创收行为的合法化策略是指学院为了使业已开展的创收行为能够得到大学、社会以及内部教职工的理解、接受、认同与支持而主动或被迫采取的一系列措施。这些措施包括依据有关规章制度来决策和管理学院创收事务，强调创收与承担学院责任使命之间的关系，优先完成计划内全日制人才培养主业任务，继承创收传统和按惯例行事，采纳正统的结构或身份开展创收业务，等等。从组织制度视角看，这些与制度三要素相对应的合法化策略主要包括采取规制性合法化策略、采取规范性合法化策略和采取文化－认知性合法化策略等。

第二节　采取规制性合法化策略

为了鼓励华文学校的创收工作，A学院领导通过班子会的形式同意将华文学校创收收入的20%作为奖金，由华文学校办公室主任负责处理。按照有关财务制度的规定，提取的奖金必须采取实领实报的方式报账。有一次，华文学校办公室主任拿着虚构的领款单据让学院领导签字，学院领导拒绝签字，并批评了该主任，要求其必须严格按照财务制度的规定进行报账。学院书记也在谈话中提醒该主任，决不能用违反法律法规的做法处理创收奖金报账问题。

在2011年A学院酬金分配改革过程中，学院领导通过党政联席会议决定成立酬金分配改革工作小组，而工作小组成员是由全院教职工大会分类（区分岗位性质、性别、年龄、职称等）选举产生，实施了民主推荐的程序；工作小组依据“量入为出”的分配原则，酝酿出酬金分配的具体改革条款；然后通过全院教职工大会进行逐条表决，达到70%以上教职工同意的条款被视为有效；表决后的酬金分配办法经过党政联席会议确认，由学院发文试行。这样，学院的酬金分配改革获得合法性地位而被接受。完成酬金分配办法的大调整后，经院长提议、学院党政联席会议讨论决定，酬金分配工作小组于2014年成为常设机构，专门负责学院酬金分配办法的修订方案起草工作；工作小组成员均兼职，不领取行政补贴。为了鼓励教职工对学院创收拓展业务的积极参与，院长希望将创收奖励办法尽早纳入学院酬金分配办法中，所以经常提醒酬金分配工作小组组长抓紧开会讨论酬金分配方案的修订。

“在现代社会中，组织只有遵守理性的（例如科学的）规定和法律或者类似于法律的框架，才有可能被认为是合法的。”① 规制性合法化策略是指学院的创收行为符合法律法规或者规制的要求。通过测量组织受到某种既定权威机构管辖的程度，包括组织是否得到批准机构的许可、是否受到强制实施机构的制裁，以及权威机构实施规制的强弱程度等，可以判断组织的合法性。② 学院在法律法规的规制下开展创收，通过采取体制内的规制程序处理创收事宜，包括依法处理经济纠纷问题，依据政府和大学的政策规章有序开展学院创收业务，通过党政碰头会或党政联席会议等法定决策程序决定学院创收业务的开展推进和创收机构的设置改组，创收管理办法的制定以及创收问题的处理，等等。

S大学A学院努力依据法律和行政规制程序确立学院创收有关业务的合法性基础。学院层面开展的各项创收业务，行动者都被要求遵守法律法规，学院努力保证在法律规定范围内开展创收活动，学院积极配合学校做好创收和收费等各专项检查的自查自纠工作。当行动者负责管理的创收项目违法违规，其本人也会受到相应的法律制裁和单位的惩处。S大学基于A学院某教师在创收工作中收受合作办学点负责人的贿赂，对其做出开除党籍、开除公职的决定，可以认为是大学和学院维护组织创收行为合法性的典型举措。

学院通过将创收业务纳入大学或学院的管理规程，获得合法性。如按照规定对学院所有创收项目向学校主管部门进行报批和报备；依照学校财务制度进账和分配使用学院创收收入等。

中国公办高校实行“党委领导下的校长负责制”，党政联席会议则是学院的法定决策机构。《中国共产党普通高校基层组织工作条例》（中发〔2010〕15号）第十一条规定：“高等学校院（系）级单位党组织的主要职责是：（一）宣传、执行党的路线方针政策及学校各项决定，并为其贯彻落实发挥保证监督作用。（二）通过党政联席会议，讨论和决定本单位重要事项。支持本单位行政领导班子和负责人在其职责范围内独立负责地开展工作。（三）加强党组织的思想建设、组织建设、作风建设、制度建设和反腐倡廉建设。具体指导党支部开展工作。（四）领导本单位的思想政治工作。

① SCOTT W R. 制度与组织：思想观念与物质利益［M］. 姚伟，王黎芳，译. 北京：中国人民大学出版社，2010：159－160.

② SCOTT W R. 制度与组织：思想观念与物质利益［M］. 姚伟，王黎芳，译. 北京：中国人民大学出版社，2010：164.

（五）做好本单位党员干部的教育和管理工作。（六）领导本单位工会、共青团、学生会等群众组织和教职工代表大会。”“组织结构与组织策略是紧密结合在一起的。”① S大学明文规定，学院的“三重一大”事项必须经过党政联席会议集体协商集体决策，方可实施。自A学院成立以来，凡是与学院创收有关的主要业务都被列入重要议程进入党政联席会议（党政碰头会）或者院务会议进行讨论、决策。如成立各个创收机构、《学科月刊》实行承包制、开发各类社会服务创收项目、制订创收奖励办法、对创收违法违规者的处理等。即使有的事项只是院长象征性地在党政联席会议上进行情况通报，或者决策者以个人意志作为集体意见等，但程序上经过了党政联席会议这一法定流程，所有最终决策都具有了合法性地位。

“根据表达承认的主体和合法秩序的分类，合法性可以分为社会合法性、行政合法性、政治合法性和法律合法性。社会合法性也称社会文化合法性，是指因为符合某种社会正当性而赢得一些民众、一定群体的承认乃至参与。它呈现为与文化传统、社会习惯等组成的民间规范的一致。传统规范的正当性往往是不证自明的。如果某种组织活动被认知为符合一种传统规范，它就很可能自动被承认、被接受。这是社会合法性的最主要的基础……行政合法性……获得形式大致有机构文书、领导人的同意、机构的符号和仪式等，通常要经过一个‘赋予—获得’的过程……政治合法性……涉及的是组织的内在方面，如组织的宗旨、活动意图和政治意义。政治合法性的拥有意味着某一组织符合某种政治规范，即‘政治上正确’……法律合法性是指一个组织要符合法律上的要求，即一个在筹备中的组织在具有一定的社会合法性之后，要经过政治合法性的检验才能获得行政合法性，成为有业务主管单位的组织，最后在登记管理机关履行必要的法律程序，成为法人。”②

学院创收行为采取规制性合法化策略过程，同时包含了行政合法性、政治合法性以及法律合法性的基础。

---

① SCOTT W R. 制度与组织：思想观念与物质利益［M］. 姚伟，王黎芳，译. 北京：中国人民大学出版社，2010：171.

② 林小英. 教育政策变迁中的策略空间［M］. 北京：北京大学出版社，2012：213－215.

第三节 采取规范性合法化策略

在20世纪末全国高校的扩招大潮中，S大学作为地方重点大学，成为广东省高校扩招的主力军之一，A学院（系）作为传统专业院系也承担了巨大的扩招任务。在此过程中，大学获得了来自政府的资源支持，A学院（系）也得到大学的资源扶持。

A学院C院长刚上任时，学院财政资金缺口大、入不敷出，需要解决教职工280多万元酬金不能如期发放的问题，需要处理《学科月刊》遗留的320多万元经济纠纷官司债务，还需面临由于院内人事变动使部分原有创收渠道遇到障碍、学院领导班子之间的磨合、学院部分原有利益集团的暗中阻挠等诸多困难和问题。与此同时，2010年教育部启动新一轮一级学科博士授权点申报。其后，学院领导需要面对广东省启动一级学科重点学科建设申报、国家“211工程”三期建设验收、广东省“珠江学者”岗位设置申报、国家“2011协同创新计划”启动、广东省高校创新强校工程和高水平大学建设、高校教师绩效工资改革、人事制度定编定岗改革、教育部新一轮本科专业评估等重大的主业建设运动。对多数学院领导而言，完成上级任务是理所应当的职责和使命，所以会积极努力完成学校下达的各项任务（尽管有时这些任务本身就相互冲突，或要求不尽合理）。当学院创收与学校的任务相冲突，特别是遇到与主业任务的冲突时，A学院新老院长都会决定暂停学院创收活动，力图首先完成上级的重点任务；或者牺牲创收渠道或收入，以满足学校任务的要求（包括政治任务、主业任务等）。院长在可掌控全局的前提下，会尽量做到创收和主业齐头并进、同步推进、互不干涉，在二者只能选其一的情况下通常会以主业任务为上。

大学和学院往往通过响应环境需求而获得资源。S大学校长多次在学校中层干部会议上强调，学科建设成果与学院绩效和学校资源重新调配挂钩，不断提醒学院领导要重视学科建设，要出标志性成果。在A学院申报国家一级学科博士授权点取得成功和妥善处理《学科月刊》遗留债务问题后，某校领导积极评价A学院党政领导的工作，认为院长和书记任上能将这两项工作做好，已经“可以交差了”；当学院又在广东省一级学科重点学科建设申报中获得“优势学科”立项建设、国家“211工程”三期建设项目验收取得全校三个“优秀”之一、广东省“珠江学者”设岗实现零的突破等业绩后，该校领导再次表示：“其中任何一个业绩都是难能可贵的！完全可以向组织和师生交代了。说明学院领导工作有成效，业绩特别突出。”上级领导的关注和鼓励对学院工作的重心选择和开展也具有重要的导向作用。出色完成上级期待的主业任务，使A学院的整体工作获得上级组织的认同，学院领导则可以心安理得地将其余的精力重点用于拓展创收业务了。

另一个传统文科系的领导则认为，大学就是要一心一意抓好本科人才培养质量，人才培养不是靠数量取胜，要保证质量就要控制数量，抓好教学过程，而且确保生师比控制在合理区间，资源配置也要得当，所谓的学科建设、教职工的科研和创收活动等都不能冲击本科教学。所以，该系没有响应政府和大学的号召进行规模扩张，也没有跟从学校的要求去拓展提升学科平台（受经费制约也是原因之一），而是继续狠抓本科精英教育，而且不允许教师个人“走穴”去兼职搞创收。在相当长一段时期内，该系（后升级为学院）的本科教学质量得到保证，在全国同类院校专业排名中名列前茅。但是，由于学科平台单一，且体制内的标志性学术成果不多，该学院在大学新一轮的发展中显得有些力不从心，许多高端的学科平台建设和大宗资源配置都与其无缘，有被边缘化的感觉；学院也因为长期没有开拓创收，集体经济实力弱，无法额外投入资源去支撑学科的发展；教职工也因主要专注于教学，科研成果不强，职称难晋升；而且除了基本的教学课酬，没有其他创收福利，部分教职工的积极性受到影响。近几年，新的学院领导希望奋起直追。

学院把与自身职能相关的社会需求作为创收拓展领域。2014年以前，社会对研究生以上学历培训或同等学力培训有巨大的需求，S大学许多学院看准这个市场，结合师范大学的特色优势，在学校研究生处的指导下，面向广东省基础教育教师和管理人员开设了一系列的研究生课程班，为学院和学校带来较大的经济效益和社会效益。教育部对基础教育教师和高校教师在职培训提出要求，广东省和地市教育主管部门要求基础教育教师5年内要参加一次脱产的继续教育培训，教育主管部门要求基础教育教师每年必须完成47学时的继续教育学习，等等。这些教育行业领域的在职人员继续教育诉求，成为师范大学传统学科创收的重点拓展领域，得到政府、大学和学科内部组织成员的普遍支持。

各学院往往依托自身学科专业化知识的优势来拓展创收渠道。如A学院主要开展学科教师在职培训、中小学生学科兴趣辅导、文化类社会培训等创收活动；某理科学院主要开展中小学奥班、学科教师培训等创收活动；某文科学院主要开展教师资格认证辅导培训、教师通识教育能力培训、教育教学理论研究培训等创收活动；某学院主要开展学科咨询业务能力培训、考证辅导等。有参与编写高中教材和负责高考科目阅卷任务的学院，往往通过开展相关科目中学教师的教学研讨和高考备考研讨等活动进行创收。发挥学科资源优势的创收活动得到大学、社会和学院内部的广泛认同。许多学院领导尽管将更多精力投入创收，但他们内心很明白二级学院的主业是什么。前文记录S大学前校长的访谈中，提到S大学及其二级学院开展创收的三种形式：教育培训与咨询、产学研合作、场地出租。他认为“前两种与高校的办学方向一致，符合高校的功能”，因此得以延续和发展。

学院有时会采取一定的管理措施去应对创收性教学过程中的不规范行为。在“社会服务需求”名义下，有的创收性教学培训工作偏离了人才培养的主业要求，只讲收益不讲服务质量，威胁到创收活动的合法性。如A学院的函授面授与自考辅导经常以考试过关为导向，缺乏总体质量监控措施和手段，没有质量检查与质量考核过程；教师素质参差不齐，对学员要求普遍较低；任课教师给学员作业评分主观随意性大，甚至发生过教师遗失学员作业的事件；有的教师只懂照本宣科，被学员投诉。A学院面向基础教育骨干教师的研究生课程班，尽管派出了强大的学科教授阵容，然而，由于地方教育部门看中的是文凭率，所以报名人员不再仅限于既定的学科，中小学各学科教师都有，还有教育局的干部等，为了取得文凭又不必太辛苦，出现个别教师配合学员要求，在实际教学过程中缩短规定学时、考核标准过低等现象。对此，学院会采取一系列弥补措施防止意外的发生，避免影响学院创收业务的发展。如加强学员管理，严格考勤和作业要求；加强师资管理，将不负责任或教学质量低、学员参加统考通过率低、被学员投诉情况属实的授课教师列入“黑名单”，不再外派教学；对多科教师培训班，则因地制宜修改培训内容，增加通识性专题和普适性知识的比重；对原本宣称依托学院师资的华文学校中小学生学科能力培训班，则改为聘请口碑好的中小学退休或在岗教师任教；等等。

学院会将创收收入服务于人才培养主业。A学院将创收收入的一部分用于补贴外聘教师的课酬、设立了青年教师科研扶助基金、提高本科教学课酬等。某学院院长在其学院初创阶段经费十分紧缺的情况下，将“70%以上的精力”用于开展创收，他认为这主要是因为学院的各项建设需要经费的投入，创收是为了服务学科建设，亦是寻求创收合法性认同的做法。

学院往往将创收项目归入大学管理的不同名分，不仅是学院获利，还使创收行为具有合乎体制的恰当性。S大学规定，各二级单位对外合作办学中如果直接使用学校品牌，由大学的社会服务处等创收管理机构介入管理，合作方需要向大学缴交高额的品牌合作费和管理费；如果学院以技术合作的名义参与创收项目，则只需向大学的社会服务处或科技处备案，交少量提成即可。两种合作方式，合作方需要支付给大学的费用有巨大差异。学院选择不同的合作模式，获取项目的成功率不同、成本不同，效益就不同，大学可获得的利益多少也不同。为了取得更多收益又避免可能的风险，学院往往选择积极利用大学的政策空间。比如与非政府的中介机构合作的项目，学院一般选择不使用学校品牌、只是由教师个体参与授课的方式进行合作，这样可以规避品牌费、学院的管理风险和声誉风险等；与政府直接合作的项目，则往往采取专业技术合作形式，一是发挥本学院学科的优势，二是减少给大学的上缴提成；学院举办的短期学科培训则尽可能采用“研讨会”的名义，一是易于审批，二是可以大大降低上缴大学的提成。当然，众多的创收项目名义上都可以纳入“服务社会”的大学职能中而获得道义上的正确性。

采取规范性合法化策略，主要指学院创收行为符合价值观和规范。包括能够协调和妥善处理创收营利与学院人才培养主业的关系，学院开展创收而不忘承担人才培养的社会责任；学院依托发挥学科优势来选择创收利益和项目，创收活动也按照大学和社会的规范要求进行；在具体的学科教育培训等创收活动中，学院领导和教职工往往以承担了相应的社会服务职责而具有荣誉感。

规范性合法化强调的是组织行为的道德基础。关注制度的规范性要素的分析者“转向从客体之间关系以及社会组织的内在联系的角度，来对组织的合法性进行测量”。他们强调专业评估协会的认证与鉴定程序、媒体意见以及地位牢固的共同体组织的态度等对组织合法性的影响。①

在学院创收和人才培养主业关系问题上，存在这样的矛盾冲突：学院要满足社会、政府和大学对计划内人才培养的要求，需要把工作重心放在全日制的教学、科研、各类平台和为学校挣得荣誉的学科建设等方面，这是大学赋予学院的目标使命；为了解决学院办学经费缺口、顺利地开展教学科研以完成人才培养主业使命，学院领导不得不将大量精力从教学科研和学科建设上旁移出来，转放到搞创收，经济利益的获取是学院创收的主要目标。围绕经济利益目标和人才培养目标的行动之间经常产生冲突，学院领导常常面临两者取舍的决策矛盾。“在面临更强的制度压力时，单个组织之间的差异会大大下降。尽管组织行动的逻辑已经从工具性逻辑转变为适当性逻辑，但是每个组织所面临的情景也已经发生了变化，以致该组织不得不采纳新的实践。如果一个组织不这样做，就会被视为异端、落后于时代和不值得注意，

---

① SCOTT W R. 制度与组织：思想观念与物质利益［M］. 姚伟，王黎芳，译. 北京：中国人民大学出版社，2010：164.

最后将导致合法性的丧失，甚至其物质资源也随之而丧失了。”① 为了学院长久的发展，学院领导通常会尽可能协调好创收与人才培养主业这两者的关系，尽量做到“两不误”。在学院的创收业务与人才培养主业有冲突时，学院会优先人才培养主业的发展，或将创收业务纳入服务于人才培养主业的体系中，如学院是为了提升教学质量、加大教学投入而开展创收等；当局势确实无法两全时，A学院领导会暂时忽视创收利益，而将学院的资源和力量首先用于确保全日制人才培养的需要。待主业运动结束，创收压力又回到领导身上，创收又会成为学院决策和领导工作的核心。在改革发展进程中，如果学院不顺应大学的改革任务导向进行调整和发展，而是坚持自己认为保障学术质量的做法，长远看会使组织存在合法性隐患和风险。前文提到的某学院就是因为没有按照大学发展的节奏要求推进学科建设，而错过了获得后续支持的大好时机；A学院则因为一直保持对大学要求的积极响应，而可以持续获得来自大学的资源扶持。

帕森斯强调组织目标与社会功能的一致性给组织带来的合法性，即“必须是根据组织对于其所属系统而言而获得的功能必要性，来对组织目标进行合法化”②。根据政府、社会和大学的需求期待来开展工作，使学院的创收资源和收入来源符合院系的角色职能规范。学院创收行为要获得合法性，需要满足制度环境的要求。学院把与自身职能相关的社会需求作为创收拓展领域、依托自身学科专业化知识的优势来进行创收、将创收项目归入大学管理的不同名分等策略，不仅使学院获利，还使创收行为具有合乎体制的恰当性。A学院C院长第一任期内选取以申报一级学科博士授权点等学科建设任务为重心，将解决《学科月刊》经营承包制期间遗留的经济纠纷等问题主要交由书记处理，这在某种程度上不是技术组织内部的设计要求，而是为了符合更大的组织外部环境对院长职责的要求；将创收经费直接服务于学院人才培养主业等举措，将创收行为纳入了符合学院身份的规范性范畴。学院采取相应的教学管理措施保障创收项目质量，学院积极配合大学的要求对本学院各项非全日制办学办班、学院财务管理和其他创收业务进行自查，对学院创收工作人员进行提醒谈话……这些都是在主动顺应大学的规范性要求。

学院创收行为采取规范性合法化策略过程，同时包含了社会合法性与行政合法性的基础。

---

① SCOTT W R. 制度与组织：思想观念与物质利益［M］. 姚伟，王黎芳，译. 北京：中国人民大学出版社，2010：171.

② SCOTT W R. 制度与组织：思想观念与物质利益［M］. 姚伟，王黎芳，译. 北京：中国人民大学出版社，2010：160.

第四节　采取文化-认知性合法化策略

共有的文化模型是组织化的基础性力量，“专业组织的很多特征，可能根源于把行动者与其工作课题联系起来的共同符号系统所实施的审慎控制，而这种联系又是以根植于他们同辈群体中存在的那些看不见的理解为基础”①。学院创收采取文化-认知性合法化策略，就是通过对学院创收行为的解释、对学院创收行为赋予意义、赋予学院创收业务正统的结构与身份、模仿其他学院的成功做法等，以得到组织内部及外部环境的人们对学院创收行为的理解、承认与接受。制度的文化-认知性要素的合法性基础是可理解、可认可的文化支持，其遵守的基础是视若当然或者共同理解，通过共同的信念、共同的行动逻辑或者同形等指标来判断，是一种建构性的图示，其扩散机制是模仿。

此种合法化策略客观上阻滞了学院创收行为对学术目标的逃逸和过于偏离，使其能够确保基层组织行为不会超越上层组织可容忍的底线。斯科特认为根据组织形式的流行程度和扩散程度来推断组织的合法性，也是强调研究制度的文化-认知性要素的做法。

一、解释与赋予意义

在教育部提出重点高校不要办低端培训而要往高端培训方向发展后，S大学主要领导曾经对各学院开展本科以下函授教育和自考等“低端”项目表示不满，打算整顿，并通过学校中层干部会议对上级精神进行了传达。后来，有部（处）长对主要领导解释说，学校目前开展高端培训竞争不过“985工程”高校，而且没有现成的市场，但是传统的函授教育和自考班每年为大学带来1亿多元的收入，在政府拨款有限的情况下，这1亿多元是学校领导得以维持大学正常运作的宝贵资源，没有了这笔钱，学校领导的工作将会很被动。经此一说，学校主要领导也认为函授教育和自考是师范大学服务社会的延续，在学校创业的困难阶段可以允许其暂时存在，这也是学校发展过渡阶段的暂时性行为。所以学校主要领导打消了整顿函授教育和自考班

① SCOTT W R. 制度与组织：思想观念与物质利益［M］. 姚伟，王黎芳，译. 北京：中国人民大学出版社，2010：163.

的初衷，在接下来的学校中层干部会议上，以“高考扩招已经将自考和函授的生源阻断了，自考和函授教育很快会萎缩消失，我们就让其自然过渡消失”为由，默许二级单位继续开展本专科函授教育和自考班。

由于自考和函授教育等学院传统的创收规模缩小、收入下降，在新的创收渠道尚未产生规模效益前，为了解决学院财政入不敷出的困局，A学院领导班子于2011年提出由教代会主任牵头改革学院原有的酬金分配办法。在有关报告中，学院领导班子这样解释面临的酬金分配压力状况：“之前酬金发放依据全院大会通过的《A学院分配与奖励办法（试行）》和沿用上届班子的惯例实施……采用的是固定课酬制，全院职务补贴和行政教辅人员的酬金是按总课酬平均数的比例进行核算，如行政教辅人员领取专任教师课酬平均数的80%作为工作酬金。随着学院学生人数的增加及课堂教学数量的增多，各类课时不断增多，课酬平均数逐年增长，相对应的职务补贴数亦呈明显的增长趋势。而受创收大环境变化的影响，原有创收模块的收入持续减少，造成连年延迟发放课酬的现象出现。该酬金分配方案已不能适应新形势的发展。”①

A学院原有的酬金分配方案还存在领取各类行政岗位补贴的教职工人数多、补贴占比大、补贴金额逐年增加的突出问题，以及研究生指导费偏高、本科教学课酬偏低等许多“同工不同酬”或“多劳不能多得”的情况，群众意见较大。为了推进酬金分配改革，在制订出“量入为出”“多劳多得”“按模块分配”的新的酬金分配原则后，C院长为说服酬金分配改革工作组成员同意大幅削减行政补贴，在改革工作小组会议上提出：“大幅降低行政补贴，将资金倾斜于提高本科教学课酬。领导的酬金先往下砍，我自己带头砍（院长行政补贴）50%。”书记也表示同意把岗位津贴先降一半。在院长的倡议和书记的支持下，工作小组将学院行政补贴的发放比例从原本占学院可支配收入总量的40%多，调整至只占5.98%。“新方案中不管多少人任职，均在全年可支配收入总量的5.98%定额中根据权重分配。此举一是在保护拥有行政职务的人员工作积极性的同时，避免职务补贴因任职人员多而增长；二是从总量上直接削减各级的职务补贴，将有限的资源向本科教学一线教师课酬倾斜，真正体现对本科教学的重视。”“无论领取补贴的人数如何变化，只要比例不变，就不会冲击其他模块的利益。”② 学院领导的解释、说明和建议不仅使酬金分配改革顺利推进，而且使广大教职工更加认识到学院创收与个人收入的密切联系，使更多的教职工更加关心、支持和参与到创收

---

① 摘自《关于A学院酬金发放疑问的情况汇报》，以下简称《情况汇报》。

② 摘自《情况汇报》。

工作中。

学校着手调整学术型和专业型研究生人数比例，在总量不变的情况下，希望各学科专业减少学术型研究生人数，扩招专业型研究生。在有关会议中，A 学院领导建议增设 2 个专业型硕士方向，从学院学术型研究生指标总量中调整部分名额来招收专业型硕士生。不少硕士导师对此有不同看法，特别不希望削减学术型研究生指标。学院领导提醒说如果不顺应学校的政策改革方向，就可能被学校减少学院总的招生指标，影响学院生均拨款；而且调整后导师们可以转型兼任专业型硕士导师，待遇不受影响。学院领导强调，专业型研究生收费比学术型高，调整招生比例后学院的收益也会增多等。导师们最终接受了学院领导的提议。

在自考函授创收萎缩、研究生课程班不给办、与社会其他培训机构合作风险大等背景下，获取政府的培训计划项目成为 S 大学及 A 学院创收的新方向。校长在中层干部会议上动员说，现在承办“国培”项目可能是微利、无利甚至是亏本的，但是通过竞争取得“国培”项目，做成品牌，就可以去竞争经费更多的“省培”项目和其他区域性教育培训，是值得投入的。学校党委书记也说：“广东近年教师培训投入几十亿元，我们能够占有多少市场份额，也是对我们实力的考验。”S 大学为此成立了“基础教育培训与研究院”，专门对应政府对基础教育教师培训的政策需求。A 学院党政班子在讨论创收问题时，院长提议逐渐将重心转向“国培”、“省培”、地市级基础教育教师培训和专业型硕士扩招等符合政府和学校改革方向的领域上。院长认为，这些项目尽管是微利项目，但是风险低、资源来源有保障、可持续做，而且也符合学院利用学科知识服务社会的职能要求。其他班子成员普遍认同院长的说法。现在，A 学院的创收重心已经转移到以服务政府的基础教育教师培训项目为主。

A 学院 C 院长在第二任期第一次教职工大会上，提出了学院创收拓展的“三环”理念。① 在推介“三环”理念时，院长以“服务社会是政府、社会对大学和学院提出的服务职责要求”为切入点，主要围绕基础教育改革对本学科知识和技能的需求为目标，依托学院的学科优势和现有资源，瞄准基础教育教师培训等展开分析，认为学院要抓住机遇，主动抢滩，争取学院的创收以获得更多可持续发展的新增长点。“政府和社会要求”“服务社会职责”“依托学科优势”等提法使“三环”业务的拓展成为一个非常契合学院学科主业发展和责任担当的必然选择。

对工作的解释和赋予意义是推进学院创收的重要手段。在学院教职工大

① “三环”理念的定义详见本书第 109 页。

会上，A 学院新老院长都把宣传、发布创收收益等集体利好消息作为会议的主要内容之一，选择性地公布学院的创收和分配情况。为了促进学院创收、争取更多教职工支持创收工作，C 院长在每年的年终总结大会上都向教职工承诺要保证 25 元/学时的基本课酬工分值，并表示努力在自己任期内补发完此前未按时发放的教职工课酬与行政津贴；将创收与本科教学、青年教师科研扶助、学院学科建设、困难学生资助等人才培养主业工作关联起来，把开展创收作为推进学院主业的经济保障，动员广大教职工多关心和参与到学院的创收工作中。学院领导对创收和分配等工作的选择性介绍，实际上是希望学院的创收行为得到更多教职工的认识、理解与认同，是自觉追求创收行为合法性的体现。

A 学院 C 院长认为创收收入是学院稳定的基础，“基础不牢地动山摇”。在《学科月刊》外部债务官司问题基本解决后，在包括各种形式的院内会议、向校领导报告、向离退休教工通报学院工作等不同场合，院长都会强调《学科月刊》的办刊质量得到恢复、越来越好、订阅量逐步提升、每年确保盈利经营等，力图让学校领导和普通教职员工理解学院领导为解决《学科月刊》遗留问题、恢复《学科月刊》的名誉和效益所做的努力付出是有价值有成效的。

A 学院党委书记与 C 院长的认识有较大的一致性，即认为学院最大的政治就是维稳，学院维稳的重要手段就是教职工生活有保障、职业有发展，学生顺利成才发展。解决好教职工福利的“菜篮子工程”，教职工待遇得到保证，才能安心工作，对教学科研质量提升的要求才有基础保证，学生顺利成才发展才有可能，学院的和谐稳定才有基础。所以书记积极支持院长开展创收。

为了使创收行为得到认同，学院领导会通过不同途径赋予创收行为对学院、对教职工、对大学的价值意义，强调学院领导的责任，使之成为道义上“必须做”、良心上“不得不做”的事情。

解释和赋予意义，在大学及学院创收工作被理解和认同的过程中多次生效。学院依托学科专业优势开展创收，除了营利需要，还可以向院内外表明：学院没有因为抓创收而耽误人才培养主业，学院是在利用学科优势履行服务社会的职能。提醒教师们顺应大学改革的规范性要求和力图通过利益关系的道理说服教师们接受改革方案。这些都是学院领导通过采用文化 - 认知性合法化策略来维护学院利益的惯用策略。

二、共同的理解

在《学科月刊》经济纠纷的官司债务处理上，S 大学领导和 A 学院领导的共同认识和默契达成了较一致的处理。由于此前学院在《学科月刊》改革上用人失察和管理不善，使学校和学院蒙受了巨大损失，新班子负责处理“烂摊子”；此事校方也有管理制度不健全、监管不力的责任。因此，对于债务偿还方案，经过学院与学校领导的多次沟通协商，校长办公会最后决定：除将《学科月刊》承包押金100万元从学校财务划拨银行用以还款外，其余220余万元债务款项以A学院向学校借付的名义转账给法院指定银行偿清债务，A学院今后逐年偿还学校的借款。由于有校领导觉得学院的还款计划不够完善，校长办公会没有采纳，并要求学院提出更加妥善的还款计划。事后，某校领导对A学院书记说：“这个事情不是你们这届班子造成的，处理到这一步可以了，以后要把工作重心转移到抓学院党建主业建设上来。”另一位校领导说：“你们真不容易，债务官司‘止血’问题处理好，这届班子可以向老师们交代了。”但是，A学院毕竟担负了超越自身承受能力的巨额债务，考虑到学院的稳定和创收的艰难，同时也做好向学校还款的准备，学院院长、书记和教代会主任一起专门找到校长，请求批准免除A学院新增创收项目三年的学校提成，以支持A学院的还款工作。校长说：“我跟你们一样，也要代人还债，理解你们。”经过咨询和考虑，校长在学院减免创收提成的申请上签署了同意意见。① 校方事后没有急于催促学院向学校还款，而是在一段时间内保持沉默；学院也没有再修改未被通过的还款方案，没有再主动向学校提“还债”问题。

A学院承担“国培”“省培”项目，有一批相对固定的教授和副教授负责授课。一次，培训班上课在即，授课教授临时请假，如果没有教师到场就会出教学事故；如果派出的教师水平不高，可能会影响学院和大学的口碑。紧急情况下，院长想到从未参加过培训班授课的学院学科带头教授，亲自打电话请该教授为培训班“救场”，该教授欣然接受了临时“代课”任务，并出色完成了任务。事后，院长表扬了该教授，并答应学科带头人以后可安排其上培训班的课。在A学院这类创收项目（也是学校承担服务社会职责的政府项目）中，师资的安排有既定的做法，有时也有一定的随意性；随时调整的师资安排体现了学院领导的变通做法，而行动者也通过自己的能动作用获得更多的参与机会，彼此基于一个共识：学院有需要就应该承担。

校内某学院在拓展创收渠道过程中，与省有关部门合作开办了广东省某行业学院，负责全省该行业系统的人员培训。为了获得更多的经济效益，该学院负责人以“支持学院人才培养和学科建设、创建实践教学基地、争取更

① 实际上，校长的同意意见并未得到执行，三年内A学院创收提成不变，A学院也没有因此追问学校。

大的社会效益”为由，找到学校领导进行谈判，希望减免创收提成。学校领导认为学院的理由很充分，同意学院三年免交创收提成。

A学院C院长的第二任期，由于起初没有班子成员愿意分管创收，希望另设“院长助理”专责抓创收的提议也在班子会遇到阻力。C院长想到了采取“分而治之”的策略，由不同的具体业务分管领导和项目负责人各自负责所属业务。例如把由教研室排课的自考和函授教育业务交由分管教学的副院长负责；请分管研究生工作的副院长延续此前分管过的华文学校创收项目；院长亲自抓教育与研发中心（包括“国培”“省培”和其他教师培训项目）和《学科月刊》业务，大家都表示同意。事后院长对书记解释说：“既然不能找到专人抓创收，就按照业务领域和习惯分开来做，原分管领导再继续抓一段时间，让他们有一定的自处权，否则没人愿意干更麻烦，而且之前他们对某些创收工作的问题还是处理得比较稳妥。”书记对院长的考虑表示理解。

早期的教育制度理论学者认为，虽然组织结构在很大程度上由它们的核心技术所决定，但是教育机构的技术核心——教与学的过程——与其正式结构之间的关联似乎是非常微弱的。对于这些反常现象的解释是不把效率而把合法性看作是对教育组织最重要的约束。“像大学这样的组织更多地是由共享的信念——‘神话’而非技术需要或效率逻辑联系在一起的。教育组织的关键性制约是必须在很大程度上维持公众的信任和信心，简而言之就是合法性。”①

在学院创收行为的合法化过程中，“公众的信任和信心”、共同的理解等常常体现在学校领导和普通教职工对以院长为核心的学院治理层关于创收及其分配工作的劝说和解释的接受过程。会议沟通是达成共同理解的常用方式。会议过程就是对议题意义的理解建构过程，决议的达成表明议题意义被与会者所接纳。在学院领导和许多教职工心目中，为开拓创收增加收入而采取非常规的做法是可以接受的。前文提到，A学院同一时期曾设置三个功能交叉的创收机构，院长的说法是“鼓励竞争”。而学院教职工对此默许，没有任何人提出质疑或异议。

伯顿·克拉克说：“在许多主要方面，将工作和人事安排定型化的结构是由没有计划和没有控制的发展引起的……正式的变迁不可能被全部预料到。”这种类型的变迁在组织中是经常发生的。② 在《学科月刊》债务事件

① MEYER H-D，ROWAN B. 教育中的新制度主义［J］. 郑砚秋，译. 北京大学教育评论，2007（1）：15－24，188.

② 郭建如. 社会学组织分析中的新老制度主义与教育研究［J］. 北京大学教育评论，2008（3）：136－151，192.

的处理中，大学领导和A学院的党政领导都意识到大学、学院必须为内部管理不善的后果承担责任；A学院作为事发单位，既要全力承担相应的责任和义务，又要维护学院的利益，确保组织内部稳定；当学院利益与学校利益冲突时，作为基层组织负责人，以院长为代表的学院领导希望能够尽力维护学院的利益。最终结果是：学院向学校借了巨款；学校要求学院提交还款计划并逐步还款；学院没有提交新的还款计划；学校没有催学院还款。尽管变迁有时不可预料，但是，学院创收行为所带来的组织结构的许多变迁，往往是基于相关行动者对相关事件的共同理解。学院对《学科月刊》债务事件的处理策略因得到校方主要领导和职能部门负责人的默许、支持和学院教职工的理解、支持而得以实施。

三、正统的结构与身份

A学院的“国培”、“省培”、研究生课程班等教师培训项目由教育与研发中心副主任具体负责，该副主任同时接任了《学科月刊》杂志社主编，也是教学法资深专家、广东省骨干教师培训首席专家，让他负责这类项目具有绝对权威性。任课教师则包括“学院院长”“高考阅卷资深组长”“作文大题组负责人”“学科带头人”“博士生导师”“高中教材主编”“教授”“北大教育学博士生”等不同头衔的教师。当有学员提出个别大学教师缺乏基础教育实践经验，希望更换为“接地气”的教师时，学院领导会举例告诉这位学员，其他许多学员提出“总是听中学教师的课，即使再优秀，也是一种低层次的重复”，“大学教师有理论，有学科体系，有研究能力和成果，是中学教师所欠缺的”等来说服劝导。

学院创收合法化策略之一是借助一些正式的结构与身份符号的力量和作用，其中“名分”在学院创收工作中是大家关注的一个焦点。除本节案例所谈到的参与创收项目教学教师的各种头衔外，此前的案例中提到学院为华文学校设置“校长”“主任”的行政职务安排、学院教代会特别会议提出设置“院长助理”抓创收的争议、学科研发中心常务副主任的人选、对《学科月刊》承包者身份的约定以及学院主张强行接收《学科月刊》（也是基于承包者被学校辞退后，其身份的合法性基础已经不存在）等，都是A学院关于创收人员身份的合法化的举措。

符号系统是制度传递的重要形式之一。创收使学院获得了生存与发展的物质基础保障，从而得到大学领导和广大教职工的理解、认同与支持。但是创收也影响学院对人才培养主业的精力投入和分散了学院资源，学院必须通过一定的正统的结构或身份，使创收行为符合体制要求或大众的期待、认可。例如，学院设立函授教研室和自考办是为了对应学校的继续教育学院和自考办；设立培训中心、华文学校、学科教育研发中心等则是学院内部以学科为依托开展创收的管理行为。

学院创收制度传递的符号系统十分丰富。学院内部包括学院领导班子成员、拥有学院民主参与管理权的工会和教代会及其负责人、拥有学院“三重一大”事务决策权的党政联席会议、熟悉学院创收发展历史的资深教授、学院原有的创收机构等；学院外部则包括大学及其业务主管部门、政府部门、身为校友的创收项目中介、有学校机关行政工作背景的后备人选等。而学院对负责创收机构或项目的教职工给予他们参照相应的行政领导岗位待遇补贴的做法，可以看出创收岗位在学院层面合法性地位的逐渐形成和稳固。

有时采用正式身份和赋予意义的策略同时使用。学校将一般性办培训班等性质的创收收入，在入账经费（毛收入）中扣除的比例从15%提高到25%以后，大大增加了学院的创收成本。为了避免学院收入的损失，A学院利用学校关于二级单位举办非营利性质的学术研讨性会议只收取会议收费5%的管理费的政策，将一部分营利性培训项目转变成“学术研讨会”，为学院多挣得20%的项目收入。这个过程既需要学院对有关工作的社会效益和价值向学校进行解释并得到认同，也需要借助“学术研讨会”等规范性合法化符号来取得大学的支持，同时也符合大学对于创收提成的规制性政策要求。

学院创收行为采取文化－认知性合法化策略过程，主要体现了社会合法性基础。

第五节　合法化策略的综合运用

2011年，A学院工会主席提出，一位校友帮忙联系面向基础教育的教师培训项目，学院可以考虑与之合作。工会主席是A学院“老教头”和老领导，经历过八届院系领导，是为人和教学都非常受师生尊敬的教师之一。尽管中介校友提出的合作项目可能给学院带来的收益不大，但C院长认为作为学院创收渠道拓展的一种探索、项目中介者是校友、又是“老教头”提出来的，比较可靠，建议先试试。讨论中，工会主席介绍了校友的背景和可能获取的教育培训或政府公务员培训等项目。院长认为可以考虑承接，学院也可以把政府公务员队伍的文化素质提升作为创收渠道拓展的方向，提议最好学院能够成立一个不设置具体管理人员和专职岗位的虚体的“高级文化培训中心”，方便对接此类项目。党政联席会议成员都觉得有道理。为了规避财务风险，班子成员提出此类通过中介的社会服务合作应以具体项目合同而不是长期固定合作的方式进行。学院不与中介签署协议，只与最终培训需求单位——政府主管部门直接签署协议；培训费用直接进到学校账户；中介者报酬从学院成本支出等。最后，党政联席会议成员表决通过了该合作意向。

学院党政联席会上，院长提议设置院长助理职位主抓创收的构想落空，学院创收管理制度传统传递的符号中断成为事实。党政联席会议讨论是否设立院长助理主抓创收的争议，实际是对符号体系变动的争议。教代会专题讨论推荐谁来主抓创收时，在得知没有院领导愿意抓创收，也不支持设置院长助理主抓创收后，一位资深教授说道："很矛盾…很感慨啊！A 学院好的传统没有得到继承！以前，学院（系）的领导是全力去为大家创收的……"部分参会教师代表对资深教授的观点表示认同。学院创收行为的合法性地位受到新的挑战，说明创收的合法性地位并非一直牢固。经过数次努力，院长一度放弃了找一位教授主抓创收的念想。

在学校战略中，人文社科的发展实际上被边缘化，加上骨干教师退休高峰来临、学院内人才队伍结构变化以及学校调整基础教育教学学科结构的意图等，使 A 学院依托传统教师培训和学生学科能力辅导的社会服务渠道受到威胁。尽管表面上有大学的品牌效应（国家"211 工程"重点建设大学、广东省重点大学、广东师范教育龙头、已经获批省部共建、整体进入广东省高水平大学建设行列等）做支撑，但 A 学院内部实力堪忧，后继乏人。院长为首的学院领导的应对策略是：①稳住核心专家（退休返聘），与其沟通，肯定其为学院创收和事业发展的贡献，满足其提出的人员和待遇要求，给予一定的自处权等；②利用大学和学院的品牌先拿下创收项目，再组织工作团队，包括向外临时聘请专业人士等；③对创收团队贡献给予大会表扬，给予收入提成奖励；④尊重返聘的骨干教师，经常谈话表示关心，每次教职工大会都会对其负责的业务业绩进行通报，并决定采纳该教师提出的"要有正式聘书"的要求，院长说"发聘书，聘一个什么身份，当然，原来的常务副主任的名分是学院正式的行政建制，就不兼任了，换一个名称，也好保留一个办公室"；⑤在全院大会解释聘用有经验的骨干教师对学院创收和稳定教职工"菜篮子工程"的重要性，"连临时工我们都要聘，为什么不聘有经验有能力的退休教师呢"，拟返聘教工的酬金发放标准要比临时工高，担心其他在职教职工心理不平衡，所以院长吩咐办公室主任考虑一个聘用酬金的数额，可以底薪加提成的方式，请教代会主任考虑一个聘用方案，"由教代会主任在党政联席会议上提出来会比较合适"等。

2008 年，为了落实政府住房补贴的发放政策，S 大学需要自筹资金 900 多万元。在没有征求学院意见的情况下，学校发文告知各二级单位向学校缴纳的创收提成总量提高10%。对这一做法，有的二级学院领导背后发牢骚：“我就不相信偌大的一个‘211工程’重点建设大学，连区区900万元都拿不出来……”有的二级学院领导认为这种做法损害了学院的利益，伤害了学院的创收积极性，无异于“杀鸡取卵”，“学校领导如果有本事就应该向上面要钱或者往外面弄钱，而不是现在这样的搞法”。

对于学校的这个决定，各学院领导层与教职工代表有几种处理方式：

一是继续通过教代会、学校召开的工作座谈会等各种正式渠道表达不满看法。部分学院领导和教代会代表在有关会议上呼吁学校重新调整或取消高额创收提成，以保护学院工作的积极性和扶持学院发展；希望学校改革财务管理体制，像其他重点高校一样，实行一级财务管理体制，使学院能够从创收压力中解脱出来，特别是让学院主要负责同志能够将主要精力集中在全心全意搞好教学科研和学科建设等主业上。

二是有的学院决定努力增大创收，努力开拓收入来源，抵消学校提成增长带来的不利影响，以确保学校增加提成比例后，学院总收入能保持原有水平。有的学院则考虑调整创收方向，减少创收成本等（这种变动给学院带来新的不稳定感、不安全感；或因有不能预测和控制带来的无力感而使学院领导形成更大的管理压力和创收压力）。有的学院把创收视为“鸡肋”，食之无味弃之可惜。当学院的创收成本（人财物）投入与收益之间的比率无法满足学院原有预期，有的学院会选择放弃拓展创收渠道的努力。

三是有的学院与学校领导私下谈判，以各种“特殊困难”为理由，如争取学校对“新兴专业”的扶持、对“学院基础差”的帮补、对“需扶持项目”的支持、学院处于“特殊时期”或出现“特殊困难”等，积极争取“合理性”降低或暂免本学院某些或全部创收的提成。

四是一部分教职工发牢骚，在非正式场合发表议论，表达对学校决定提高学院创收缴交提成的不满。

学院各种形式的抗争转变了大学领导的强硬态度。学校为减少学院的不满和对抗，以及安抚部分学院领导的情绪，通常会对学院的类似诉求有选择性地给予一定程度的满足，例如同意减免一年或三年的提成，将某个可盈利项目批复给某个要求扶持的学院，学校层面借钱给遇到特殊困难的学院渡过难关，将个别需要高提成的创收项目放在较低提成的项目进行管理，等等。而所有这些操作都是非公开进行的，由此造成的结果是对学校文件的执行“打折”，在事实上是不平等的，也是学校既有制度变迁的因素之一。在2014年底和2015年初的学校有关会议上，学校主要领导均提到，随着政府给大学的生均拨款的增加和竞争性获取资源的二级学院治理办法改革方案的出台，学校会将各二级单位创收的提成比例调整到合适的比例，比如恢复

2008 年以前的比例等，并将此项承诺正式写入学校教代会的校长工作报告中。学校的做法既是刺激学院创收积极性的手段策略，也代表学校对学院抗争的妥协。

现代大学常常处于各种冲突性要求中。伯顿·克拉克认为："公立的和私立的大学已经进入一个无休止的混乱时代。分裂根植于一个简单的事实：对大学的需求超过它们作出反应的能力。来自各个方面的逃避不了的需求的洪流，雨水般地降落在高等教育系统，而且衍生地降落在系统内部的特定的大学身上。"① 这些"各个方面的需求"包括了更多的不同类型的学生对接受高等教育的诉求并得到入学机会，更多的社会用人单位需要受过高度职业化训练的大学毕业生，各类赞助者对高等教育寄予更大的期望和知识的增长超过了资源的承载力，等等。"面对环境的复杂性和不确定性，它们必须在环境和大学的界面以新的方式表现它们自己。但是仍旧必须是大学，永远为根植于科研、教学和学习的教育价值所主宰。"② 在谋求组织的生存与发展过程中，有的组织可能采取将两种或多种不同的冲突性实践整合为一，建构成一种综合性新模式，以应对制度环境中的冲突性要求。

中国公办地方大学及其二级学院同样面临多种冲突性困境：使命的宏大与经费不足，政府、社会、学生期待高和要求多，等等。为平衡开展创收业务和抓好计划内人才培养主业，大学和学院往往采取一种折中行为，将二者整合进组织的日常工作中，"一手抓革命，一手促生产"，人才培养主业和创收业务两不误，成为许多地方大学及其二级学院的工作常态。然而，营利性的创收活动毕竟造成了对传统的人才培养主业的冲击，不可避免受到主业捍卫者的责难与诟病。

为了使创收行为得到更多认同和支持，S 大学许多二级学院在与创收相关的事情上采用了多种合法化策略同时运用的做法。比如，院长一般会将拟推进的创收项目的设想让提议者或执行者在党政联席会议上作为议题提出来让大家讨论，并力图寻找符合组织内外共同认可的各类符号或身份来决策，得到会议表决通过后再实施。在本节案例 A 学院创收项目的决策过程中，政府教育主管部门、"老教头"、资深教授、工会主席、校友、学校固定的财务账号、党政联席会议等，都是决策合法化的符号元素。规制性、规范性和文化－认知性合法化策略在这一过程都有体现。前文案例中资深教授提到的

---

① CLARK B R. 建立创业型大学：组织上转型的途径［M］. 王承绪，译. 北京：人民教育出版社，2003：158.

② CLARK B R. 建立创业型大学：组织上转型的途径［M］. 王承绪，译. 北京：人民教育出版社，2003：157－158.

“学院好的传统”就是要有一位学院领导出来主抓创收，这是一种惯例，在广大教职工心里认为这是理所应当的。“学院领导”是一个符号，有被教职工期待为学院创收做奉献的职责，也有对外交往的影响作用，换了其他人和名号都达不到这个符号的作用和功能。参加会议的部分教师代表赞同资深教授的说法，这是文化 - 认知性因素在发生作用。A 学院试图解决学院主抓创收的人选问题——创收符号系统危机的努力过程，大学各学院领导和教职工代表对学校随意提高创收提成比例的抗争过程等，都体现了多种合法化策略的综合运用。

同形是组织合法性的举措之一。迪马吉奥和鲍威尔认为：组织是否采纳某种结构，“在不确定的环境下，模仿——也许还有规范——等制度性同形过程在发挥着重要的作用”①。A 学院的创收模式基本上延续了 A 系时期或其他学院成功的做法：一是保留了原有的创收模块，包括函授和自考等；二是延续了 A 系时期依托学科优势开展教育培训的做法，包括澳门中小学教师培训、“国培”、“省培”和农村骨干教师置换培训等；三是模仿兄弟学院的做法，如华文学校是模仿某学院创办奥校的做法；四是争取学校减免学院创收提成的方式也是院系之间相互借鉴的；等等。这些模仿、借鉴与铭记等同形举措，增进了学院创收行为被承认、被接受的合法性。

学院通过采取规制性、规范性和文化 - 认知性合法化策略，达至学院创收行为的合法化。这种合法化策略是组织的集体策略，是学院治理层与教职工行动者的一种联合共谋行为，它使学院创收行为获得组织内外更广泛的认同和支持，学院创收得以持续发展。

第六节　本章小结

学院所处组织场域的制度体系是支撑学院创收行为合法性的首要、坚实的规制性基础。学院自主采取的合法化策略，则是对创收行为强化的重要举措。

尽管创收是制度体制下学院为解决办学经费的无奈之举，但是业已开展的创收活动为学院带来实际的收益，在财务二级分配等制度体系不改变的情况下，学院对创收收入的依赖使其逐渐将创收营利作为重要的组织目标。学

① SCOTT W R. 制度与组织：思想观念与物质利益［M］. 姚伟，王黎芳，译. 北京：中国人民大学出版社，2010：171.

院因创收而常常处于内部生存需求与外部合法性认同的冲突中，学院领导者成为矛盾承受者、调和者。创收活动主要依托学科优势资源和尽量贴近政府与社会对大学提出的职能，并且服从党组织的政治引导和思想引领，以获得创收行为的合法性。在责任、风险和利益的共同作用下，学院采取依法创收和对创收过程中的违法违纪行为进行惩处等规制性合法化策略，采取优先人才培养主业、将创收业务整合进入主业体系和通过恰当的程序处理创收业务等规范性合法化策略，采取对创收行为的合理解释、赋予意义、共同理解、组织同形等文化－认知性合法化策略，使学院创收行为取得普遍接受、认可和支持。这些策略有的独立运用于某个创收事件或某个阶段的创收工作，有的则综合运用于解决某个（类）创收相关问题。

规制性、规范性和文化－认知性合法化策略共同构成学院创收合法化策略体系，形成学院创收行为合法化的主要形态和效果。在采取合法化策略过程中，学院表现出尽力平衡和协调人才培养主业与创收营利之间关系的努力。为了取得创收的合法性认同，学院有时要与上级组织谈判，有时要在组织内外做出妥协，有时采取各类模仿学习和变通的做法等。合法化策略使学院的创收行为得以健康持续地发展，这是创收行为制度化的重要环节。学院为创收的合法性地位采取的策略措施，在一定程度上验证了“各种规制和规范机构的影响，似乎会因更广泛的制度环境中存在的支配性制度逻辑的不同而不同”，以及“合法性对于组织的生存能力具有重要的影响，但这种影响与组织的直接生产绩效无关，也与组织的其他属性或联系无关”① 等组织制度理论的观点。同时，这些策略从另一个角度体现了法律合法性、政治合法性、行政合法性和社会文化合法性的作用和价值。

制度环境与合法性之间有着密切的联系。有的制度条件在创收行为出现前就已存在，是促成创收行为产生的制度环境因素；有的制度条件与创收行为相伴生，专门针对创收行为而出现。学院创收的制度化永远处在运动变化中。

---

① SCOTT W R. 制度与组织：思想观念与物质利益［M］. 姚伟，王黎芳，译. 北京：中国人民大学出版社，2010：166.

第九章
结论与讨论

组织行为的制度化现象和过程，受多种因素和力量的作用影响，是组织制度环境、治理层、执行层以及合法化机制等各种制度力量对组织结构和组织形态的建构过程与建构结果。大学二级学院创收行为的制度化，同样是这种建构使然。大学二级学院的创收行为，在制度化作用下相对稳固下来，成为学院组织的常态化行为。但组织行为的制度化不是一成不变的，大学二级学院的创收行为在阶段性稳定的基础状态下，将继续在制度力量作用下发生新的变化和发展。

第一节 结 论

本研究主要从组织制度理论视角，梳理了S大学A学院创收行为的历史发展过程、创收行为的产生背景，探索了大学所处的制度环境、学校和学院决策层治理层对制度环境的理解和施策过程、执行层的应对作用等对创收行为的作用，分析了合法化机制对学院创收行为制度化的影响。通过对S大学A学院创收行为的制度化过程进行总结分析和理论抽象，得出如下具体结论。

一、制度环境的主导作用

上层组织制度环境的约束与使能是学院创收行为制度化的宏观主导力量与制度根源。

组织场域制度结构的约束与使能是学院创收行为制度化的宏观主导力量；大学财务二级分配制度及其相关管理制度体系，是诱迫学院创收行为常态化的具体制度根源；学院的能动作用重塑制度环境，使学院创收行为不断被强化。学院创收是大学创收的有机组成部分。政府对地方大学经费投入不足，同时在制度上允许并鼓励大学通过自主筹措经费的方式解决办学经费问题，是大学创收行为产生的场域制度基础。大学通过实行财务二级分配制度，将经费不足的压力传导转移到学院，同时为学院开展创收打开大门；大学的创收管理和资源调配等制度，直接诱使和激励学院采取多渠道的创收行为，即大学通过制度设计，自上而下迫使、诱导和激励学院开展创收。

学院和大学为了获得上级组织更多的创收政策支持和实际利益，常常主动申请、呼吁、沟通、谈判，并总是得到上级组织或领导的回应。学院创收过程中越来越注重商业化的营利行为、越来越偏离组织主业、越来越多的违规越矩现象等引起上级组织的重视，政府和大学持续颁布规范、约束和监控下级创收和财务与收费行为的各种规章制度，以及在各种正式与非正式场合给予提醒和提出要求。在政府、大学和学院等上下级组织的互动过程中，学院的创收行为和结构不断得到强化。

政府的高等教育财务政策及相关管理制度、大学财务二级分配制度及相关的资源调配管理制度等对学院创收行为产生和发展的作用，主要是规制性制度要素的作用。大学对二级单位经费使用合理性的要求和对学院主业使命的强调、各类工作检查、对学院创收行为规范化的提醒等，既有规制性也有规范性制度要素的作用。历届校领导通过一定的规章和措施来规范、引导、约束、监控学院创收行为的做法，说明学校历届领导对大学和院系创收传统的认可和继承，体现了规范性和文化－认知性制度要素的作用。在政府与大学、大学与学院关于经费问题和创收管理的互动过程中，各种说明报告、申请和解释过程，特别是政府与高校之间、高校与院系之间对经费问题和创收问题的许多共同理解等，主要体现了规范性和文化－认知性制度要素的作用。教育组织场域和大学的相关制度环境对学院创收行为的形成与强化作用，体现了较高层次的政府、大学制度结构与行为对较低层次的学院创收结构与创收行为的塑造作用，体现了自上而下的制度扩散过程对新的制度形式——学院创收行为制度化——的催生和强化作用。学院的创收行为对大学有关创收和经费管理等政策的制定和调整的影响、大学的创收行为对政府有关高等教育创收与经费管理政策的制定和调整的影响等，则体现了行动者的能动作用，反映了下层组织结构和行为对上层制度环境的重塑作用。

二、治理层和行动者的建构作用

学院治理层的规范意识和文化认知是创收行为制度化的重要建构力量；不同价值观主导下的个体与集体行动者的行为对学院创收行为的制度化起到激励或阻碍的能动作用。

以院长书记为代表的学院治理层对大学制度环境的解读、对领导角色责任的认知、对学院内部诉求的理解等，是学院创收行为制度化的重要思想和认知基础。学院治理层在理解和消化大学制度环境的过程中，融入了对自身角色责任的理解和认知，并依据对外部环境和组织内部情况的研判，决定所要采取的措施。在学院现实的经费压力、领导角色的责任压力下，学院领导对学校制度环境进行接收、理解并转译为“要我创收”的压力，学院发展需求和某些特殊因素（如管理不善造成巨额债务等）加剧了学院领导的创收压力。在学校创收政策激励、创收过程带来的利益和教职工的期待等多种制度力量作用下，学院领导将无可回避的创收压力编码为义不容辞的重要工作责任，逐渐生成“我要创收”的观念和动力。学院领导依法依规开展创收、制订创收奖惩制度、将创收问题列入党政联系会议等“走程序”行为，体现规制性和规范性制度要素作用；对学院创收行为的解释、呼吁、采取同形结构和赋予意义等，则是文化-认知性制度要素作用。在顺应学校制度要求的同时，治理层从学院或自身利益出发，通过多种方式向学校谈判、抗争，争取更大的获利空间，挑战学校制度的权威，迫使学校让步或调整政策等，体现了治理层行动者在学院创收行为制度化过程中的重要能动作用。

学院领导对组织环境、管理制度、角色等的理解、重新解释、强化和局部改造，以及对学院创收传统的传承与再造等，对学院创收压力形成、创收行为选择与学校相关制度的传递和变更起到承上启下的“桥梁”作用，是创收行为制度化的主要建构力量。转译者在完成这种任务之后，实际上也完成了身份的实质转换——从转译者变为编码者。学院创收行为的结构化过程在学院领导的转译与编码行动中渐次展开。

教职工等行动者的具体创收行动，使学院领导对上级制度的转译和重新编码落到实处，使学院的创收决策理念成为现实行动，并不断得到强化。教职工的价值观主导其对学院创收的态度和行为选择。学院营利性的创收行为也使教职工群体的信念发生了变化。依据对创收影响作用大小可以分为五个层次的行动者。依据对创收的参与态度，可以分为积极参与型、被动与服从型、游离与反叛型等三类行动者。不同层次和类型的行动者对学院创收工作产生不同程度的激励或阻碍的能动作用。行动者对学院创收和学校制度环境的能动作用主要体现在四个方面：一是对上级（政府、大学和学院）制度的接受与重构，推动和强化了学院的创收行为；二是对创收活动的积极参与，正向推进了学院创收的常态化；三是消极回避或者谋私对抗等会干扰学院的创收决策和其他参与者的心态，对学院创收工作有一定的副作用，但反过来也会激励学院决策者和其他行动者更加规范和有效地开展创收行动；四是影响上级的创收管理政策，从另一个侧面推进了学院创收行为的制度化过程。

三、合法性机制的作用

合法性是组织行为得以稳固、维持和扩散的制度化基础；创收行为通过合法性机制而结构化；学院往往采取与制度三要素相对应的合法化策略使创收获得更广泛的认同与支持。

制度环境与创收合法性之间有着密切的联系。有的制度条件在学院创收行为出现前就已存在，是创收行为产生和发展的外部决定性环境因素；有的制度条件与创收行为相伴生，专门针对创收行为的管理而出现。合法性基础与合法化策略过程使学院的创收行为得以健康、持续地发展，这是创收行为制度化的重要环节。

学院所处组织场域的制度体系与环境影响是支撑学院创收行为合法性的重要基础。上级下拨办学经费不足，是大学和学院创收的客观原因，被动、无奈的处境使大学和学院创收行为得到更多的理解，从而获得文化－认知性的合法性；政府政策要求大学自筹经费、大学制订创收管理办法等是学院创收的坚实“法理”依据；政府和大学持续颁布的财务制度及与创收相关的管理制度，从另一个侧面认可了学院创收的合法性地位。

学院自主采取的合法化策略，则是对创收行为强化的重要举措。营利性的创收行为偏离了非营利性的人才培养目标，学院常常处于内部的生存发展需求与外部的合法性认同之间的冲突。学院总是力图将创收行为置于有理有利的情境下。在责任、风险和利益的共同作用下，学院采取了与制度三要素相对应的合法化策略达成创收行为的合法化，包括采取规制性合法化策略、采取规范性合法化策略和采取文化－认知性合法化策略等。学院创收行为的合法化策略视不同领域和不同层面的需求而有不同选择，有的单独采用，有的综合使用。规制性、规范性和文化－认知性合法化策略共同构成学院创收合法化策略体系。创收行为的合法化策略是学院面对生存与发展压力的一般性策略选择。

在合法化策略过程中，学院表现出尽力平衡和协调人才培养主业与营利创收之间关系的努力。合法化策略使学院的创收行为自上得到学校、政府的认同和支持，自下得到广大教职工的理解和支持，并使创收行为得到来自社会的理解认同等，这是创收行为制度化的重要过程。特别是文化－认知性思想观念，是构建创收型学院的长久而深层次的重要影响因素。

四、制度化的完成

地方大学二级学院的创收行为，是在大学相关制度的作用下，经学院领导的理解、重新解释、强化和局部改造等积极转译、推动或被动应对，再由学院教职工能动地实施的一种结构化行为。“大学制度（环境）—学院治理层理解认知与传承再造—学院创收行为”等交互作用的结构化过程构建了学院创收行为的制度现实。在此过程中，学院创收行为制度化的创造与扩散得以完成（如图9－1所示）。

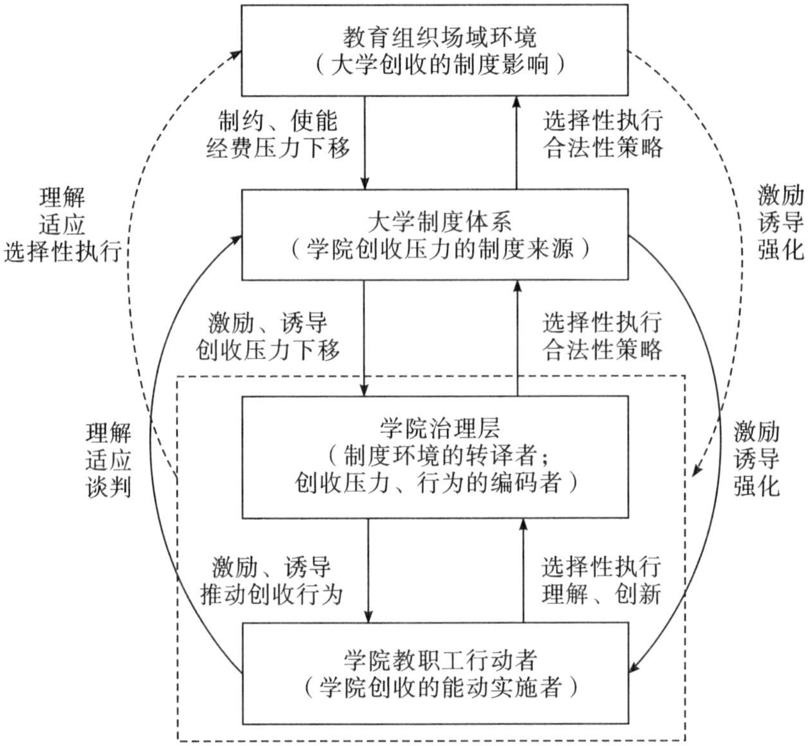

图9－1　学院创收行为制度化的创造与扩散

学院创收行为制度化的创造与扩散受到教育组织场域环境的广泛影响，直接根源于大学的制度体系。上层制度对学院的创收行为起到主导、使能作用，它迫使、诱导和激励学院治理层决定开展创收，也对教职工参与学院创收起到激励和诱导作用。

学院治理层通过解读制度和环境因素，将制度与环境要求转译、编码为创收压力与创收行动，并通过治理决策传承与再造学院创收，采取措施引导和激励教职工参与创收实践，推进学院创收发展。学院治理层对上级政策的选择性执行和采用合法化策略等做法，能动地作用于大学，促使大学修订或改善制度体系，以适应学院创收工作形势发展的需要。

包括治理层在内的学院教职工是创收行为的主要行动者，在大学和学院制度的约束和激励下展开集体或个体行动。行动者的价值观决定其具体的行为选择。行动者对学院创收决策的主动适应、积极执行或消极应对或背离、反叛等选择性执行，促使学院和学校调整相应政策措施，以保障创收行为有序、可控。

规制性、规范性、文化-认知性等三大制度要素历经多次变形，在学院创收行为的结构化过程的不同层面分别或共同发挥着主导、推动和深层次影响等作用。创收使学院的组织目标、内部结构、组织功能、组织文化和组织属性等组织特征发生了变化。创收行为下学院主业目标“双中心”的形成，预示着学院从单纯的学术型组织向“学术-创收”混合型组织的转变。

总之，地方大学二级学院的创收行为，是在大学相关制度体系的作用下，经学院治理层的理解认知（转译编码）、传承再造，再由学院教职工等行动者能动实施的一种结构化行为。制度的规制性要素、规范性要素和文化-认知性要素在学院创收行为制度化过程中分别或共同发挥了作用。制度三要素及其活动和资源关系构建了学院创收制度，创收行为制度化过程是组织环境、组织结构和组织行动者相互作用的结果。学院创收行为制度化，反映了组织场域的制度流转与制度创建的过程。这也印证了一项制度的创造与扩散，是自上而下与自下而上各种制度力量共同作用的过程与结果，也是由外向内与由内向外各种制度因素不断相互循环作用的产物。各种矛盾和关系冲突将持续贯穿在学院创收过程中。学院创收是一个未完结的制度化过程，会不断受到各种制度化力量的继续建构。学院创收行为的制度化总是处在运动变化中。

第二节　讨　论

在创收压力下地方大学二级学院创收行为的研究中，涉及许多值得进一步讨论和探索的问题。

一、创收行为能否使学院成为“创业型学院”

创业型大学是西方国家许多自主发展的大学或研究型大学发展的主动选择。根据邹晓东和陈汉聪的研究定义，从创业型大学的组织特征与文化等角度看，S大学A学院尚未完成“革新型”或“引领型”创业型学院的转型。A学院尚未把创业作为学院正式的组织目标提出来；营利性创收更未能得到最广泛的合法性认同；党组织对高校的管理也可能制约其向西方模式的创业型学院发展。具体表现在：首先，尽管A学院为缓解创收压力获得运行经费补充而努力开展创收活动，但学院治理层并无意把创业作为学院组织最核心的目标来追求，学院开展创收活动是现实环境下的被动选择，为了避免学院组织目标被认为偏离主业，学院还常常需要寻求各类合法性途径来为创收正名；其次，尽管A学院为了创收业务的开展，成立了多个非学术性的机构单元，但是这些机构非常明确地隶属于学院，不会出现创业型大学“很难简单地界定这些组织单元是否隶属于大学”的情况；再次，A学院的应用性科研成果几乎不以转化为创业成果为目的，参与创收的科研成果也往往很难作为学校认可的科研成果而纳入大学的科研绩效评价体系；其四，学院的创收行为有的没有独立的财务发票，无须纳税，没有纳入社会营利性商业管理系统；最后，尽管学院创收工作人人皆知，但并未形成学院人人关注创收的局面，更未形成稳固的“注重实效与倡导创业”的组织文化。

二、学院创收制度化面临怎样的前景

由于各种制度要素作用和新的运动过程的延续，短期内，地方大学二级学院所面临的制度环境不会发生根本性变化，特别是大学财务二级分配制度不改变，学院创收的制度化进程将延续。但是从长远看，中国当下高校二级学院的创收行为也面临一些不确定因素，也许因此改变其进程。学院创收现实构建的大学环境、学院治理层、行动者等循环关系三个链环中某个因素的变化，可能会导致整个循环关系的变化，有时是程度上的变化，有时可能是创收制度化循环过程的革命性断裂——如学院发展所需资金的供给渠道更多元、资金相对充足后，创收压力不存在，学院创收行为将发生渐变；如果学校财务制度改为一级分配，学院无须创收，该循环就将发生终止性骤变等。所以，随着某项制度政策的变革，学院创收制度化的进程将因此得到加强或者被中断，组织现实和组织属性将随之变化，另一种构建结果将会出现，新的制度过程也将产生。不过，无论渐变还是骤变，实际的变迁仍将需要时日逐步调整。

大学使命的变化也许影响创收的发展轨迹，使创收从主业的对立面走向与主业并行的高校及其院系的新使命与新职能。过去，大学和二级学院迫于办学经费不足而想方设法自筹经费，开展创收。自主创收与人才培养主业之间的矛盾往往使人们将创收看作是“不务正业”，对创收的争议不断。然而，随着经济社会的发展、知识经济时代和数据信息时代的到来，大学所承担的社会职能从传统的以教学科研为中心的人才培养，逐渐拓展到直接通过知识创新、技术创新、理念创新等服务社会，从远离社会的“象牙塔”走向社会中心，这时，通过服务社会而获得资金补偿、资源补偿将成为高校或院系名正言顺的举措和行为。创收行为的制度化将产生新的建构路径。

近年来，S大学推行新的绩效考核办法、新的科研奖励办法等，对学院教职工的收入、生活、工作模式等将产生新的影响，这些影响将延伸至对学院搞好创收的期待等价值观的变化以及对创收行为选择的变化，并将对学院创收行为的制度化进程产生影响。

非正式制度对学院创收制度化的影响也是需要进一步研究的问题。比如院长社会交往圈子对其施政理念的影响；网络信息技术对高校人员观念、管理和学院创收模式的影响；非编人员因素的影响；还有人性因素对学院创收压力形成和创收行为选择与推进的作用研究。有学者认为，制度走向和变迁与人性的关系密切，甚至可以在一定程度上说人性决定了组织属性，人性决定了制度的作用力大小以及决定制度变迁的走向。

三、学院与创收对象的关系

学院与结成联盟、互利共赢的创收合作单位之间具体是一种怎样的关系？它对学院组织结构和行为产生怎样的影响？受研究主题篇幅和精力的影响，本书未做详细探讨。而对此问题的深入探究，或许能帮助我们对地方大学二级学院的生存与发展现实进行更全面深入的理解。

四、为什么制度化过程中没有大学生的声音

学生的合理利益诉求基本上被忽视，这是当前许多大学的现实。作为大学人才培养主体的大学生群体与个体，在地方大学二级学院创收行为制度化建构中本应有所影响，但为什么没有发出声音？这种状况又是怎样造成的？值得深入探究。

参考文献

一、著作

[1] 龚刚敏. 我国高等教育供求矛盾与公共政策：基于财政学视角的解释［M］. 北京：中国财政经济出版社，2009.
[2] 金耀基. 大学之理念［M］. 北京：生活·读书·新知三联书店，2001.
[3] 李文利. 从稀缺走向充足：高等教育的需求与供给研究［M］. 北京：教育科学出版社，2008.
[4] 林小英. 教育政策变迁中的策略空间［M］. 北京：北京大学出版社，2012.
[5] 卢晓中. 现代高等教育发展研究［M］. 青岛：中国海洋大学出版社，2009.
[6] 闵维方，文东矛. 学术的力量：教育研究与政策制定［M］. 北京：北京大学出版社，2010.
[7] 眭伊凡. 理性捍卫大学［M］. 北京：北京大学出版社，2013.
[8] 徐东. 大学之道：现代大学内涵研究［M］. 成都：四川大学出版社，2011.
[9] BECHER T，TROWLER P R. 学术部落及其领地：知识探索与学科文化［M］. 唐跃勤，蒲茂华，陈洪捷，译. 北京：北京大学出版社，2008.
[10] BERGER P，LUCKMANN T. 现实的社会构建［M］. 汪涌，译. 北京：北京大学出版社，2009.
[11] CLARK B R. 建立创业型大学：组织上转型的途径［M］. 王承绪，译. 北京：人民教育出版社，2003.
[12] GOULD E. 公司文化中的大学［M］. 吕博，张鹿，译. 北京：北京大学出版社，2005.
[13] HUTCHINS R M. 美国高等教育［M］. 王利兵，译. 杭州：浙江教育出版社，2001.
[14] ROBBINS S P，JUDGE T A. 组织行为学［M］. 李原，孙健敏，译. 12版. 北京：中国人民大学出版社，2008.
[15] SCOTT W R. 制度与组织：思想观念与物质利益［M］. 姚伟，王黎

芳，译. 北京：中国人民大学出版社，2010.
［16］SCOTT W R，DAVIS G F. 组织理论：理性、自然与开放系统的视角［M］. 高俊山，译. 北京：中国人民大学出版社，2011.
［17］SLALLGHTER S，LESLIE L L. 学术资本主义：政治、政策和创业型大学［M］. 梁骁，黎丽，译. 北京：北京大学出版社，2008.
［18］THOMPSON J. 行动中的组织：行政理论的社会科学基础［M］. 敬乂嘉，译. 上海：上海人民出版社，2007.
［19］GUMPORT P J. Sociology of higher education：Contributions and their contexts［M］. Baltimore，MD：Johns Hopkins University Press，2007.

二、期刊

［1］曹如军. 制度创新与制度逻辑：新制度主义视野中地方高校的制度变革［J］. 高教探索，2007（5）.
［2］陈笃彬. 正确处理八个关系 建设创业型大学［J］. 福州大学学报（哲学社会科学版），2009，23（4）.
［3］程景琨，杨希学. 高校创收收入反映了学校适应市场经济的能力［J］. 航海教育研究，1994（1）.
［4］董泽芳，黄建雄. 60 年我国高等教育价值取向变迁的回顾与思考［J］. 华中师范大学学报（人文社会科学版），2011，50（1）.
［5］郭建如 . 20 世纪 90 年代大学与校办科技企业的关系及其变动：以北大校办科技企业为案例的社会学分析［J］. 高等教育研究，2006（10）.
［6］郭建如. 社会学组织分析中的新老制度主义与教育研究［J］. 北京大学教育论，2008（3）.
［7］郭建如. 案例研究［J］. 高校教育管理，2012，6（3）.
［8］霍淑红，楚旋. 对我国大学组织目标置换的思考［J］. 沈阳工程学院学报（社会科学版），2006（4）.
［9］林小英. 揭开大学身份被盗之谜［J］. 博览群书，2010（4）.
［10］凌希羽. 对高等院校创收问题的思考［J］. 上海高教研究，1990（3）.
［11］曲秀全. 加强对高校二级创收管理的思考［J］. 山西统计，1995（8）.
［12］涂洪波. 制度分析：对新制度主义的一种解读［J］. 广东社会科学，2006（6）.
［13］王雁，孔寒冰，王沛民. 创业型大学：研究型大学的挑战和机遇［J］.

高等教育研究，2003（3）.
[14] 曾荣光. 教育政策研究：议论批判的视域 [J]. 北京大学教育评论，2007（4）.
[15] 查永军. 我国大学学术组织科层化及应对 [J]. 中国高教研究，2009（3）.
[16] 张丽英. “全球化”所引发的“新管理主义”、“学术资本化”和“大学企业化”思潮 [J]. 高等师范教育研究，2003（2）.
[17] 张彧渊. 对高校创收中几个问题的思考 [J]. 江苏高教，1990（6）.
[18] 赵安君，李鸿. 谈高等学校的办学与创收 [J]. 辽宁高等教育研究，1994（5）.
[19] 赵科. 新制度理论视角下大学组织的特点 [J]. 德宏师范高等专科学校学报，2008，17（3）.
[20] 周光礼. 高等教育组织的定位与管理 [J]. 高等教育研究，2000（5）.
[21] 邹晓东，陈汉聪. 创业型大学：概念内涵、组织特征与实践路径 [J]. 高等工程教育研究，2011（3）.
[22] LANG D W. “世界级”大学是比较出来的吗？[J]. 施晓光，译. 北京大学教育评论，2005（1）.
[23] MEYER H-D，ROWAN B. 教育中的新制度主义 [J]. 郑砚秋，译. 北京大学教育评论，2007（1）.

三、学位论文

[1] 李妍. 论我国高校院（系）领导体制的演变、创新和完善 [D]. 扬州：扬州大学，2009.
[1] 刘金程. 地方院校创收政策的评估——以 N 大学为例 [D]. 武汉：华中科技大学，2010.

四、其他

[1] 文东茅. 公办学校办学体制改革不能“以钱为本”[N]. 中国社会科学报，2010-04-27（9）.
[2] 张绍峰. 关系经济 [N]. 经济学信息报，2000-10-20.

附　　录

附录 A　院系领导访谈提纲

1. 您认为院系作为高校基层组织的核心任务或目标是什么？

2. 您认为本院系实际是在围绕该核心目标在运行吗？

3. 核心目标是如何确定的？创收工作是院系的核心工作吗？为什么？

4. 学院班子决策的重要问题一般有哪些？创收是学院班子重点关注的工作吗？

5. 政府和学校已有投入，为何学院还要大力抓创收？

6. 教师待遇已不低，为何还要大力抓创收？

7. 抓创收是否与学院主业相互矛盾？

8. 学院有哪些创收渠道？对各类创收办班学院采取了严格的质量标准和实时监控吗？

9. 您认为高校教师个人在校外有偿服务的现象普遍吗？会影响正常岗位任务的完成吗？在贵院是多数还是少数？

10. 您是否认同：高校院系的工作目标有从学术目标向学术与经济利益目标结合并重的变化？为什么？

附录 B　调查问卷

尊敬的老师：

您好，本次问卷调查是关于高校教师职业状况研究课题的组成部分。调查的目的是了解我国“211 工程”大学运作与教师职业发展状况，就有关教育问题进行研究。问卷调查采取匿名方式，请您根据实际情况填写，或在答案选项上画“√”，我们将对个人信息和学校信息予以保密。填写本问卷大约需要10分钟时间。感谢您对我们工作的支持！

教育研究课题组
2013年5月

您的基本信息：
所属学院：文科　理科　工科
性别：男　女
职务：党政领导干部　专业教师　行政教辅管理人员
职称：正高　副高　中级　初级
年龄段：35岁以下　36~45岁　46~55岁　56岁以上

1. 您认为本学院教师的科研对教学和学生成才发展的促进作用关系________。
①非常密切　②密切　③一般　④不密切
2. 您认为本学院教师的科研对学院事业发展的促进作用关系________。
①非常密切　②密切　③一般　④不密切
3. 您是否认同：本单位的教师把个人价值与社会价值的实现在实际工作中做到了高度统一？
①非常认同　②认同　③基本认同　④不认同
4. 您是否认同：许多高校教师把当前的工作只是看作个人谋生的手段？
①非常认同　②认同　③基本认同　④不认同
5. 您是否赞同：现在许多大学教师在工作中首先看重经济收入或是越来越把经济利益放在前面？
①非常赞同　②赞同　③基本赞同　④不赞同
6. 在您的职业生涯中，什么东西是您最看重的？（请按重要程度排序）
①收入　②名誉　③地位　④奖励　⑤稳定性
⑥个人价值　⑦社会需要
7. 您是否认同：大学越来越注重对经济利益目标的追求？
①非常认同　②认同　③基本认同　④不认同
8. 您是否认同：经济利益目标已经成为本学院工作的主要目标之一？
①非常认同　②认同　③基本认同　④不认同
9. 您是否认同：本学院的“211工程”建设项目主要是围绕学院教学、科研和人才培养来建设和运作的？

①非常认同　②认同　③基本认同　④不认同

10．您是否认同：本学院的“211工程”建设项目主要是围绕某些群体或个人的利益来运作的？

①非常认同　②认同　③基本认同　④不认同

11．您是否认同：现在许多教师搞科研主要是为了职称和收入？

①非常认同　②认同　③基本认同　④不认同

12．您认为创收工作对学院发展而言重要吗？

①非常重要　②重要　③一般　④不重要　⑤不清楚

13．您认为创收工作已经成为所在学院的核心工作之一吗？

①是　②不是　③说不清

14．您认为本学院的师生关系________。

①亲密　②疏远　③不清楚

15．您认为经济利益问题影响了学院教师的人际关系吗？

①严重影响　②一般影响　③不影响　④不清楚

16．您认为院系作为大学基层组织的核心任务或目标是什么？（按重要程度排序）

①教学　②科研　③人才培养　④学科建设

⑤经费和项目获取　⑥创收

17．您认为本人所在院系是围绕以上核心任务或目标在运行吗？

①完全是　②基本是　③不是　④说不清

18．如果条件允许，您会参与院外兼职以获取更多的经济收入吗？

①会　②不会　③说不清

19．您认为自己身边有大学教师实际参与院外（校外）兼职以获取经济收入吗？

①非常多　②比较多　③有，但不多　④没有　⑤不清楚

20．您是否认同：市场经济使大学教师越来越减少对学术价值的尊重，更多人希望以经济收入衡量个人价值？

①非常认同　②认同　③基本认同　④不认同

后　　记

本书将要付梓。在此衷心感谢我的导师林小英。林小英是一位有“侠”气的导师，才思敏捷、治学严谨、学养扎实深厚又对学生十分关爱和用心，有丰富的社会学、管理学和教育学等方面的知识，对中国高等教育问题现象有敏锐的捕捉力和独特判断，具有高等教育教学、质性研究和实证研究等方面的丰富理论和教学实践经验。从对我在北大的第一篇课程作业的指导、邀请参与课题研究、传授质性研究课程，到综合考试和开题，再到论文的撰写，每一个过程，导师都给予无私的悉心指导，甚至对于如何去读懂一本理论书籍、理解一个理论观点，都耐心地给我讲解，每一次交流，都令我深受启发。这种学习体验和收获，是过往的任何一个学业阶段和工作过程所不曾有过的。在整个论文写作过程中，无论是选题、素材的积累、理论视角的选取和理论学习的方法、研究方法的采用，还是观点的凝练、内容表述的规范性、逐步修改完善的过程等，导师都给予我耐心的指导、帮助，提出严格要求，又不越俎代庖，引导我不断开阔思路，为我答疑解惑，鼓励我大胆创新，使我在这一段宝贵的时光中，既增长了知识、开阔了视野，又锻炼了心志。特别是论文从转换主题到定稿、答辩的过程中，导师已经远在埃及开罗担任孔子学院中方院长，她通过邮件和微信继续对我的研究进行深入指导。导师的理解包容和不断鼓励，坚定了我完成论文和学业的信心，并使我逐渐养成了良好的学习态度以及科学探究、学以致用的精神。也是她的多次催促，才使我下决心将文稿付印。在此，谨向林小英老师表达我最诚挚的谢意！

衷心感谢闵维方、陈学飞、文东茅、阎凤桥、岳昌君、陈向明、刘晓宇、丁小浩、汪琼、贾积有、卢晓东、赵国栋、刘云杉、沈文钦、马万华、展立新、金顶兵、杨河、史朝、赵庆典、孙建荣、Russo、Paul Bradley、侯华伟、郭文革、郭建如、陈洪捷、蒋凯、李文利等所有授业以及提供各项学业服务的老师们！在北大教育学院学习期间，学院良好的人文氛围，老师们高深的专业能力水平和严谨包容、高度敬业的治学态度，犹如博雅塔、未名湖的美，已经深深印刻在我的记忆中。在北大教育学院的学习生活给我一种深切的体会是：北大严谨而包容的校风学风就是与众不同。

衷心感谢我的校外导师、华南师范大学教育科学学院卢晓中教授！卢老师现在已经是教育部“长江学者”特聘教授。在我完成博士学业过程中，卢老师给予了许多及时、中肯、有效的帮助、指导和鼓励，为研究论文提供资料、素材，帮助分析论题，他关于高等教育的论述和提出用比较的方法对大学创收现象进行深入分析的建议，扩展了论文研究取材和分析的视野。

论文的写作得到学院时任院长也是我的恩师陈少华教授的大力支持，在我于北大求学的六年里，老师不仅在工作上尽量减轻我的负担，而且经常关心过问我的学业和论文进展、主动配合访谈并帮忙联系其他学院的领导接受访谈；在论文初始写作的过程中，老师还介绍一个简单实用的撰写方法：养成一个相对固定的写作习惯，每天在能够静心独处的时候，要求自己必须确保一个持续的写作时间，围绕论题完成至少 2 000 字的写作量。我按照这个思路去实施，效果明显。

我的同事彭草蝶博士利用个人的休息、休假时间帮我审阅论文，提出许多宝贵的修改意见和建议，使我受益良多。她工作高效而又耐心细致、态度亲和。

感谢北大 2010 级教育博士专业学位班同学衣学磊、金一斌、陈晋玲、赵静、段霖瑶、冉东、周建斌、贾巍巍、胡辉平、孙靖、高书杰、李海鹏、余文武、徐祥运、刘伟、田静、朱立达、霍雪涛、刘颖、刘峰、朱巧芳、朱凌云等的互相帮助和相互勉励，以及杨爱民、陈锋、何勇斌等学姐学长的持续鼓励。

衷心感谢老领导王国健、黄晓波、冼德庆、彭建启。感谢刘志光教授、何洪亮教授、汤庸教授、郑文教授、吴辛丑教授、胡经岱教授、梁永丰副教授、陈一平副教授、欧阳念慈老师、欧丽霞老师、雷蕾、李国栋、胡庭胜、陈道华、彭伟忠、柯友良、刘科荣、苏卫东、刘剑文、何小静、徐昶斌、许益丰、姚轶懿、侯永雄、郭妙燕、孙俊华、易晓燕、曲敏、肖军田、王萍、罗发祥、谭俊生、李建国、朱博群、陈建伟、周倩等，他们不仅在报读博士学业和论文写作上给予我许多的关心、支持和帮助，在日常工作中也给予了我诸多的指导与支持。还有许多未能一一罗列的领导、老师、同学、同事、亲朋好友的鼓励、关心和支持，亦是我完成学业和论文写作的源源动力。在此，对各位亲友们的关心帮助一并表示衷心的感谢！

衷心感谢我的家人！对我的工作和学业，家人都给予极大的理解和支持，母亲谢济琼女士默默的关照，女儿子霖言语的激励；特别是我的太太韩琼玉女士，在我忙于工作和学习时，既要完成自己的工作，同时承担了许多家务，更几乎独自承担了对孩子的陪伴和教育引导，她在精神上、物质上对我参加在职学习给予无私支持、协助与无微不至的照顾，是我完成论文和学业的基础保障和重要支撑。

感谢广东高等教育出版社的大力支持！因为出版社领导对学术话题的敏感性、对高等教育研究的情怀，以及对我等学者的支持厚爱，使本书可以在较短的时间内签订出版合同并付梓。感谢曾广博编辑！他的大力协助，使本书的出版更加顺畅，他热情而又认真、严谨、负责的态度给我留下深刻印象。

受各种因素影响和本人能力水平限制，本书还存在许多不足，敬请读者批评指正。

笔　者

2019年11月于广州